D0993991

Revivre nos vies antérieures

JEAN-LOUIS SIÉMONS | *ŒUVRES*

LA RÉINCARNATION
DES PREUVES AUX CERTITUDES
REVIVRE NOS VIES ANTÉRIEURES | *J'ai lu* 2196****

JEAN-LOUIS SIÉMONS

Revivre nos vies antérieures

Témoignages et preuves de la réincarnation

ÉDITIONS J'AI LU

INTRODUCTION

UNE MÉMORABLE ÉMISSION TÉLÉVISÉE

Au programme des *Dossiers de l'Écran,* Armand Jammot avait inscrit pour ce mardi 6 septembre 1983 un film fantastique de Robert Wise : l'adaptation à l'écran d'un best-seller américain sur le thème de la réincarnation, *Audrey Rose*. Fidèles à une émission très suivie depuis seize ans, des millions de téléspectateurs ont pu, en cette soirée de rentrée de vacances, suivre les péripéties dramatiques d'une histoire bouleversante de petite fille brûlée vive dans un accident de voiture : revenue sur la terre dans le corps d'une nouvelle enfant, elle n'arrive pas à oublier le cauchemar de sa mort précédente, et finit même par succomber à une crise de frayeur incontrôlable, au cours d'une séance d'hypnose imprudemment organisée... en vue de prouver la réincarnation.

Un débat fort animé, entre des personnalités d'horizons différents, devait permettre de confronter, ou d'opposer, des points de vue particuliers sur l'idée même de la réincarnation, ou sur la manière dont l'auteur du film l'avait traitée. Comme on peut s'en douter, on ne comptait pas que des partisans inconditionnels sur le plateau : à plusieurs auteurs littéraires, spécialisés dans une approche ou l'autre du sujet, auxquels prêtait aussi son concours un acteur de théâtre bien connu, s'opposaient deux représentants des sciences humaines –

un ethnopsychanalyste et un professeur d'anthropologie – venus en « avocats du diable », pour témoigner de conceptions divergentes et rappeler à l'ordre ceux qui se sentiraient trop facilement portés à *croire,* un peu « comme tout le monde », à des théories à la mode. Un prêtre catholique devait pour sa part présenter des interprétations personnelles sur la question et faire en même temps une nécessaire mise au point sur la position doctrinale de l'Église. Contrastant fortement avec la plupart de ses partenaires occidentaux, un moine tibétain, authentique Rimpoché (c'est-à-dire Vénérable), avait été invité pour apporter le témoignage d'une culture orientale dont la population entière accepte la réincarnation d'une façon naturelle et l'intègre à sa vie journalière.

Muet – mais combien présent –, le public de cette émission très attendue depuis des mois a suivi avec une incroyable passion le film et tous les rejaillissements du débat. Invités à faire part de leurs impressions et à poser des questions, les téléspectateurs ont littéralement pris d'assaut le standard téléphonique. De tous les coins de France, les appels ont afflué, créant une surcharge de la ligne et provoquant deux coupures successives. S'il y a de nos jours, en Occident, une personne sur cinq (et même sur quatre, dans certains pays) qui adhère d'une manière ou d'une autre à la réincarnation, on peut imaginer qu'une bonne partie de cette foule convaincue a cherché à participer à cette émission : de fait, 50 % des appels téléphoniques émanaient de cette frange de la population.

Un trop maigre bilan

Un peu moins de soixante minutes pour débattre d'un sujet aussi sérieux que la réincarnation, c'est bien peu. Surtout lorsque chacun des huit invités, désireux pour sa part de faire passer son propre message, ne peut matériellement disposer de plus de cinq à sept minutes pour s'exprimer. On en arrive trop vite à une polémique stérile d'où rien ne peut émerger de constructif.

Au fond, cette réincarnation – dont on parle tant –, de quoi s'agit-il ? Qu'est-ce que cela change dans la vie ? Peut-on raisonnablement en donner des preuves ? Aucune de ces questions n'a reçu de commencement de réponse satisfaisante – en dehors d'anecdotes personnelles et d'affirmations invérifiables, bien vite contrées par d'autres affirmations encore plus péremptoires – comme le refus de toute survivance après la mort, sous le prétexte bien classique que l'on ne peut penser qu'avec le corps.

S'agissait-il de faire basculer le public dans le camp des réincarnationnistes éclairés ou de l'en arracher au contraire, pour le sauver des mains des peu scrupuleux exploiteurs de la faiblesse humaine qui font commerce de leurs thérapies à base d'exploration des « vies passées » ? On aurait pu le croire à certains moments. Et le vénérable moine tibétain a dû se demander de quel profit pourrait être son intervention dans une discussion de ce genre. C'est peut-être la raison pour laquelle il a toujours tourné ses propos vers la nécessité de l'*éthique,* sur laquelle tous les hommes devraient au moins se rencontrer – qu'ils croient ou non à la même doctrine.

Sans doute faut-il être reconnaissant à Armand Jammot d'avoir osé ouvrir un tel dossier pour sa célèbre émission mensuelle, et le remercier, avec son équipe, pour la présentation ouverte et objective qui en a été faite au public. Mais il fallait s'attendre à ce que celui-ci se sente finalement frustré dans son espérance – comme en ont témoigné les appels téléphoniques.

En définitive, le débat a été souvent à l'image du film *Audrey Rose* – une approche d'Occidentaux sur un thème que l'Occident est en train de s'approprier depuis plusieurs décennies et entend finalement expliquer et exploiter à sa manière.

L'Orient des sages et prophètes du passé a fondé toute sa compréhension de la réincarnation sur une pénétrante analyse philosophique de l'homme et de son univers, et Platon a développé sur le sujet une lumineuse dialectique, mais on dirait que toute cette psychologie et cette métaphysique n'ont plus guère d'utilité de nos jours. Allons-nous, aujourd'hui, nous embarrasser de ces subtilités, alors que les progrès techniques mettent (paraît-il) à notre disposition des instruments pour photographier l'« aura » ou détecter la sortie du « double » dans « l'astral » et que l'on n'a que l'embarras du choix parmi les nouvelles théories scientifiques pour rendre compte des interactions mystérieuses entre l'esprit et la matière, dans les troublants phénomènes de la parapsychologie ?

Serions-nous cependant allergiques à la philosophie dans nos pays ? Et devrions-nous nous en abstenir prudemment, pour nous en tenir seulement aux faits prouvés ? C'est un peu l'impression que l'on a pu retirer parfois des propos tenus dans ce débat. Nous reviendrons plus tard sur ce point.

Les avatars d'une croyance millénaire

Il me paraît intéressant ici de revenir sur certaines des remarques proposées, lors de l'émission, par l'anthropologue Louis-Vincent Thomas. On est frappé, en premier lieu, de constater que la croyance en la réincarnation qui semble faire fortune aujourd'hui dans le monde occidental est

« tout uniment inspirée des modèles orientaux et jamais des modèles africains ».

C'était sans doute l'une des premières notions à présenter au public : selon les traditions et les milieux culturels auxquels on s'adresse, la compréhension qu'ont les hommes des voies qui ramènent les âmes sur la terre, pour renaître, diffère de façon profonde d'un groupe à l'autre.

Dans un précédent ouvrage[1], j'ai d'ailleurs été amené à décrire un certain nombre de modèles distincts de la réincarnation qui sont encore représentés de façon bien vivante de nos jours, depuis les modèles très « réalistes » des sociétés dites « primitives », jusqu'aux modèles les plus philosophiques de l'Orient, sans oublier les modèles « scientifiques » de « réincarnation sans âme », récemment élaborés en Occident.

Le fait que nos contemporains marquent une préférence pour les modèles orientaux trouve d'ailleurs son explication dans un jeu complexe de causes dont l'influence remonte aux débuts du XIXe siècle, avec la révélation des grands textes sacrés de l'Inde à l'Europe romantique.

Au sujet des représentations de la réincarnation que nous offrent les diverses cultures, j'ai aussi souligné le fait que la doctrine est dans chaque cas susceptible de fluctuations marquées, depuis le modèle le plus pur – il faudrait peut-être dire le plus ésotérique, au sens noble du terme – jusqu'au modèle le plus dégénéré, auquel trop souvent adhèrent les masses ignorantes.

L'exemple le plus évident apparaît dans l'hindouisme où la pure métaphysique du Védânta reste lettre morte pour le paysan du Deccan qui, ligoté

---

1. *La Réincarnation, des preuves aux certitudes*, Retz, Paris, 1982, réédition 1983. Dans la suite, les indications bibliographiques apparaîtront dans le texte sous forme d'une simple référence numérotée renvoyant à la bibliographie générale, en fin de volume.

dans ses superstitions, peut en venir à craindre de causer du tort à un aïeul « réincarné » dans une vache qui passe, ou dans l'araignée qui tisse sa toile à l'angle de son toit.

Remarquons d'ailleurs que les Occidentaux n'ont pas attendu l'arrivée en Europe, ou en Californie, des vagues de marchands de yoga pour penser à la doctrine des renaissances et du progrès de l'âme en conséquence de ses propres efforts – conformément à la loi orientale du *karma,* qui veut que l'individu soit toujours placé en face de ses responsabilités et recueille, vie après vie, les fruits, doux ou amers, de ses actes passés. Dès le milieu du XIXe siècle, Allan Kardec, le grand pionnier du spiritisme en France, en réunissant d'innombrables « communications médiumniques de personnes défuntes », a su en tirer la substance d'un système réincarnationniste (63) dont s'inspirent encore aujourd'hui des millions de gens au Brésil. Ce précurseur a eu un grand mérite, qu'il convient ici de souligner : qu'il soit réel ou imaginaire, le modèle spirite concilie l'idée orientale d'une succession continue d'existences, réglées par une justice infaillible, et la sensibilité des chrétiens qui, ancestralement, tiennent à un Dieu personnel avec lequel ils cherchent à dialoguer et dont ils espèrent la miséricorde. Ainsi, chacun peut y trouver son bonheur.

Plus tard, vers la fin du siècle, la théosophie de Mme Blavatsky a ramené la réincarnation dans la ligne purement orientale, en présentant la doctrine sans compromis, et d'une manière vigoureuse (11), bien que souvent mal comprise de ses propres disciples et du public.

Mais la nostalgie du christianisme était trop forte pour que les successeurs et héritiers plus ou moins avoués de Mme Blavatsky ne retournent pas de quelque manière à leurs anciennes amours – de

Papus (85) à Rudolf Steiner, les nombreux maîtres ont su redonner à l'image de la réincarnation une empreinte « christique ».

Avec le temps, les modèles occidentaux se sont ainsi succédé selon l'humeur et l'inspiration des prophètes et visionnaires du moment. C'est ainsi que le célèbre voyant Edgar Cayce a rapporté de ses explorations des mondes invisibles en état d'autohypnose une foule de renseignements inédits permettant d'affiner encore les traits de la doctrine – et même de jeter les bases nouvelles d'une « astrologie karmique », prétendant révéler les secrets de nos vies antérieures au simple examen de notre horoscope de naissance – tandis que, de son côté, le père de la scientologie, L. Ron Hubbard, déclarait tout bonnement, à qui voulait bien l'entendre, que les scientologues étaient les premiers à vraiment connaître ce qui se passe après la mort (93)...

Malheureusement, cette ère nouvelle que nous visons, qui voit ainsi se déchirer l'un après l'autre les voiles de l'inconnu grâce aux prétentions des nouveaux prêtres d'Isis, pourrait bien cacher une réalité différente de celle qu'on découvre à première vue.

Une réincarnation « bricolée »

C'est ici qu'une autre remarque de Louis-Vincent Thomas me paraît tout à fait pertinente : nous sommes les témoins aujourd'hui d'un « véritable bricolage de notre au-delà ». On y trouve de tout : des techniques hindoues, du zen, du yoga, de la parapsychologie, de l'hypnotisme, des restes de croyances chrétiennes, etc., etc. Et ce « bricolage » s'étend aussi bien à la réincarnation.

À l'analyse, ces nouvelles présentations de ce qui appartenait hier encore à l'« occulte » apparaissent privées de logique et de philosophie – ce qui ne semble gêner personne puisque, d'un commun accord, on jette la philosophie par-dessus bord et on exige du *vécu,* du *tangible,* de *l'expérimental.*

Il est tout à fait significatif sous ce rapport que le modèle de réincarnation expliqué au public des *Dossiers de l'Écran* par l'un des spécialistes invités (J.-F. Crolard) ait été présenté comme une « synthèse de l'enseignement actuel à ce sujet ». Hélas !

En empruntant ici aux méditations de l'Indien Shrî Aurobindo (souvent par l'intermédiaire de son disciple français Satprem), là aux notes de voyage dans l'astral de l'Américain Edgar Cayce, ailleurs aux visions inspirées d'un grand illuminé d'outre-Rhin, Rudolf Steiner, pour rapporter ensuite fidèlement les résultats de l'enquête-statistique-très-scientifique de la psychologue américaine Helen Wambach, ou encore les états d'âme et motivations des défunts à l'heure où ils sont appelés à se réincarner (en Californie), on peut arriver, bien sûr, à brosser un tableau saisissant des aventures de l'âme entre deux existences, où, comme on doit bien s'y attendre, le bon Dieu a toujours son mot à dire, puisque nous sommes en Occident.

Image réaliste, séduisante sans doute... comme un chatoyant costume d'Arlequin, fait de pièces tant bien que mal cousues ensemble. Le philosophe Aurobindo aurait-il reconnu comme sien ce modèle de réincarnation « bricolée », rappelant par bien des points le système spirite très chrétien d'Allan Kardec ? L'eût-il fait – ce dont je doute fort –, on peut être certain que les Grands de l'Inde – ceux qui ont jeté jadis les bases de la philosophie universelle de la réincarnation, dans les *Upanishad,* la *Bhagavad Gîtâ,* sans prendre l'avis des visionnaires de village et des médiums irresponsables de leur temps – n'auraient pas donné leur caution à ce genre de syncrétisme trop évidemment adapté aux désirs des Occidentaux qui rêvent de poursuivre dans l'au-delà une vie *personnelle,* à laquelle ils tiennent tant.

Il faut regretter que le visiteur tibétain, Sogyal Rimpoché, n'ait pas voulu entrer dans les détails de la doctrine bouddhique des renaissances, comme l'invitait à le faire le présentateur Alain Jérôme. On peut sans doute l'en excuser : dire en quelques minutes l'essentiel d'une philosophie aussi riche et dense que le bouddhisme, sans tomber dans des raccourcis saisissants (mais trompeurs) pour mieux se faire comprendre était un défi que le moine n'a probablement pas voulu relever, surtout dans l'obligation où il se trouvait de s'exprimer par l'intermédiaire d'un interprète.

Mais le public n'a pas dû manquer de retenir au passage ces quelques réflexions significatives : « En Occident, je dirai qu'il y a beaucoup de conceptions *erronées* de la réincarnation, des idées *absolument confuses* qui y règnent, mais en même temps une certaine compréhension... Pour l'instant, je crois, on en est *aux balbutiements...* »

Confusion, « bricolage », au sujet d'une doctrine millénaire – sévère rappel à l'ordre, et invitation à prendre le temps de la réflexion, à l'heure où on n'en est encore qu'aux... balbutiements.

Des prétentions exorbitantes

Il a fallu attendre les *dernières* minutes du débat pour entendre cet avis de Sogyal Rimpoché : « D'abord, ce film, *Audrey Rose,* n'est pas un exemple typique de la réincarnation, et, par conséquent, *on ne peut pas juger de la réincarnation sur cette base.* »

À la bonne heure ! Mais n'eût-il pas fallu aborder toute la discussion avec cette remarque *comme point de départ,* et d'emblée mettre en doute cette incroyable prétention de l'auteur, Frank de Felitta, à présenter un cas authentique de réincarnation dans son roman, en évitant ainsi au débat de tomber dans le piège d'un faux problème ?

Faisons un constat de fait, le roman est un best-seller, c'est indiscutable : l'édition de 1976 dont je dispose (28), éditée à New York par Warner Books, fait état de 3 millions et demi d'exemplaires sortis de presse. Mais les prétentions invérifiables commencent dès la page de couverture qui annonce : *The* novel of reincarnation (*le* roman de la réincarnation). Suivent, à la page de garde, des avis sentencieux, inspirés peut-être par quelque profonde connaissance (?) de l'auteur :

« La réincarnation peut être un enfer.
Pour certains, elle peut signifier la vie après
[la mort.
Pour d'autres, c'est la mort après la vie. »

On n'a pas le temps de réfléchir à la portée incertaine de ces formules que le roman s'engage – comme le film – dans un vécu quotidien criant de vérité. Mais, au fait, à quelles sources l'auteur a-t-il puisé ? Sur quel modèle de la réincarnation s'est-il appuyé pour échafauder cette histoire rocambolesque de petite fille qui meurt à un moment donné pour se réincarner, *à l'instant même,* dans un bébé en train de naître ? Hélas ! il n'est que trop évident qu'on a affaire ici encore à un « bricolage » de la réincarnation, qui se fait passer pour vérité authentique. Toutes les ressources de notre époque bénie ont dû être exploitées, de la régression hypnotique à la scientologie, sans oublier l'indispensable contingent d'idées mystiques de l'Orient fabuleux, destiné à rendre crédible tout le reste.

Malheureusement, c'est un bien peu convaincant

guru de bazar que l'auteur appelle à la rescousse au procès du père d'Audrey Rose, pour essayer de démontrer au prétoire la réalité de la réincarnation. Fallait-il le faire venir de Calcutta, ce saint homme, en première classe par Air India, le loger luxueusement à l'hôtel Waldorf Astoria de New York – et le prier d'accepter gracieusement au passage un chèque de 25 000 dollars « pour ses bonnes œuvres » – pour que l'auguste personnage vienne débiter pendant plus d'une heure un long catalogue de platitudes, sans rapport direct avec le sujet, et conclure ses doctes révélations par une belle description réaliste – à l'occidentale – du monde *astral,* des plans *astraux,* grouillants d'êtres *astraux,* venus de la terre pour s'y établir « selon leurs qualifications karmiques », avec tout plein d'autres détails pareillement édifiants, dont on retrouverait plus facilement l'origine dans les ouvrages d'ésotérisme à la mode que dans la *Bhagavad Gîtâ,* ou les *Brahmâ Sûtra*? Quel crédit accorder à ce *guru* éthéré, si loin des contingences terrestres qu'il tombe en contemplation en plein tribunal, pour ramener de l'au-delà un « message »... dont on peut trouver le contenu dans le premier livre venu de *Bhakti yoga,* sans sortir dans l'astral ?

Et quelle preuve ce grand sage venu d'ailleurs a-t-il pu fournir de l'authenticité du retour d'Audrey Rose dans le bébé Ivy Templeton ?

« Je crois que c'est la vérité, parce qu'un homme de vérité m'a dit qu'il en était ainsi. » Hélas ! fallait-il donner, par-dessus le marché, à ce piètre témoin le titre de *mahârishi,* réservé dans l'Inde traditionnelle aux véritables sages, qui ne croyaient pas sur parole, mais qui étaient des *jñanin,* des *tattvavid* – des connaisseurs directs de la vérité ?

Confusion des valeurs, confusion des doctrines – Tobie Nathan, l'ethnopsychanalyste invité au débat a parlé, pour sa part, d'une *confusion des catégories* à laquelle recourent habituellement nombre de *thérapeutes* modernes exploitant la réincarnation à des fins commerciales.

Ne sommes-nous pas en plein *kali yuga,* l'âge sombre des hindous – l'ère de toutes les confusions ?

Des preuves ! des preuves !

Dès qu'ils ont pu communiquer leurs impressions par téléphone ce soir-là, les téléspectateurs ont mis l'accent sur la nécessité des *preuves* de la réincarnation. Pour des motifs très divers sans doute. Fallait-il accepter ce qu'on venait de voir dans le film comme une réalité ? Avant d'adopter une doctrine, paraissant séduisante par ailleurs, ne convenait-il pas de vérifier qu'on n'était pas en train de se bercer de chimères ? Et si une personne sur cinq se déclare convaincue des retours de l'âme sur la terre, ne fallait-il pas donner à cette personne des arguments objectifs pour l'aider à emporter l'adhésion des quatre autres sceptiques ?

Vers la fin de l'émission, les collaboratrices d'Armand Jammot, Laure Baudouin et Anne-Marie Lamory, qui n'avaient cessé d'enregistrer les appels téléphoniques, dressèrent le bilan de ces appels : *une énorme déception du public.*

« Les téléspectateurs ont été *déçus* – il n'y a pas d'autre mot – qu'on n'ait pu leur donner ce soir de preuves, des preuves matérielles, concrètes, de la réincarnation... »

Plusieurs invités au débat n'avaient pourtant pas manqué d'apporter leur témoignage – parfois troublant – et un téléspectateur anonyme avait même fait savoir : « L'histoire du film est réelle, c'est arrivé à ma femme et à ma fille en Afrique », tandis qu'un autre avait affirmé : « À la suite de méditations, j'ai acquis la conviction d'avoir été, dans mes vies antérieures, bonze tibétain, moine cathare à Montségur, et proche de Louis XVI au XVIIIe siècle... »

Et la discussion avait fait émerger le nom des principaux témoins modernes qui ont apporté des pièces à conviction au dossier des preuves possibles de la réincarnation – Edgar Cayce, Denys Kelsey, etc., sans oublier, bien sûr, le professeur Stevenson et ses enquêtes sur les enfants qui se souviennent de leur vie antérieure – comme la fameuse Shanti Devi dont le cas est immanquablement relaté dans les ouvrages écrits sur la réincarnation.

Mais peut-on régler un problème aussi délicat que celui des *preuves* en se bornant à raconter une série d'anecdotes « véridiques », et en citant les conclusions favorables de certaines personnalités, auréolées d'une grande réputation de probité et même de compétence scientifique ? Une telle tentative est, bien sûr, vouée à l'échec.

La réincarnation est un thème bien trop sérieux pour en faire le sujet d'une démonstration sommaire – dirons-nous encore « bricolée » ?

Remercions une fois de plus Armand Jammot d'avoir fait réfléchir un moment son public sur ce thème d'actualité brûlante – et ouvrons le dossier des preuves.

1

L'univers mouvant des preuves

DES PREUVES, MAIS LESQUELLES ?

Un cas concret, entre mille

L'acteur français Jean Le Poulain, sociétaire de la Comédie-Française, participait à l'émission télévisée. Comme un nombre croissant de gens appartenant au milieu du théâtre, du cinéma, ou de la danse, qui viennent un jour révéler leur croyance à la réincarnation en faisant des confidences au public lors d'une interview à la radio[1] ou, comme Shirley Mac Laine vient de le faire (76), en relatant dans un livre les expériences qui les ont conduits à adopter cette croyance, Jean Le Poulain a apporté dans le débat le témoignage de son cas personnel. Un cas concret, entre mille.

On peut retenir de ce récit les points suivants : en regagnant la France, vers l'âge de 17 ans, après avoir subi outre-mer l'influence d'un précepteur oriental (un genre de *sannyasin* qui croyait fermement à la réincarnation), le jeune homme, qui allait plus tard se faire connaître dans le monde du théâtre, ne tarda pas à apprendre par des moyens médiumniques (il s'agit en fait d'une régression

---

1. Le chanteur Serge Lama a récemment déclaré au micro de *L'Écran témoin* de Liège (qui correspond à nos *Dossiers de l'Écran*) qu'il est convaincu de la réalité des vies antérieures.

hypnotique) qu'il existait une correspondance très étroite entre lui-même et un auteur dramatique anglais du XVIe siècle élisabéthain – parfaitement ignoré du sujet – Christopher Marlowe (1564-1593).

L'auteur de *La Tragique Histoire du docteur Faust* réincarné en un homme de théâtre du XXe siècle ? Pourquoi pas ? Mais quelles preuves ?

Informé de son glorieux passé, le jeune homme se met à s'intéresser à son précédent personnage, à lire ses pièces, à les adapter à la scène : un beau jour, il découvre *The Famous Tragedy of the Rich Jew of Malta* (« Le Juif de Malte ») et, en lisant cette pièce, il va de surprise en surprise : elle correspond point par point à une pièce que lui-même, Jean Le Poulain, avait écrite trois ans auparavant. Même trame, mêmes péripéties, mettant en scène un même personnage – un marchand – avec des coïncidences extraordinaires. Un exemple ? Dans la pièce moderne, le marchand s'appelait Arabas, et chez Marlowe... Barabas. Authentique.

Jean Le Poulain a la sagesse de ne pas conclure, bien qu'il accepte pleinement la logique de la réincarnation. Il a complété ses confidences dans une interview publiée dans *Paris-Match*, peu après l'émission (71).

Ce cas resterait un exemple d'anecdote peu courante, à ranger au chapitre des curiosités, s'il n'en existait pas d'autres, très similaires, qui obligent sérieusement à se poser des questions : l'abondance de cas comparables conduit à soupçonner qu'*il y a quelque chose dans tout cela*.

En veut-on une autre illustration ? C'est le témoignage d'un Occidental cultivé, né en Allemagne en 1898, et devenu plus tard un moine bouddhiste, connu sous son nom de Lama Anagarika Govinda (1).

Ici, l'histoire commence dans une authentique séance spirite : interrogée au sujet du jeune bouddhiste, la table se met à frapper un nom latin qui, pour être inconnu de tous les assistants, évoque pourtant chez l'intéressé le vague souvenir d'un pseudonyme pris par un auteur allemand pratiquement ignoré du public.

Un peu plus tard, voici que le jeune homme se met à lire à un ami archéologue des extraits d'un roman mystique, œuvre de son enfance, décrivant symboliquement ses convictions religieuses et ses expériences intérieures.

Mais l'interlocuteur ne le laisse pas finir : « Où as-tu pris cela ? N'as-tu jamais lu... » et le nom cité n'est autre que celui qu'avait communiqué la table au cercle spirite. Et l'ami d'expliquer que cet auteur peu connu du siècle dernier avait écrit un roman analogue resté inachevé, qu'il était mort jeune (du mal dont avait eu justement à souffrir le futur Lama) et que la similitude entre les deux romans se retrouvait non seulement dans le fond, et les idées développées, mais aussi dans la forme même utilisée, le style, les symboles.

Très impressionné, le jeune homme décide aussitôt de se procurer les œuvres de son mystérieux prototype. Mais, avant même que ce projet se réalise, un nouveau fait étrange vient à se produire de la manière la plus inattendue. Invité à célébrer un anniversaire dans un cercle cosmopolite de Capri, notre héros y fait la connaissance d'un savant allemand de passage dans l'île : ce dernier paraît aussitôt plongé dans une profonde stupeur et ne cesse de dévisager son jeune compatriote pendant toute la durée de la réunion. Renseignements pris plus tard auprès de l'hôtesse, cette surprise extrême était amplement justifiée : le savant en question – un spécialiste de la vie et des œuvres de l'énigmatique écrivain et poète allemand surgi de l'oubli dans la séance spirite – avait eu là plus grande peine du monde à maîtriser son étonnement, car la ressemblance entre le jeune homme séjournant à cette époque à Capri et le seul portrait existant du poète à cet âge était si frappante qu'elle lui avait presque donné un choc.

Plus tard, à la réception des ouvrages commandés, la surprise ne fait encore que s'accroître : non seulement bien des parties du roman se retrouvent dans ces textes vieux d'un siècle, mais certains passages y sont *littéralement identiques*. « Et plus je lisais, observe le Lama dans son livre, plus je me rendais compte que mes pensées et sentiments les plus intimes se trouvaient là, exprimés par les images et les mots exacts que j'avais l'habitude d'utiliser. Mais, projeté comme dans un miroir, ce n'était pas seulement le monde de mon imagination que je retrouvais dans les plus menus détails, mais quelque chose de beaucoup plus important qui se rapportait à ce que j'avais conçu comme l'œuvre de ma vie actuelle : un aperçu mythologique de la pensée et de la culture humaines aboutissant à une vision magique de l'univers. »

On peut naturellement déchiffrer ces événements à la lumière de la réincarnation : le plan de travail que s'était fixé le jeune poète n'ayant pu être mené à bien, en raison d'une mort précoce, s'était très vite imposé de nouveau à l'esprit de son « incarnation » suivante, qui dès lors allait pouvoir le développer et l'exploiter, dans la limite des moyens offerts par son actuel cadre de vie. Et le Lama de conclure, dans cette optique : « Aucune œuvre importante à laquelle on s'est consacré d'un cœur pur et avec une dévotion totale ne restera inachevée. » En d'autres termes : « Ce qui reste à faire se continuera ou s'achèvera dans une vie ultérieure. » Paroles pleines d'optimisme, et même de bon sens... si on accepte les faits décrits comme une preuve de la doctrine des renaissances ou si on en est déjà convaincu pour d'autres raisons.

Preuves subjectives et preuves objectives

En abordant le problème des preuves expérimentales de la réincarnation, qui constitue le thème central de ce livre, il faut commencer par clarifier un certain nombre de points essentiels dans ce domaine.

Le public a demandé des preuves, mais lesquelles ? Jusqu'où s'étendent ses revendications et quel genre de démonstration « scientifique » pourrait établir, *à la satisfaction générale,* la vérité de la réincarnation ?

C'est ici que nous entrons dans l'univers mouvant des preuves.

Posons d'abord que la réincarnation se présente à nous comme *une hypothèse,* aussi respectable que toutes les autres hypothèses échafaudées par l'esprit humain pour tenter d'expliquer des faits observables. On peut, bien sûr, prétendre qu'elle est une *vérité* indiscutable, une sorte de révélation communiquée aux hommes ignorants par les grands *guru* de l'Orient.

Mais l'*autorité* spirituelle de ces sages – pas plus que celle de Moïse ou de tout autre prophète – ne saurait tenir lieu de *preuve* en notre XXe siècle.

Il nous faut aujourd'hui choisir entre cette hypothèse (qui rend compte avec une certaine logique de notre origine avant la naissance et de notre devenir d'hommes après la mort), et les autres : celle du matérialisme qui nous interdit toute survivance et celles des religions monothéistes où l'on peut déchiffrer, dans le langage symbolique qu'elles emploient généralement, la promesse de quelque salut final, à la suite d'une *unique* expérience terrestre.

De toute évidence, le phénomène de la réincarnation – s'il existe – est à cheval sur deux domaines : le physique et le métaphysique.

En évoluant dans un cadre strictement métaphysique et philosophique, on peut développer un système cohérent de représentation du monde dans lequel la réincarnation vient prendre une place naturelle et logique, et constitue même *l'une des clefs de voûte* indispensables pour donner un sens à l'ensemble. Les modèles orientaux, et particulièrement celui de la théosophie de Mme Blavatsky, excellent dans ce genre de démonstration appuyée sur des principes métaphysiques (98, chap. II-IV).

Malheureusement, il n'existe pas de *preuve métaphysique* absolue de quoi que ce soit. Tout dépend des prémisses que l'on veut bien adopter au départ – et souvent celles-ci viennent tout droit de *révélations* invérifiables (ou interprétables de façons diverses).

D'ailleurs, sans se forcer à *croire* à ces prémisses, il est loisible à chacun de les adopter – au moins provisoirement – comme postulats de départ et d'examiner ensuite les conséquences qui en découlent rationnellement. Il est évident qu'une telle démarche est *individuelle* et mobilise les intuitions, la sensibilité – et sans doute aussi les espérances et préférences plus ou moins conscientes de l'individu – dans la recherche des preuves logiques susceptibles d'être atteintes par cette voie.

On touche ici le côté très *subjectif* de toute cette catégorie de preuves : pour l'un, la réincarnation deviendra une évidence philosophique, qui pourra même se passer de toute preuve expérimentale, pour l'autre elle ne sera qu'une vue de l'esprit, un fantasme. Et les polémiques qui se développent à ce niveau, pour prouver la supériorité d'une doctrine sur l'autre, offrent souvent l'image d'un dialogue de sourds.

Si on se tourne maintenant vers le domaine du

vécu, la vérité *matérielle* de la réincarnation va se révéler de façon tout aussi fluctuante, selon les individus.

La majorité des hommes et des femmes que nous côtoyons déclarent n'avoir *aucune* mémoire d'une vie passée, et cela leur suffit pour rejeter la doctrine. D'autres, au contraire, ont des souvenirs plus ou moins nets, en rêve ou même à l'état de veille, ou font d'étranges expériences qui leur suggèrent fortement une existence antérieure : ils sont amenés naturellement à adopter l'idée de la renaissance.

Il est clair que dans les deux cas – refus ou acceptation – l'approche du sujet est individuelle, *subjective,* et ne peut guère constituer une preuve universelle, *objective,* éventuellement contrôlable par tout observateur extérieur.

Il faut bien se représenter néanmoins que ces « rencontres avec le passé » laissent chez les témoins qui en font l'expérience une impression extrêmement profonde qui ne leur laisse aucun doute sur ce qu'ils ont vécu. Souvent, d'ailleurs, il arrive que ces gens n'osent pas communiquer aux autres le contenu de cette expérience étrange – mais combien réelle pour eux – de peur de passer pour des hallucinés. En ce qui les concerne, la cause est entendue. Mais, pour la majorité qui s'interroge, le témoignage isolé d'une personne – qui a pu effectivement être victime d'une hallucination – ne peut guère être retenu comme probant. À moins que le témoin n'ait apporté sur sa vie passée présumée des informations vérifiables, et qu'il n'ait eu *aucun* moyen de se les procurer en dehors de sa propre mémoire lointaine.

Lorsque nous quittons ainsi le champ indécis des impressions floues, des souvenirs plus ou moins vagues, des épisodes revécus – même intensément – dans un cadre dépourvu de toute référence historique, pour aborder des expériences assez précises pour se prêter à des vérifications minutieuses, nous entrons sur un terrain où le vécu subjectif s'assortit d'une *dimension objective* capable de servir de base à une démonstration expérimentale du bien-fondé de la réincarnation.

Ce sont naturellement des témoignages de ce type que nous étudierons dans la suite de l'ouvrage.

Des mathématiques aux sciences naturelles

Nous avons tellement l'habitude d'entendre les louanges de la science et de ses conquêtes que nous imaginons facilement qu'elle évolue dans un monde de certitudes, qui ne fait que s'accroître en tous sens avec le temps. La réalité est un peu différente.

Dans le domaine des sciences de la nature, il n'existe *aucune preuve absolue* établissant définitivement la vérité d'une théorie, ou même d'une hypothèse.

En dehors des mathématiques, tout a une part d'incertitude et reste suspendu au verdict d'observations ultérieures qui peuvent un jour tout remettre en question.

À partir de prémisses dont l'évidence, ou le caractère axiomatique, est indiscutable, il est possible de déduire logiquement des conclusions qui, en fait, étaient déjà contenues dans les propositions initiales. Le mathématicien se déplace ainsi en sûreté dans un monde intellectuel qui ne dépend pas des choses observables ni des conceptions que l'esprit peut se faire de l'univers. Il peut adopter les définitions de son choix et poser des postulats qui lui ouvrent de nouveaux champs de raisonnement pour aboutir, avec la même rigueur, à des théorèmes tout aussi indubitables que ses premières conclusions.

Par contre, *l'interprétation* du spectacle de la Nature pose à l'intelligence humaine qui l'observe un problème autrement ardu. Les phénomènes physiques les plus simples, en apparence, résultent souvent d'une combinaison très complexe de faits qui ne se laissent pas facilement analyser.

Comme on le sait, la science a pu progresser grâce à d'innombrables observations, faites dans les conditions les plus diverses, et à la mise au point d'hypothèses sans cesse remaniées afin d'expliquer rationnellement ces observations.

La preuve matérielle d'une hypothèse dépend des techniques d'observation, mais il convient de réfléchir sur le caractère relatif, voire *provisoire*, de cette preuve. Une hypothèse dont toutes les conséquences théoriques semblent confirmées expérimentalement devrait être considérée seulement comme *admissible* : il suffit qu'un nouveau fait émerge qui ne puisse s'expliquer à l'aide du modèle théorique en vigueur pour que ce dernier soit déclaré irrecevable, ou qu'il devienne nécessaire de le remanier, parfois profondément. L'histoire de la physique est féconde en de tels bouleversements.

Bien sûr, on objectera que ce qui est acquis est acquis et la preuve de la théorie atomique c'est Hiroshima. Dans un sens, c'est vrai, mais est-il indispensable qu'une théorie soit entièrement prouvée pour qu'on tire de la masse des expériences qui servent à la construire des applications et des *recettes* techniques aux conséquences parfois spectaculaires ? Il se trouve précisément que la physique de la matière a fait depuis la dernière guerre d'immenses progrès, qui arrivent même à remettre en cause certains des principes fondamentaux de la science. On en vient à s'interroger sur *les interac-*

tions entre matière et conscience, et sur *le principe de la causalité.*

L'ensemble de la science expérimentale repose sur le rapport de l'observateur à la « chose » observée, et toute la construction mentale qu'il élabore pour décrire cet univers mystérieux qui l'entoure devrait s'accompagner de la déclaration préliminaire : « Tout semble se passer comme si le monde était ainsi. »

Bien sûr, très peu de savants s'embarrassent de formules de ce genre. Il est pourtant des cas où ils *devraient* le faire : ce sont ceux où le modèle théorique que construisent les chercheurs est au-delà de toute vérification expérimentale, capable de confirmer intégralement l'hypothèse.

On admet, à juste titre, que l'explication théorique d'un phénomène (ou d'un ensemble de phénomènes) est d'autant plus vraisemblable qu'on est à même de démontrer qu'il peut être reproduit effectivement au laboratoire, en maîtrisant les divers paramètres de l'expérience.

Hélas ! Toutes les sciences qui s'intéressent à des événements survenus dans un passé irréversible, ou échelonnés sur d'immenses périodes de temps, sont dans l'impuissance complète en ce qui concerne cette vérification de leurs théories : ainsi paléontologistes et évolutionnistes de toutes les écoles seront à jamais dans l'incapacité de démontrer le bien-fondé de leurs vues. Ils pourront, bien entendu, réunir un faisceau « impressionnant » d'indices, d'éléments « positifs », de « présomptions de preuves », et de témoignages « éloquents » de fossiles, ils n'arriveront jamais à administrer la preuve *définitive* que l'homme descend du singe ou de l'australopithèque. Même si, d'aventure, toutes les observations arrivaient un jour à concorder pour donner la préférence à *une* théorie, il resterait toujours un doute : *est-ce bien ainsi que les choses se sont passées ?*

Les mêmes remarques s'appliquent à d'autres modèles scientifiques, comme celui de la cosmogenèse à partir du *big-bang*.

Toutes ces hypothèses *à jamais invérifiables* sont cependant utiles et nécessaires pour faire progresser la science, activer les recherches et obliger à repenser sans cesse les problèmes.

Il est seulement dommage qu'en l'absence de preuves impossibles on saute trop facilement à des conclusions hâtives qui deviennent de véritables *dogmes scientifiques* dans la compréhension du public. On apprend l'histoire des « premiers hommes » dans les manuels scolaires.

Il faut garder en mémoire ces diverses constatations en abordant le problème des *preuves de la réincarnation,* et peut-être accepter de ne pas exiger plus dans ce domaine que ce qu'on attend généralement de l'investigation scientifique.

Quelles preuves attendre pour la réincarnation ?

Nous sommes ici confrontés à un problème... de paléontologie.

Prenons un exemple : un témoin bien vivant du temps présent exhume de sa conscience, par un moyen quelconque, *un* personnage du passé, en fournissant sur lui un faisceau d'informations plus ou moins précises et en déclarant qu'il existe un lien univoque entre ce personnage et lui-même, qu'il exprime par la formule : *j'ai été* ce personnage.

Il existe ainsi une abondance de cas où le sujet se souvient de façon très vivante d'avoir été mercenaire gaulois, mousquetaire sous Louis XIII, ou blanchisseuse sous Napoléon Ier, et où il donne des détails frappants sur ces vies obscures des siècles écoulés. Que penser de tout cela ?

Comme le fait le savant sur le terrain, il faut,

bien sûr, passer au crible tous les vestiges ramenés au jour, examiner leur validité, et faire tous les rapprochements nécessaires avec l'homme d'aujourd'hui, pour tester le caractère vraisemblable de l'hypothèse.

Mais pour le réincarnationniste, comme pour le paléontologiste, la première difficulté est de taille : il y a cette grande nuit des temps qui sépare l'homme de jadis de l'homme que l'on côtoie, nuit muette, qui a pourtant été le témoin des événements ayant assuré la continuité d'un phylum de filiation du premier au second. Des années, des siècles, voire des millénaires, peuvent séparer deux incarnations successives – selon les modèles auxquels on s'adresse.

Cependant, dans le cas qui nous préoccupe, la difficulté est encore bien plus grande. Comme nous l'avons observé, la réincarnation est à cheval sur le physique et le métaphysique. Même si l'on retrouvait le mercenaire gaulois décrit par un sujet, si on pouvait le faire revivre, lui parler, analyser ses sentiments, etc., et le confronter à l'homme moderne qui croit être sa « réincarnation », il resterait à prouver que c'est bien la même « âme » qui est passée d'un corps à l'autre, et que le sentiment d'*identité* éprouvé par le témoin qui assure avoir été ce Gaulois n'est pas un fantasme élaboré par sa psyché. Dans le cas du Lama Anagarika Govinda, malgré les extraordinaires points de ressemblance – même *physique* – entre le poète du passé et le jeune Allemand, quelle certitude incontestable a-t-on que c'est *le même être* qui est passé d'un siècle à l'autre ?

On voit qu'on ne risque pas de trouver de preuve *absolue* de la réincarnation, et que l'approche expérimentale s'expose de toute nécessité à connaître une grande complexité de démarche, aussi bien sur le terrain physique, historique, que dans le domaine fluctuant du psychisme.

Il faut insister encore sur ce point : l'hypothèse de la réincarnation suppose un transfert, d'un corps à un autre, non seulement d'un tissu de mémoire mais d'une sorte d'entité centrale, vivante et active dans chacun de ces corps; et, bien entendu, échappant de quelque manière à la mort physique.

Ce n'est donc pas le simple *transfert d'informations* que d'aucuns suggèrent parfois (8) – comme le serait le passage d'une bande magnétique ou d'une disquette d'ordinateur que l'on transférerait d'un appareil de lecture à un autre, avec toute sa charge d'instructions ou de messages du passé – mais bien le retour au plan physique d'un « quelque chose » porteur d'une base d'identité essentielle.

En dehors des modèles purement « animistes » de la réincarnation qui parlent d'une sorte de recyclage du pouvoir de vie dans une succession de corps, la plupart des autres modèles associent une conscience permanente à cette réalité immortelle pourvue d'un caractère psychique et spirituel.

Ainsi, la réincarnation, qui pose d'emblée le problème d'une *âme*, d'une conscience sous-jacente, survivant à la mort et capable de reprendre du service sur terre, est confrontée, dans le domaine expérimental, au redoutable défi des siècles écoulés : prouver non seulement la réalité nécessaire de cette âme – dont paradoxalement les psychologues modernes semblent souvent se passer – mais encore sa survie, son retour au plan des contingences matérielles, et la possibilité qu'elle révèle quelque chose de son histoire oubliée.

En somme, cela fait beaucoup de choses à prouver. On ne doit pas être surpris que bien des arguments tirés de l'expérience ne soient que des preuves *partielles* et se montrent impuissants à emporter la conviction générale. Mais *ce n'est pas une raison pour conclure que la réincarnation est une fausse hypothèse* : au contraire, les informations recueillies ont découvert maintenant un domaine très riche qui invite à une exploration sérieuse, et trop d'éléments tirés du vécu suggèrent la réincarnation comme la bonne explication pour que l'on referme le dossier des preuves – même si les recherches devaient se poursuivre pendant des décennies avant de déboucher (peut-être ?) sur des évidences. Nous en sommes encore aux *balbutiements,* selon le mot de Sogyal Rimpoché.

LES LEÇONS DE L'AFFAIRE
BRIDEY MURPHY

Une atmosphère de recherche... passionnée

Le moins qu'on puisse dire c'est qu'il ne passe pas inaperçu, le retour en force de la croyance en la réincarnation dans cet Occident où elle a eu jadis droit de cité avant l'implantation du christianisme dogmatique. Comme toute chose nouvelle, cette doctrine, qui nous revient d'un Orient que nous apprenons à découvrir et à apprécier, suscite de l'intérêt qui confine à l'enthousiasme mais, en même temps, elle trouble, elle inquiète. Précisément, tous ceux qui s'arrangeaient très bien sans elle, et qui se sentent concernés de près par cette intruse, se mettent à réagir, comme pour tuer dans l'œuf un mouvement d'idées qui les menace dans leurs positions, leur réputation et peut-être même... dans leur raison de vivre.

On peut prendre cette remarque pour une exagération, mais il suffit de se souvenir des violentes réactions suscitées en France, en 1977, par la parution du livre du Dr Moody *La Vie après la vie* (78). Cet ouvrage ne faisait que ramener à l'actualité des phénomènes dont certains étaient connus depuis longtemps : les expériences de conscience que font les hommes à l'approche de la mort[2]. Cette fois, cependant, la publicité faite à cette enquête menée par un scientifique ne pouvait plus laisser indifférents les maîtres à penser de l'époque : pour des raisons fort différentes, on a vu des psychologues, des médecins et des gens d'Église entrer dans l'arène pour... protéger le public d'une dangereuse contagion : la croyance à la réalité des hallucinations des mourants.

Un excellent exemple de l'atmosphère malheureusement trop passionnée dans laquelle évoluent les recherches sur la réincarnation est fourni par la fameuse affaire Bridey Murphy. Il devrait servir de leçon universelle de prudence, autant pour les partisans de la réincarnation que pour ses adversaires, trop pressés d'endiguer les progrès d'une cause qui les menace dans leurs convictions.

Le livre de Morey Bernstein, *À la recherche de Bridey Murphy* (5), est l'un de ces best-sellers qu'on peut trouver dans les kiosques de gare. Publié à New York en 1956, il relate comment une jeune femme du Colorado, plongée par hypnose dans une transe somnambulique, a « revécu » un grand nombre d'épisodes de la vie d'une Irlandaise au XIXe siècle.

L'expérience en soi n'avait rien de nouveau. La régression aux vies antérieures avait eu ses pionniers, dont le colonel de Rochas, et même ses champions qui pouvaient se vanter d'avoir réalisé des centaines d'expériences; et elle allait devenir

---

2. On trouve des traces d'une approche *scientifique* de ce sujet dès le XIXe siècle. Dans un article publié en 1978 (revue *PSI-International*, n° 7, p. 51), j'ai signalé par exemple un intéressant document de 1889 présenté par le Dr Ferré sous la forme d'une « note pour servir à l'histoire de l'état mental des mourants ».

bientôt un exercice banal, pour être exploitée par des thérapeutes bien intentionnés... et des charlatans sans vergogne. Mais, à l'époque, le grand public ne savait pas encore.

Morey Bernstein avait opéré sur son sujet de 1952 à 1953. Le temps que l'information circule et que des contacts convenables soient pris, voici que la presse se mêle de l'affaire : W.J. Barker, du *Denver Post,* fait paraître un premier récit en 1954. Le livre de Bernstein sort bientôt en librairie et remporte un énorme succès. Dès lors, c'est la bataille des preuves et des contre-preuves dans l'arène publique. Le professeur C.J. Ducasse en a retracé les péripéties dans un article très objectif publié en janvier 1980, dans le *Journal of the American Society for Psychical Research* (34).

Pendant que Barker, envoyé par son journal en Irlande, y déployait des talents de détective pour trouver des vérifications des faits décrits sous hypnose, d'autres enquêteurs s'activaient avec un égal empressement pour dénoncer toutes les erreurs, les anachronismes, les invraisemblances qu'ils relevaient dans les récits de la jeune femme.

C'est ainsi que la revue *Life* révélait à ses lecteurs, en mars 1956, les « trouvailles » de ses reporters en Irlande, qui, complétées des avis défavorables de deux psychiatres, tendaient à ruiner la thèse de la réincarnation.

Trois mois après, le *Chicago American* prenait la relève avec une série d'articles particulièrement venimeux, auxquels répondait promptement le *Denver Post.* La semaine suivante *Life* prétendait conclure en résumant les positions du *Chicago American* et en publiant une photo compromettante, représentant une certaine Mme Corkell, née *Murphy* et prénommée *Bridie,* et que Virginia, le sujet hypnotisé par Bernstein, avait soi-disant bien connue dans son enfance.

Pour la meute des critiques dressés contre Bernstein, cette histoire de Bridey Murphy n'était en effet qu'un roman inconsciemment fabriqué en hypnose par Virginia, sur la trame de souvenirs d'enfance plus ou moins oubliés. D'où cet acharnement à montrer qu'il n'y avait rien d'irlandais dans tout le récit, en dehors de ce que Virginia avait pu apprendre *dans sa vie actuelle*. Des experts furent commis pour déclarer, avec tout le poids de leur autorité, que des détails précis avancés sur l'Irlande n'avaient jamais existé, tandis que les limiers du *Chicago American* passaient au peigne fin les lieux fréquentés par l'actuelle Virginia pour retrouver les témoins qui avaient pu lui fournir toutes les informations utiles.

Las ! Des recherches encore plus patientes finirent pas dénicher les renseignements qui avaient échappé aux experts, et confirmer la véracité des dires de « Bridey », sur des points extrêmement particuliers.

Quant aux découvertes du *Chicago American,* elles mériteraient d'être passées en revue avec soin pour montrer à quels expédients peuvent recourir des organes d'« information » lorsqu'ils cherchent à influencer leur public. Rien n'a été ménagé : on a retrouvé une tante irlandaise qui aurait régalé la petite Virginia d'histoires de là-bas; on a prêté à Virginia un petit frère (qu'elle n'a jamais eu) mort en 1927 (Bridey avait perdu aussi un petit frère); on a mis la main, à Chicago, sur un oncle Plazz (le même que celui dont parle l'Irlandaise) en omettant toutefois de dire où on pouvait rencontrer cette vieille connaissance (?) de Virginia, et on a même su faire sortir de l'ombre une Mme H.S.M. qui aurait donné à l'adolescente des cours de diction en lui faisant apprendre des pièces en dialecte irlandais (Bridey Murphy s'exprimait naturellement avec un accent irlandais). Pour finir, il y a eu cette Mme Corkell qui semblait avoir fourni le titre même du « roman ».

En lisant tout cela dans son journal, le bon lecteur de l'*American* n'a pas dû manquer de conclure : « Cette Bridey Murphy, quelle bonne blague ! »

Cependant, la réalité était tout autre. Virginia *n'a pas* fréquenté de tante « irlandaise » avant l'âge de 18 ans (encore cette tante était-elle née à New York, de souche écossaise-irlandaise et aurait été bien en peine de faire des récits détaillés sur l'Irlande); elle n'a *aucun* souvenir d'un oncle Plazz (qui, à en croire le journal, prétendait l'avoir rencontrée chaque semaine alors qu'elle avait entre 3 et 14 ans). Elle n'a suivi que quelques cours d'élocution avec Mme H.S.M. laquelle, interrogée par le *Denver Post,* a assuré n'avoir jamais entendu parler des fameuses pièces irlandaises que Virginia aurait apprises, selon l'*American*.

Pour finir, la jeune femme du Colorado a bien admis avoir connu la dame Corkell, mais elle ne lui a jamais parlé : elle ignorait qu'elle se fût appelée Bridie.

Dans cette sombre histoire, qui ressemble à une cabale, le point le plus piquant est celui-ci : cette Mme Corkell découverte par l'enquête n'était autre que... la mère du rédacteur de l'édition du dimanche du *Chicago American,* à l'époque des articles.

Défendre (par tous les moyens) la foi menacée

Dans ce procès par médias interposés, on se doute bien que toutes les énergies n'étaient pas mobilisées pour la-seule-défense-de-la-Vérité. D'autres intérêts, moins généreux sans doute, étaient en jeu : dans l'Amérique des années 1950, il s'agissait aussi de défendre la foi religieuse menacée.

Pendant que W.J. Barker exposait objectivement le résultat de ses recherches – succès et échecs – en laissant à ses lecteurs le soin de conclure sur la relation possible entre Bridey et Virginia, bien des articles de la presse adverse s'analysent aujourd'hui clairement comme des tentatives en vue d'exorciser le démon qui tentait des centaines de milliers de gens pour les amener à croire à l'enseignement hétérodoxe de la réincarnation.

De fait, le nom du Révérend Wally White apparaît en tête d'un certain nombre d'articles du *Chicago American* : c'est lui qui, après avoir mené l'enquête sur l'enfance de Virginia à Chicago, en détaille les trouvailles : l'« oncle Plazz » et tout le reste. D'ailleurs, il ne cache pas que son but est de « déboulonner » (to debunk) la réincarnation, en raison de son caractère agressif envers les doctrines religieuses établies. Rien n'est épargné pour faire peser l'autorité de ce bon berger sur la conscience de ses brebis guettées par l'hérésie.

White, connu comme le pasteur du *Chicago Gospel Tabernacle,* raconte, par exemple, que Virginia a suivi les cours de catéchisme à cette église. Le lecteur naïf peut en déduire facilement que le Révérend l'a bien connue dans son enfance et qu'« il sait de quoi il parle » en rédigeant ses articles. Et nul n'ignore que les pasteurs disent la vérité...

En fait, il n'en est rien. Virginia n'a jamais connu White, sauf, plus tard, le jour où le saint homme s'est présenté inopinément chez elle, à Pueblo, pour lui dire... qu'il priait pour elle. Manœuvre d'intimidation ? Ou sollicitude pour une âme perdue ? Toutes les interprétations sont possibles.

Pendant ce temps, d'autres voix s'élevaient aux quatre coins des États-Unis pour défendre l'orthodoxie, rappeler aux chrétiens que « nul fidèle ne pouvait réconcilier la théologie de sa foi avec la doctrine de la réincarnation ».

Il est intéressant de donner un aperçu de ce qui a pu se dire à cette époque, en citant l'avis d'un théologien réputé, publié dans le journal *Tribune* de Chicago (5 janvier 1956).

La théorie de la réincarnation des âmes a été condamnée par décret du Saint-Siège en 1919. Elle est contraire à la doctrine catholique concernant l'éternité de la punition pour les pécheurs non repentis. (...) En premier lieu, elle est très semblable à une doctrine rejetée par l'Église au VIe siècle (...) selon laquelle les âmes préexistent à leur union avec le corps. (...) Toutes les théories de préexistence de l'âme répugnent à la croyance catholique. L'âme est créée par Dieu au moment où elle est unie au corps – une âme individuelle pour chaque corps individuel. En second lieu, la réincarnation s'oppose à l'enseignement catholique sur la finalité de cette vie considérée comme une probation préalable à une vie définitive et inchangeable de récompense ou de punition, qui commence immédiatement après la mort.

Ainsi s'exprimait le Révérend Thomas J. Motherway, professeur de théologie dogmatique, pendant que d'autres autorités religieuses faisaient ressortir que la réincarnation réduisait à néant certains des dogmes essentiels de l'Église. Dans une interview accordée au *Mirror News* de Los Angeles (26 mars 1956), le chef de l'université catholique de Washington, le père Pascal P. Parente, déclarait hérétique la doctrine de la réincarnation « comme l'une des plus vieilles erreurs, à la fois sur les plans de la religion et de la philosophie ». Saint Paul n'avait-il pas affirmé aux Hébreux (9, 28) : « Il est donné à l'homme de mourir une fois, mais après cela vient le jugement » ? Pour l'éminent prélat, cette histoire de Bridey Murphy « servait bien Satan, en rejetant spécifiquement l'existence du Purgatoire ».

Ainsi, les fidèles étaient vigoureusement défendus contre ces inquiétantes tentatives de perversion de l'Évangile. Fallait-il cependant prendre les choses tellement au tragique, et mêler Satan à l'affaire ?

Aux *Dossiers de l'Écran,* le prêtre invité au débat (le père H. Biondi) a exprimé un avis bien plus nuancé : « Disons-le franchement, il n'y a pas de condamnation doctrinale, dogmatique, conciliaire, sûre, de la réincarnation. » Ce qui est l'évidence, quand on étudie les textes (98, chap. VI, « De l'Antiquité au christianisme »). « Aux premiers temps de l'Église, le climat culturel était réincarnationniste. Nombre d'auteurs du début de l'Église *sont* réincarnationnistes, jusqu'aux grands Grégoire de Nysse et Grégoire de Naziance – jusqu'à la fin du IVe siècle... » Et cette Église qui « tolérait la réincarnation, puisque c'était ce que respiraient, ce que vivaient et pensaient tous les gens », a modifié sa position au fil du temps, au point que « l'Église actuelle, au contraire, n'est plus réincarnationniste parce que le milieu ne porte plus l'idée », et aussi « parce qu'elle croit à la valeur intrinsèque – disons individuelle, personnelle – de l'être humain... »

L'Église a ses raisons. Mais, de l'aveu même de certains prêtres, l'idée de la réincarnation gagne du terrain parmi leurs paroissiens.

Il y a même de ces pasteurs des âmes qui font de leur mieux pour accélérer le processus. Citons, en particulier, Geddes Mac Gregor, un érudit paré de nombreuses hautes distinctions universitaires, prédicateur invité à la chaire de célèbres églises (dont St. Paul de Londres et l'abbaye de Westminster) qui consacre aujourd'hui tous ses efforts à réhabiliter la réincarnation aux yeux des fidèles, en la présentant même comme *une espérance pour les chrétiens* (74,75).

Les dessous d'un rapport « scientifique »

Devant l'affaire Bridey Murphy, les milieux scientifiques ne pouvaient pas non plus rester indifférents : le débat allait s'engager dans un climat où l'objectivité n'était guère de mise. Commentant les événements de ces années de fièvre, le professeur Ducasse remarque : « Comme l'auteur de ces lignes l'a maintes fois souligné en d'autres occasions, il arrive que la tentation de prendre ses désirs pour des réalités et de tirer des conclusions dictées par l'émotion soit même plus grande du côté de l'orthodoxie religieuse retranchée dans ses positions (...) ou du côté de l'officiel " bon sens scientifique de l'époque ", que du côté des protagonistes de théories à première vue paradoxales. »

La régression hypnotique relève de la parapsychologie : l'une des personnes les mieux placées pour donner un avis scientifique était J.B. Rhine, qu'on cite souvent comme le pionnier de la parapsychologie expérimentale du XXe siècle. C'est à lui, en effet, que l'hebdomadaire *The American Weekly* demanda d'exprimer une opinion « autorisée ». L'article de Rhine, paru le 8 avril 1956 sous le titre « Did you live before ? » (Avez-vous déjà vécu ?), analyse le cas avec beaucoup de prudence, en évoquant posément les explications de rechange pouvant rendre compte des faits observés *en dehors* de la réincarnation. Conclure que le récit de Bridey sous hypnose constituait une preuve, comme Morey Bernstein avait espéré en trouver une en commençant son expérience, n'était pas admissible, selon Rhine, dans une démarche se voulant scientifique.

Mais les faits eux-mêmes méritaient d'être considérés avec la plus grande attention, pour la raison que « quelque chose de la nature non reconnue de l'homme s'y révèle probablement ».

Cet examen prudent et impartial, d'un homme averti, contraste malheureusement de façon frappante avec les jugements à l'emporte-pièce prononcés par une phalange de psychiatres, sûrs de leur fait : « Qu'on vous donne la possibilité d'explorer la vie de la jeune femme (Virginia), de préférence sous hypnose, et nous mettrons vite un terme au mythe de Bridey ! Tout ce qu'elle a pu dire dans ses récits, elle a dû forcément l'apprendre de façon normale, dans sa vie présente. »

Diverses déclarations sentencieuses de ce genre étaient développées dans un rapport, aux prétentions scientifiques, publié au printemps de 1956, sous le titre : *A Scientific Report on the « Search for Bridey Murphy »,* par le Dr M.V. Kline (Julian Press, New York) avec la collaboration d'autres médecins (65).

Pour ces explorateurs et thérapeutes de la psyché, toute l'affaire pouvait se déchiffrer en portant l'attention sur le plan caché des motivations – où la réincarnation n'avait qu'un rôle accessoire. La psychanalyse expliquait tout.

On se doute bien que des rapports « ambigus » avaient même dû s'établir entre Morey et Virginia dans l'étroite relation de l'hypnose. Et pour certains des augures qui statuèrent sur le cas, à l'époque, le prénom même de Bridey était révélateur : Bridey, n'est-ce pas une façon cachée, mais transparente, de dire *Bride* (fiancée) ? Vous en étiez-vous rendu compte, Virginia ?

Le *rapport scientifique* et les avis parallèles de divers psychiatres n'ont pas manqué de provoquer des commentaires acerbes de collègues qui abordaient la question d'un esprit différent et plus ouvert. L'un d'eux a même fait la remarque que les experts en psychologie et en psychiatrie « s'étaient laissés aller à raconter plus de bêtises que Bridey à ses plus mauvais moments ».

Un autre psychiatre, dont nous reparlerons plus d'une fois, le Dr Ian Stevenson, publia, en janvier 1957, une analyse du fameux rapport, dans le *Journal of the American Society for Psychical Research*. Il y accusa, à juste titre, les auteurs du document d'avoir *d'emblée* fait l'hypothèse gratuite qu'il était impossible que des souvenirs d'une incarnation passée puissent expliquer valablement les déclarations *vérifiées* de Virginia. Il leur reprocha aussi d'avoir *ignoré* de toute évidence certains des faits découverts par Barker en Irlande et d'avoir recouru au vieux truc qui consiste à prétendre expliquer tous les faits en « analysant » les motifs d'un sujet – en l'occurrence Bernstein.

Le professeur Ducasse fait ici une remarque méritant d'être citée dans le présent contexte : « En vérité, cette insistance à tourner toute délicate question *ad rem* en une question *ad hominem* est la maladie professionnelle à laquelle sont le plus exposés les psychiatres ! Chez ceux qu'elle affecte, elle a une façon d'engendrer des fantasmes encore plus fantastiques que ceux de leurs patients. Que ce rapport, baptisé de l'épithète *scientifique,* révèle ou non des motivations cachées chez Bernstein et chez Virginia, il présente de toute façon une édifiante démonstration du genre de raisonnement dicté par l'émotion auquel le livre de Bernstein a donné libre cours dans la psyché des experts qui ont signé ce rapport et qui étaient censés juger avec une rigueur froidement scientifique. »

Des jugements expéditifs

Le professeur Ducasse a la dent dure ? Il y a quelque chose de vrai dans ses propos.

Au débat télévisé dont nous avons parlé plus haut, se trouvait un invité, qui n'était pas un psychiatre il est vrai mais un ethnopsychanalyste, praticien et enseignant : Tobie Nathan. Sa position très tranchée sur la réincarnation n'a pas manqué de surprendre : elle se résume, d'une part, en un *refus* catégorique d'accorder à cette doctrine le statut d'une théorie philosophique et, d'autre part, en un *procès d'intention.*

En bref : 1) ceux qui en parlent ont quelque chose à vendre; 2) ce qu'ils ont à vendre ce sont des techniques thérapeutiques; 3) les clients qui sont attirés par cette idée sont des gens qui n'arrivent pas à se consoler de la perte d'un être cher (pour lequel ils avaient, dans plus d'un cas, des sentiments ambigus – amour *et* haine).

Ces avis sont respectables bien sûr, mais on ne peut s'empêcher de penser à Ducasse en les entendant. Ici aussi la réincarnation n'est pas abordée *ad rem,* directement et sur le fond, mais *ad hominem,* en cherchant à confondre celui qui en parle, et en le mettant en face de ses « motifs cachés ».

Pour l'ethnopsychanalyste fort sceptique, l'examen du film *Audrey Rose* n'a pas manqué non plus de suggérer une approche différente, où les rapports jugés ambigus entre l'« ancien » père et la « nouvelle » mère de la fillette justifiaient même les angoisses de l'enfant – ce qui n'était évidemment pas dans l'intention de l'auteur du roman.

Il est vrai que bien des gens ont des *motifs* personnels de préférer la réincarnation à une autre perspective après la mort; il est vrai qu'il existe des charlatans qui exploitent la crédulité humaine;

il est vrai qu'il y a des désespérés qui sont prêts à tout pour guérir et qui se jettent dans les bras d'un sauveteur potentiel (magnétiseur, hypnotiseur, *guru* hindou... ou psychiatre), mais n'est-ce pas se boucher les yeux que de refuser de considérer ce qu'il peut y avoir de philosophique dans la réincarnation ?

Serait-ce que les modèles de réincarnation qu'on nous présente en Occident sont trop débiles sous l'angle de la philosophie, et trop manifestement fabriqués pour répondre aux espérances cachées des braves gens ? Pourquoi alors ne pas se tourner vers les paradigmes orientaux de l'hindouisme et du bouddhisme qui, dans leur pureté originelle, n'ont assurément pas été construits pour satisfaire des marottes, ou consoler les affligés ?

Devrait-on aussi rejeter la réincarnation sous prétexte qu'elle nous est *agréable* ? *La vérité devrait-elle être désagréable pour avoir des chances d'être la vérité ?*

Et faudrait-il que le printemps ne revienne pas sous prétexte que nous espérons égoïstement son retour, si c'est sa loi, au printemps, de revenir ? Nos motifs, cachés ou non, ont-ils quelque chose à voir avec ce cycle de la Nature ?

Au chapitre des jugements expéditifs, on peut encore citer la *preuve*, sans appel, fournie par Tobie Nathan pour démontrer que la réincarnation – ou même la survivance – est impossible. Tout simplement, elle tiendrait au fait qu'il est impossible de penser sans le corps : *si on prive un individu de ses sensations corporelles, la pensée disparaît.* On ne nous a pas dit comment on peut arriver à une telle situation, ni ce que signifie cette disparition de la pensée. Le sujet s'endort-il[3], ou arrive-t-il

3. Il me revient en mémoire le cas curieux d'un sujet privé de sensations tactiles, et sourd de surcroît, qui tombait en sommeil quand on lui fermait les yeux.

à une parfaite vacuité du mental que rêvent d'atteindre les amateurs de méditation à l'occidentale ? Y a-t-il perte complète de conscience, ou obtient-on un état *altéré* de la conscience ? Autant de questions qui mériteraient d'être examinées, et discutées, avant de conclure.

En Orient, on fait la différence entre *conscience* et *pensée*. Elle est capitale en effet.

Et je connais au moins un modèle de réincarnation dans lequel il est clairement enseigné que le choc de la mort prive l'homme de sa faculté de penser, de décider, et d'organiser volontairement son champ mental... ce qui n'empêche pas sa conscience de participer à une sorte de vision extatique fondée sur les énergies psychiques de sa vie écoulée (98, chap. IV).

Au fond, peut-on sérieusement conclure quelque chose de cette constatation expérimentale qui doit constituer un cas bien particulier ? On serait curieux de savoir comment réagirait un yogi dans des conditions identiques – puisque l'isolement de toute sensation corporelle est *certainement* l'une des étapes recherchées dans la véritable méditation.

Mais à quoi bon épiloguer ? On ne peut accepter comme preuve scientifique des affirmations péremptoires du genre : « La réincarnation existe : je l'ai rencontrée », ou « la survivance est une chimère car personne n'est revenu de la mort ». La science demande bien plus de minutie dans l'exposé des conditions expérimentales, et de prudence dans les conclusions.

Plaidoyer pour la vérité – quoi qu'il en coûte

Avec le recul du temps, et en examinant toutes les pièces du dossier Bridey Murphy, on peut faire un bilan objectif, en jugeant *sur les faits*.

D'abord, comme l'a montré Ducasse dans son analyse, du côté des commentateurs hostiles *personne* n'a vraiment réussi à prouver les diverses thèses élaborées pour s'opposer à l'explication naturelle selon laquelle les déclarations de Virginia sous hypnose constituaient un ensemble d'informations authentiques sur la vie qu'aurait pu avoir une femme en Irlande un siècle plus tôt.

Du côté de Bernstein et de son sujet, qui l'un et l'autre ignoraient tout de l'Irlande, il paraît hors de doute que les détails obscurs fournis dans le récit, et vérifiés par Baxter après une recherche inlassable, n'avaient pas pu être appris de façon normale, puisqu'il fallait être sur place pour en retrouver la trace, et que même les experts – qu'on aurait pu croire omniscients – avaient échoué.

Par contre, *rien n'a permis de prouver avec certitude que Virginia était bien la réincarnation de Bridey Murphy,* même si l'expérience a pu montrer qu'un sujet sous hypnose était rendu capable d'une certaine connaissance paranormale.

Morey Bernstein, qui pratiquait l'hypnose depuis dix ans mais en était encore à son coup d'essai dans sa tentative de « retour aux vies antérieures », a cru avoir réussi au-delà de toute espérance : la réincarnation était là, sous ses yeux, alors qu'il n'y croyait pas quelques années auparavant !

Imprudemment, l'histoire a été révélée au public, avec les remous que l'on sait. Des milliers de gens ont cru à la réincarnation en lisant le livre de Bernstein; des milliers d'autres l'ont rejetée en se laissant prendre à la campagne de dénigrement orchestrée par la presse hostile. Et la pauvre Virginia a fait une dépression nerveuse devant tout ce tumulte à l'échelle nationale.

Mais la vérité a-t-elle éclaté pour autant ? Comme le remarque Ducasse, les aspects sociologiques de l'affaire lui donnent un intérêt exceptionnel – en dehors des questions de réincarnation –, « ils offrent d'éloquents aperçus sur la psychologie de la croyance et de l'incrédulité, aussi bien chez les scientifiques qui approchent la "frontière enchantée" du paranormal que chez les gardiens des dogmes religieux institutionnalisés ». La barrière des idées préconçues n'est pas franchie aisément – même par ceux qui se posent en champions de la pensée libre et objective.

En attendant, tout ce qui s'est dit sur le cas Bridey Murphy continue de circuler – louanges, critiques et insinuations perfides. Et ceux qui font profession d'informer le public ne prennent *jamais* assez de soin pour s'instruire eux-mêmes.

Les affirmations mensongères du Révérend White sont devenues calomnies courantes : au *1er Congrès international sur la réincarnation et la métempsychose,* réuni à Montpellier en octobre 1979, j'ai pu entendre l'un des organisateurs qualifier publiquement l'affaire Bridey Murphy de *gigantesque canular,* monté comme une affaire commerciale...

Et pour ma part, l'année suivante, il m'est arrivé de confier à la revue *Question de* (97) un article reproduisant studieusement les allégations du *Chicago American* dont je possédais des extraits datant de l'époque, sans soupçonner leur caractère tendancieux, et en ignorant l'autre version, plus conforme à la réalité. *Mea culpa.* C'est une leçon qu'on n'oublie pas.

LE BESOIN D'UNE ANALYSE MÉTHODIQUE

L'embarras du choix

La littérature spécialisée sur les preuves de la réincarnation est devenue très abondante de nos jours, mais les témoignages publiés remontent au XIXᵉ siècle : dans un livre paru en 1888 (et dédicacé... à l'Esprit de Vérité), E.D. Walker faisait déjà allusion au cas d'un enfant druze qui se souvenait d'avoir été tué dans sa vie antérieure, d'un coup de fusil (122, p. 39).

En dehors des grandes anthologies qui font l'inventaire de tous les témoins qui ont cru à la réincarnation à travers le temps et l'espace, et qui disent quelques mots de preuves (6, 53), on peut distinguer quatre catégories de documents publiés, selon que les auteurs font un travail de *compilateurs,* sont des *témoins personnels* qui ont vécu des phénomènes liés à la renaissance, jouent le rôle d'*opérateurs* pour aider des sujets à retrouver des vies antérieures, ou sont des *enquêteurs* qui réunissent des témoignages « sur le terrain ».

1. Les *compilateurs* présentent un dossier aussi complet que possible de faits expérimentaux tendant à prouver la réincarnation. Cette accumulation de témoignages, dont on voit un exemple chez Gabriel Delanne (29), est généralement « impressionnante » pour le lecteur, mais elle ne s'accompagne pas toujours d'une analyse critique très rigoureuse des cas présentés, même si on n'a pas lieu de mettre en doute leur authenticité. Souvent d'ailleurs les auteurs appartiennent à une école (spiritisme, etc.) et ont tendance à interpréter les témoignages dans la perspective d'une doctrine particulière. Il y a cependant dans ce domaine de louables exceptions – il convient ici de citer *Reincarnation – Ancient Beliefs and Modern Evidence* de David Christie Murray (22) – où l'exposé reste très objectif, sans prétendre avoir prouvé la thèse défendue sur le plan doctrinal.

2. Les *témoins personnels* qui ont vécu des expériences troublantes racontent comment, souvent incrédules à l'origine, ils en sont venus à croire à la réincarnation par leur contact direct avec le vécu-indiscutable-d'une-vie-antérieure – voire de plusieurs existences passées, comme dans le cas de Joan Grant (44). Pour ces témoins qui resteront frappés toute leur vie par leur rencontre avec la réincarnation, il n'est pas question de mettre en doute cette doctrine. On peut les comprendre : il ne s'agit pas pour eux d'une construction intellectuelle ni d'une élucubration vide de sens, selon le mot d'un sceptique – mais d'une *vérité* aussi vraie que la lumière du soleil. Dans ces exemples, très *subjectifs,* on ne peut s'attendre à une analyse faite avec un recul suffisant. Et ceux qui côtoient la réincarnation dans des expériences renouvelées finissent parfois même par faire école, comme le célèbre Edgar Cayce, dont les voyances font autorité pour ses fidèles.

3. Au contact direct de *témoins* qu'ils guident dans l'exploration de leur passé enfoui, les *opérateurs,* qui portent des noms divers selon les techniques employées – de l'hypnose à la scientologie – sont, pour ainsi dire, aux premièrcs loges pour voir surgir les souvenirs oubliés de leurs patients. Il existe d'ailleurs une relation nécessaire de sympathie entre le guide et son sujet, qui contribue au succès de ce genre de descente dans l'inconscient. En règle générale, les spécialistes de ces régressions finissent par être intimement persuadés que tous ces témoignages criants de vérité, et même vérifiables-dans-les-faits, administrent la preuve de la réincarnation. Et leurs prétentions sont à la mesure de l'abondance de leurs succès – on voit de ces hypnotiseurs qui se vantent d'avoir conduit huit mille régressions ! – et de leur croyance à

l'originalité de leur propre méthode. Ici encore, il y a de louables exceptions, mais le dossier de ces opérateurs convaincus leur paraît si solide qu'il ne semble rester aucun doute dans leur esprit. Certains même donnent un tour scientifique à leurs travaux, en faisant une analyse statistique de leurs résultats. Les livres qui appartiennent à ce genre d'approche sont fort nombreux et apparaissent sous des titres prometteurs comme ces *Réincarnations mystérieuses et fantastiques,* de Hans Holzer (57) ou ces *Rencontres avec le passé,* de Peter Moss et Joe Keeton (80).

4. Le xxᵉ siècle a vu naître une nouvelle catégorie d'auteurs intéressés par le côté expérimental de la réincarnation : les *enquêteurs.* Ils ont eu bien sûr des précurseurs dans les générations de chercheurs attelés à l'étude des phénomènes « métapsychiques », mais on n'avait jamais vu les choses poussées à ce point dans la collecte et l'analyse critique des faits suggérant la réincarnation. Le Dr Guirdham – l'un de ces auteurs assez bien connus en France – a consacré par exemple plusieurs décennies de sa vie à débrouiller des cas de témoignages renvoyant à des existences vécues au temps des cathares (46). Un autre chercheur, dont le nom est maintenant cité dans *tous* les ouvrages, est le professeur Stevenson qui, par ses inlassables travaux, représente sans doute le modèle type dans cette dernière catégorie. Nous n'en sommes plus ici à l'accumulation un peu désordonnée des « témoignages bouleversants », et le mot choisi – *enquêteur* – prend tout son sens si on songe qu'il a fallu à Stevenson rédiger 350 pages d'un volume mémorable (108) pour décrire et discuter *vingt* cas présumés de réincarnation, avec les détails de ses enquêtes. Ce genre d'approche scientifique, qui demande tant d'énergies et de compétences pour poursuivre ses objectifs, est malheureusement

encore bien peu représenté de nos jours. Dans ce domaine, pas de titres tapageurs. Et il faudra attendre encore 1984 pour voir paraître en traduction française les *Twenty Cases Suggestive of Reincarnation* publiés par Stevenson... en 1966[4]. Les livres des autres genres ne mettent pas dix-huit ans pour franchir l'Atlantique. Serait-ce que les travaux trop sérieux rebutent le public ?

Il va de soi qu'il n'y a pas de cloisons étanches entre les quatre catégories proposées ci-dessus : un même auteur peut un jour témoigner de son expérience personnelle, puis se consacrer à un autre livre où il tient le rôle d'opérateur. C'est le cas, par exemple, de Denise Desjardins (31, 32) qui nous occupera plus loin.

Un travail de pionnier... et d'orfèvre

Ian Stevenson n'est pas tout à fait un inconnu pour le public français. Dans une interview publiée dans *Paris-Match* le 13 janvier 1978 (116), Marie-Thérèse de Brosses avait tenté avec lui de répondre à la question : Peut-on prouver la réincarnation ? La même année, le 30 août, une émission de France-Culture permettait d'entendre le savant américain, en direct, au cours d'un dialogue de quatre-vingts minutes avec Isola Pisani, entourée de trois personnalités connues, dont l'écrivain Jean-Marie Domenach, ancien directeur de la revue *Esprit*[5].

---

4. En 1979, il existait déjà six traductions étrangères de ces fameux *Vingt Cas*.
5. D'aucuns auraient pu souhaiter, en 1983, voir Stevenson participer à l'émission télévisée des *Dossiers de l'Écran*. Nul doute que le débat eût gagné en intérêt, mais, au fond, aurait-on pu espérer voir le savant américain faire un détour jusqu'à Paris pour venir discuter d'un film et d'un roman prétendant avoir la réincarnation pour thème ? Mauvais point de départ pour un sujet de cette importance.

Docteur en médecine, Stevenson a d'abord emprunté des chemins classiques qui allaient l'amener à la direction du département de psychiatrie de l'École de médecine de l'université de Virginie, à Charlottesville, poste qu'il occupera pendant une dizaine d'années, jusqu'en 1967, année où il abandonna une carrière pleine de promesses, pour se lancer dans d'étranges investigations, sur la trace de personnes prétendant se souvenir de vies passées.

Parapsychologue chevronné – il dirige une division de parapsychologie qui dépend de l'École de médecine de Charlottesville – et nominalement professeur de psychiatrie, il porte le titre de Carlson Professor (sans équivalent en France) qui lui donne la liberté de consacrer presque toute son activité professionnelle à ses prospections sur le terrain. Un travail qui n'est d'ailleurs pas une sinécure – Stevenson a confié au magazine *Family Circle* (14 juin 1978) qu'il avait parcouru près d'un million de kilomètres, depuis onze ans, à la recherche de ses cas, ce qui lui avait permis de réunir presque 1 700 dossiers. Les années passant et les enquêtes se multipliant, le nombre de ces dossiers a bien dû dépasser les deux mille de nos jours.

Bien entendu, il ne suffit pas, avec l'aide d'un réseau international d'informateurs, entraînés aux méthodes d'enquête mises au point par Stevenson, de détecter des cas susceptibles de présenter de l'intérêt – et d'accumuler une foule de dossiers – pour prouver la réincarnation. Chaque cas doit faire l'objet d'une étude très approfondie. Il faut interroger le témoin-qui-se-souvient, sa famille, son entourage, essayer (si ce n'est déjà fait) de retrouver la trace de la personnalité précédente et de sa propre famille et multiplier à nouveau les interrogatoires, puis faire toutes les vérifications possibles, sur le terrain et dans les documents existants, en songeant à toutes les sources d'information (autres que la réincarnation) qui auraient pu instruire le témoin, directement ou non, sur cette prétendue vie antérieure. Il faut aussi suivre le sujet pendant plusieurs années, en l'interrogeant à nouveau et faire tous les recoupements nécessaires entre ses déclarations successives.

Il est difficile de donner en quelques lignes une idée de la minutie apportée à ce genre d'investigation policière, qui se répète invariablement dans chaque cas, que le témoin réside en Alaska, en Turquie ou en Birmanie. La lecture des ouvrages que publie Stevenson au fil des années pour rendre compte des plus intéressants parmi ses *Cases of the Reincarnation-Type* (cas du type réincarnation) est vivement à conseiller aux lecteurs qui douteraient du sérieux de ces enquêtes. Le dernier volume paru dans cette série (en 1983) traite de *douze* cas sélectionnés : sept en Thaïlande et cinq en Birmanie. Un livre de *trois cents pages* (115).

Travail de scientifique, travail objectif : chacun est libre de prendre connaissance du détail des dossiers, de faire ses propres objections, et de tirer lui-même des conclusions.

Un point essentiel à ne pas oublier : Ian Stevenson ne prétend pas avoir *prouvé* la réincarnation. Son premier livre, dont le titre peut être traduit dans notre langue par *Vingt cas qui suggèrent la réincarnation*, résume toute sa position. Il reconnaît lui-même que tous ces indices accumulés, toutes ces présomptions de preuve tirées de l'observation ne peuvent constituer une démonstration irréfutable. Du moins, comme il l'a dit lui-même, ceux qui jadis acceptaient la réincarnation sur la base d'une tradition orale, ou d'écritures religieuses, peuvent trouver maintenant, dans tous les cas étudiés expérimentalement, des éléments capables de les persuader du bien-fondé de leur croyance, sinon de les obliger à l'adopter (105).

Une vie d'homme ne suffirait pas à mener à bien le programme de recherches du psychiatre américain qui souhaite que son travail soit poursuivi par d'autres. En attendant, toujours extrêmement actif, à l'âge de la soixantaine, il annonce la parution future d'autres études, d'autres livres – dont un sur le passionnant sujet des marques et malformations de naissance liées à des souvenirs d'incarnations passées. Ne faut-il pas que tous les résultats recueillis soient rendus publics et discutés, pour servir de *témoignages fiables* pour les générations futures ?

C'est là, me semble-t-il, un des intérêts majeurs de toutes ces recherches : à une époque où nous en sommes encore aux balbutiements, où la réincarnation – si elle existe – est appréhendée dans notre Occident « scientifique » d'une manière encore vague et fluctuante, sinon fantaisiste, ne faudrait-il pas commencer par écarter toutes les informations tendancieuses et invérifiables pour réunir *une collection de faits objectivement authentifiés et indiscutables,* dans toutes les approches expérimentales où la réincarnation semble concernée, de manière à pouvoir un jour rattacher tous ces faits véridiques à un modèle explicatif de cette doctrine – modèle qu'il est probablement, aujourd'hui encore, tout à fait prématuré de tracer, en se fondant sur ce dont on dispose en fait de « preuves expérimentales » ?

En écrivant ces lignes, je ne préjuge pas que les cas Stevenson soient tous des cas authentiques de réincarnation. Lui-même se garderait bien d'en jurer. Ce qui importe, pour le moment, ce sont les faits vérifiés, c'est l'expérience qu'en a ce psychiatre, et l'exemple que nous pouvons tirer de ses méthodes.

Dans plus d'un sens, toute la démarche suivie dans ce livre s'en inspire, comme on ne manquera pas de s'en rendre compte.

Un plan très simple pour une enquête de grande ampleur

Tout ce qui précède a servi un double propos. Il s'agissait tout d'abord de prévenir le lecteur non spécialiste contre les aberrations propres au climat actuel qui ne font que déformer l'image de la réincarnation : dans le procès dont elle continue de faire l'objet sous nos yeux, l'incompétence des avocats, ou leur manifeste partialité – voire leur mauvaise foi – et les informations tendancieuses que colportent de tous côtés même des gens bien intentionnés entretiennent *une confusion dont nul ne profite*. On ne peut sainement aborder l'étude des preuves expérimentales dans un pareil climat.

En second lieu, il s'agissait de développer les raisons positives ayant conduit au choix de la méthode adoptée dans la présentation de ce livre.

N'ayant pas de révélations personnelles à livrer au public sur de troublantes-expériences-de-vies-antérieures, et me gardant bien d'influencer mon prochain pour l'aider à explorer sa mémoire lointaine, il me semble possible de contribuer à assainir un peu l'atmosphère actuelle, et même d'aider à faire progresser la cause de la réincarnation en procédant à une enquête objective sur les résultats obtenus aujourd'hui dans les diverses voies expérimentales où se développent les recherches, et en opérant dans un esprit de totale indépendance[6].

6. Il peut paraître contradictoire de chercher à faire progresser la cause de la réincarnation en gardant un esprit d'indépendance. D'une part, je crois que l'on fait plus de mal que de bien à cette cause en brandissant étourdiment des preuves expérimentales qui ne résistent pas à l'analyse et, d'autre part, il me semble que la philosophie de cette doctrine, dans la pureté de l'ésotérisme de l'Orient, par exemple, est suffisamment solide et cohérente pour pouvoir se passer encore longtemps de preuves indiscutables. L'enquête expérimentale, qui paraît côtoyer la réincarnation de si près, mérite bien tous les efforts qu'on lui consacre, même si le bilan final n'est pas aussi pleinement positif qu'on l'espérait. Au fond, la réincarnation n'en sera pas beaucoup affectée dans son principe, et dans son pouvoir d'explication de la destinée humaine.

L'enquête peut conduire à des désillusions dans un domaine, à des promesses dans un autre, à des quasi-certitudes dans un troisième. La vérité demande qu'on ait l'humilité du véritable scientifique devant les faits, sans les solliciter pour faire triompher une thèse qu'on peut juger vitale. Elle demande aussi qu'on ne cesse jamais de chercher : on ne saurait l'approcher au prix d'un travail bâclé et superficiel, surtout quand on prétend la cerner dans un univers aussi complexe que celui de l'âme humaine.

Dans la pratique, le plan adopté pour cette enquête est très simple.

Un premier survol de reconnaissance permettra de tracer la carte des indices et témoignages suggérant la réincarnation, ce qui révélera l'ampleur du territoire à explorer. Mais avant de se mettre en campagne, il conviendra, dans un autre chapitre, d'ouvrir l'éventail de toutes les explications de rechange auxquelles on doit songer en testant les témoignages des sujets prétendant avoir des informations sur une vie passée.

L'analyse de ces témoignages pourra alors être abordée dans les chapitres suivants, selon un découpage logique, depuis ce qu'on peut appeler les « preuves muettes » de la réincarnation jusqu'aux abondants récits obtenus grâce aux techniques de recherche active dans les registres de l'inconscient.

Une discussion générale conclura cette exploration pour tenter de faire apparaître, dans le domaine des preuves, ce qu'on est en droit de dire... et ce qu'on devrait se garder d'affirmer. Et une dernière question évoquera les perspectives ouvertes pour tracer un futur modèle explicatif de la réincarnation.

Quatre remarques pour terminer

1. On pourrait remplir les pages d'une encyclo-pédie en consignant par le menu toutes les anecdotes, souvent extraordinaires, que racontent les témoins de la réincarnation; l'atmosphère du récit, les émotions ressenties, tous les détails précisés ont leur importance, sans aucun doute, mais, derrière les apparences de l'anecdote, il faut chercher à saisir *le contenu* de l'expérience, les conditions de son déroulement et *le sens* qu'elle revêt pour le sujet : elle peut prendre alors des dimensions toutes différentes, et c'est là finalement ce qu'il faut chercher à percer. On peut faire une grande économie de place en se concentrant sur ce qui est réellement *significatif*.

2. Parmi tous les témoignages accessibles dans la littérature spécialisée, une proportion appréciable consiste en impressions, ou même en récits, non susceptibles de vérifications pouvant démontrer une relation avec une existence antérieure. Malgré leur intérêt très vif dans certains cas, on ne peut les retenir, en règle générale, dans un examen des éléments de preuve de réincarnation[7].

3. Une certaine publicité est faite de nos jours à « l'astrologie karmique » comme moyen de retrouver nos vies antérieures. En principe, elle n'entre pas directement dans le cadre de cette étude qui est particulièrement concernée par des expériences vécues.

Néanmoins, une analyse des performances de cette méthode un peu exceptionnelle a été faite, sur la base d'indications fournies dans un livre paru

---

7. Ian Stevenson a fait, en 1983, une étude de ce qu'il appelle les *cas non résolus,* c'est-à-dire ceux pour lesquels la personnalité antérieure du sujet n'a pu être retrouvée, par manque d'informations suffisantes. En dépit de ce défaut, on peut en tirer certaines leçons très intéressantes (117 bis).

récemment (66). Les résultats ont été consignés en appendice à la fin du présent volume.

4. Avant de commencer notre longue exploration dans un univers parfois très étrange, gardons-nous de penser par avance que les témoins que nous allons y rencontrer sont des hallucinés, à diriger au plus vite sur un hôpital psychiatrique : ce qu'ils ont vécu, ou vivent encore, pourrait peut-être nous arriver demain, ou être l'expérience de l'un des nôtres, au cours d'un rêve, d'un songe, ou même en pleine conscience, au milieu de la journée, puisque de tels cas de brusques souvenirs se comptent par dizaines parmi des personnes que l'on dirait en parfaite santé. Gardons-nous aussi de taxer d'emblée de charlatans tous ceux qui s'efforcent de découvrir des voies d'accès à nos souvenirs oubliés. Il y a sans doute, dans le lot, des individus – voire des institutions – dont l'objet principal est le profit commercial, mais on ne saurait les confondre avec ces hommes et ces femmes sincères qui ont consacré une somme considérable d'énergie pour percer le mur de silence dont nous sommes entourés. Qu'ils y soient parvenus ou non est un autre problème, qu'il nous appartient d'élucider. Bien souvent, les mobiles de ces chercheurs apparaissent sans conteste nobles et généreux : cela mérite notre attention et notre bienveillance, ainsi que le respect que l'on doit aux convictions des autres. Mais cela ne nous interdit pas l'usage de notre sens critique.

2

Panorama des données expérimentales suggérant la réincarnation

EN SUPPOSANT LE PROBLÈME RÉSOLU

Présenter un catalogue de faits pouvant paraître sans rapport entre eux a toujours quelque chose de fastidieux. Avant de passer en revue les indices et témoignages attribuables à la réincarnation, un peu de réflexion préalable peut aider à mieux appréhender l'ensemble *.

Commençons donc par supposer le problème résolu : si l'hypothèse de la réincarnation est fondée, à quels signes pourrait-on la reconnaître dans le vécu quotidien d'une personne ?

Voici un individu A qui vit, pense et finalement meurt : l'histoire complète de son existence *objec-*

---

* Comme on le voit, il n'est pas question de preuves dans le titre de ce chapitre, pour les raisons développées plus haut. Si on veut conserver au terme preuve (*proof* en anglais) son sens fort, il faut se garder de l'employer à la légère – comme le font beaucoup d'auteurs – et recourir à des termes plus nuancés, comme élément de preuve, présomption de preuve, indice, trace, etc. L'anglais a le mot *evidence* qui, opposé à *proof,* a le sens de témoignage tendant à faire apparaître l'évidence d'un fait que l'on cherche à prouver; il peut même signifier un ensemble complexe de données vérifiées suggérant la réalité d'un fait hypothétique. C'est ce que Stevenson appelle, dans le cas présent, *a body of evidence suggestive of reincarnation* (111). Noter que ce chapitre et le suivant sont largement inspirés des publications de ce chercheur, notamment de son article intitulé (précisément) : *The Evidence for Survival from Claimed Memories of Former Incarnations* (Les éléments de preuves de la survivance tirés de souvenirs présumés de vies passées) (106).

tive (enfance, mariage, profession, activités diverses, etc.) et *subjective* (pensées, désirs, passions, projets, etc.) constitue un tissu d'informations, ou de données, extraordinairement riche et varié qui ne suffit pas encore à décrire l'homme en question. Dans l'hypothèse qui nous intéresse, l'homme réel est un je-ne-sais-quoi de *conscient* qui est engagé dans cette double vie et conserve un sentiment d'identité tout au long de son existence.

Après un intervalle plus ou moins long après la mort de A, voici maintenant que naît un individu B qui, pareillement, va se caractériser par une personnalité complexe, construite au fil des événements, mais également pourvue d'un sentiment permanent d'identité – sauf en cas de troubles de la personnalité.

Si la réincarnation joue son rôle, il doit y avoir une sorte de continuité de A à B, ce qui, bien sûr, ne saurait jamais impliquer la reproduction du même personnage, ne serait-ce que du fait de *l'hérédité physique différente* de A et de B.

On peut s'attendre à ce qu'une partie au moins du tissu d'informations caractérisant A se reflète *d'une manière ou d'une autre* dans l'être B en construction.

La première idée qui vient est celle-ci : B va (peut-être) se sentir envahi par des *souvenirs conscients,* c'est-à-dire des images tirées du stock de mémoire de A – souvenirs vivaces, ou simples flashes de mémoire, selon l'énergie qui s'est trouvée associée à ces images dans le passé de A, ou la sensibilité propre du sujet B à les recevoir dans son mental.

Bien sûr, chacun de nous peut avoir dans sa vie des visions, des rêves peu courants, qu'il perçoit comme un spectateur. Le caractère sensationnel du spectacle peut faire que la personne ne reste pas indifférente et se prenne au jeu dans l'action :

c'est ce qui se passe d'ailleurs dans toute salle de cinéma ou de théâtre, ou devant un western à la télévision. On admettra que, pour que la réincarnation soit en cause, il est indispensable qu'il y ait une *identification* de l'individu B aux images évocatrices de A, en particulier qu'il se reconnaisse entièrement dans ce personnage du passé. Et, sans faire de rêves, si B se retrouve par hasard dans les lieux où A a vécu, il y a bien des chances pour qu'il s'y sente tout à fait chez lui.

Ce genre d'écho du passé n'est pas le seul qu'on puisse concevoir. Toute personnalité est marquée par des traits profonds, des grandes tendances qui, généralement, ne cessent de se cultiver ou de s'accentuer tout au long de la vie : on a là une sorte de *programmation du comportement,* dont on ne se libère pas facilement. Cette fois, ce ne sont pas des faits détaillés qu'on risque de retrouver dans le champ de la conscience mais, en somme, des traits de caractère, des tics, des façons d'être, de réagir aux événements, de se porter spontanément vers des objets ou des personnes (que B semblera juger agréables, sans raison apparente) ou, au contraire, de fuir d'autres objets ou personnes, d'une manière tout aussi incompréhensible pour B et l'entourage.

Naturellement, on pourrait évoquer ici des retrouvailles avec des êtres chéris (ou haïs) dans une vie antérieure, ce qui devrait *effectivement* arriver, si on admet la réincarnation.

Si maintenant, on songe aux liens mystérieux qui existent entre l'homme physique et son psychisme, avec toutes les interactions dynamiques qui transmettent, d'un plan à l'autre, non seulement des influences mais des *messages* précis, on peut s'attendre encore à d'autres répercussions de l'expérience de A sur celle de B. Par exemple, des images portées par une grande force psychique initiale pourraient se transférer d'une vie à l'autre, pour se traduire par des traces visibles *jusque dans le corps physique* du sujet B – des marques congénitales – un peu à la manière dont les mystiques font apparaître des stigmates dans leur chair, par l'intensité de leur imagination.

L'intervention de karma

Tout ceci suppose, jusqu'à présent, un *simple report d'informations* propres à une personnalité antérieure dans le contexte tout différent de la nouvelle, avec les adaptations et déformations inévitables qui doivent intervenir dans les processus permettant la réapparition de ces lointains messages.

Si, par contre, on postule que la réincarnation est gouvernée par la loi de karma, on doit s'attendre à ce qu'il n'y ait pas une simple *réplication* des images du passé. Sans parler, d'une manière un peu scolaire, de « récompenses » pour les bonnes actions et de « punitions » pour les mauvaises, on peut voir dans karma une loi de réajustement de la conduite morale qui va moduler les conditions de l'existence suivante pour placer l'individu devant les conséquences de ses actes : ceci oblige à postuler un *traitement de toute l'information du passé,* non seulement de la vie écoulée de A, mais aussi de celles qui l'ont précédée, pour transmettre au successeur de B non pas un stock d'images statiques mais *un programme dynamique,* prenant en compte un nombre considérable de données et capable d'influencer l'être nouveau dans sa vie psychique et somatique.

Dans la perspective de karma, on ne devrait donc pas s'attendre à ce que les conditions sociales soient toujours les mêmes, le sexe invariable. Et les caractéristiques physiques et psychiques de la personne A ne devraient pas se reproduire à l'identique chez B. Si A était robuste et en bonne santé, ce ne sera pas forcément le cas chez B. Et si A était débile mental, il n'en sera pas toujours de même (on l'espère) pour les successeurs B, C, etc. En somme, la réincarnation modulée par karma ne peut être conçue comme une succession de personnages similaires, avec un report indéfini des caractéristiques du précédent au suivant : cette conclusion est la plus raisonnable et peut-être la seule que l'on puisse tirer pour le moment du postulat de karma. Le calcul des conséquences karmiques est un problème qui comporte un nombre extravagant d'inconnues qu'il vaut mieux remettre... à beaucoup plus tard, si on ne veut pas tomber dans l'invention romanesque.

À l'écoute des murmures du passé... et du futur

Au point où nous en sommes, avons-nous épuisé les prévisions possibles ? Sans doute pas. Si l'être est porteur d'une mémoire centrale, qu'il transfère d'un corps à l'autre tout au long de ses existences, elle est là cette mémoire, au fond de l'individu B, même si elle a l'air de rester obstinément silencieuse. Il y aurait peut-être des moyens de la faire parler. Qui sait ?

En tournant de grands radiotélescopes vers le ciel, on arrive à capter des messages venant de régions de l'espace qui, hier encore, pouvaient paraître vides. Et, avec des instruments de la plus haute technicité, on capte d'insaisissables signaux électriques ou magnétiques. N'existerait-il pas, pour l'exploration des couches profondes de la mémoire, des techniques adaptées, capables de forcer tous les obstacles et permettant à B de retrouver le visage caché de A ? Ce qui peut paraître relever de la science-fiction ne se réalisera-t-il pas demain ?

Ou, tout simplement, dans l'arsenal des moyens conduisant à produire des états différents de la conscience (drogue, méditation, techniques d'éveil, etc.), n'y aurait-il pas la clef d'un passage dérobé pour accéder à ces secrets registres du passé ?

En outre, quand l'individu A, ayant quitté son corps physique, s'apprête à entrer dans le corps de B qu'arrive-t-il ? S'il ne s'incarne pas au hasard, mais en fonction d'un programme préétabli qui le met en rapport avec une famille donnée, n'aurait-il pas des moyens de communiquer avec les vivants pour annoncer sa venue ?

En l'absence d'un modèle unique et parfaitement défini de la réincarnation, il est permis de faire toutes les suppositions – même les plus folles, en apparence – et de s'attendre ainsi à trouver des *vérifications de la doctrine* là où, logiquement, ces suppositions nous les laissent présager.

LE CONSTAT DES FAITS

Le plus curieux c'est que l'on observe *effective-ment* des cas où ces prévisions diverses, que nous venons de faire par une simple réflexion, se trouvent en quelque sorte *illustrées* chez des individus vivants, comme nous allons le voir tout de suite.

Mais prenons bien garde de ne pas affirmer aussitôt que ces prévisions sont *vérifiées* par les faits, ce qui serait contraire à toute démarche scientifique. Nous avons formulé quelques hypothèses simples d'où nous avons tiré des conclusions logiques, ou des suppositions raisonnables. Si les faits correspondent à nos conclusions, ce n'est pas encore la preuve que nos hypothèses sont justes. Il peut exister d'*autres hypothèses,* et d'*autres explications* de ces faits, qui sont peut-être les bonnes. Ne nous hâtons pas de conclure avant d'avoir passé au crible toutes les observations qui suggèrent la réincarnation.

Avant la discussion, le *constat des faits.*

Dans notre évocation des indices possibles, nous avons été amenés de façon naturelle à distinguer entre ce qui pourrait être *information détaillée* sur le passé historique de l'individu et *information muette* – pour ainsi dire – reflétant des traits spécifiques de la personne psychosomatique précédente. Cette distinction permet un découpage simple du territoire à explorer, selon les deux grandes catégories suivantes de témoignages expérimentaux.

L'information muette

Les faits à signaler ici sont *muets* dans le sens où ils ne révèlent rien *directement* sur « l'incarnation précédente[1] » : ils demandent à être analysés et interprétés dans leur contexte. Ils regroupent, en effet, *toutes les anomalies constatées chez un individu qui sont inexplicables par l'hérédité et l'influence du milieu.*

Ces anomalies peuvent être de nature *psychologique,* liées au comportement, ou *somatique,* en affectant le corps physique.

---

1. Cette expression ne préjuge pas que la réincarnation soit un fait réel, elle sera employée avec d'autres expressions analogues – pour simplifier – à la place de « *l'incarnation précédente présumée* », etc.

Anomalies psychologiques, comportements insolites

Il ne s'agit pas de troubles de la personnalité, mais d'attitudes ou d'habitudes inexplicables pour le milieu familial; préférences ou phobies exagérées, pour des objets, des personnes, des lieux précis; dispositions exceptionnelles très précoces (talent, habileté artisanale, virtuosité artistique...) exigeant un entraînement que le sujet n'a jamais eu dans sa vie. L'anomalie peut prendre la forme de la confusion de l'identité sexuelle (si une petite fille se prend pour un garçon, et se comporte comme tel) ou de la classe ou caste sociale (lorsqu'un enfant de basse caste en Inde ne cesse de se comporter comme un brâhmane). Toutes ces bizarreries évoquent une expérience détaillée, un apprentissage parfois très spécial, dont même des gens très doués ne peuvent se passer. On songe ici à Mozart et autres enfants prodiges.

Anomalies physiques

Ce sont les malformations congénitales et les marques de naissance que l'on peut considérer comme *suspectes,* en raison de leur forme ou de leur disposition sur le corps. Certaines marques évoquent exactement le dessin de cicatrices de blessures par arme blanche (lance, flèche...) ou arme à feu.

Ces témoignages muets d'une (possible) réincarnation prennent une importance considérable s'ils sont associés à des informations détaillées fournies par le sujet; par exemple, s'il vient à évoquer une vie passée en décrivant les expériences qui rendent compte d'une façon évidente de ses comportements insolites; ou encore, lorsqu'il mentionne des blessures reçues dans le passé aux endroits mêmes où on observe les cicatrices sur son corps actuel.

S'il arrive, par surcroît, que l'on retrouve la trace historique du précédent personnage, en vérifiant les dires du sujet, et qu'un procès-verbal d'autopsie (ou un document hospitalier) confirme la nature et la disposition des blessures de jadis, on commence... à être en possession d'un dossier suggérant sérieusement la réincarnation. Et il se trouve que le professeur Stevenson en a plus d'un de ce genre dans ses cartons.

L'information détaillée sur l'histoire antérieure du sujet

Par les mots : histoire antérieure du sujet, il faut comprendre tous les événements vécus par l'individu *avant* sa naissance dans la présente incarnation. Ainsi, l'information peut renseigner sur une ou plusieurs existences passées, en décrivant éventuellement le phénomène de la mort observé dans l'une de ces vies. Elle peut aussi fournir des précisions sur l'*après-vie,* et détailler les conditions qui président au retour à l'incarnation. Elle peut être simplement un message annonçant le retour de l'entité.

Dans cette catégorie de faits, la matière est d'une extrême abondance; cependant, les éléments de preuve qu'on peut y puiser sont d'une qualité très *inégale,* même si les révélations fournies peuvent paraître dans certains cas spectaculaires.

Ici encore, on peut distinguer deux grandes classes de faits, selon le canal suivi par l'information pour émerger.

On distinguera les *annonces de retour* et les *lectures de vie*.

☐ Les annonces de retour.

Sur la grande variété des cas observés depuis plus de cent ans, et, plus récemment par Ian Stevenson depuis les années 1960, une proportion appréciable est caractérisée par une manifestation de l'entité (quelle qu'elle soit) avant la naissance et même avant la conception. Selon les cas, le message – qui identifie souvent le sujet sans équivoque – est reçu par un médium ou une personne de la famille du futur « réincarné », le plus généralement c'est la mère qui est ainsi avertie, d'habitude par un ou plusieurs rêves plus ou moins détaillés, dont on trouve la confirmation effective lors de la naissance annoncée.

Stevenson a noté que, dans certaines communautés du Sud-Est asiatique (115), l'annonce prend la forme d'une requête respectueuse présentée à la mère lui demandant de bien vouloir recevoir l'entité en son sein. En somme, les règles de politesse chez les Birmans seraient observées même par les désincarnés.

☐ Les lectures de vie

Les *lectures de vie*[2], terme emprunté à Edgar Cayce qui l'a employé le premier, constituent des performances d'un tout autre ordre : ce sont des *révélations* sur une ou plusieurs existences antérieures faites au sujet d'une personne donnée, par un individu doué de pouvoirs parapsychologiques très particuliers. On a dit d'Edgar Cayce qu'il était un médium, ou un clairvoyant. En réalité, ses

2. En anglais : *life-readings*.

messages délivrés dans un état de transe ne faisaient pas intervenir les « esprits » des séances spirites, et, en général les clairvoyants ordinaires n'ont pas ce « don » (si on excepte les charlatans qui ont cette prétention dans leurs annonces publicitaires).

Edgar Cayce a eu quelques prédécesseurs sur lesquels nous reviendrons. Bien entendu, ces révélations ont un intérêt dans la mesure où elles sont historiquement vérifiables.

Cas où l'information est fournie par le sujet lui-même

C'est ici qu'on trouve la plus grande richesse de témoignages : ceux-ci peuvent prendre la forme de souvenirs *spontanés* (émergeant, de façon variable, occasionnelle ou envahissante, dans le mental de l'individu) ou, au contraire, de souvenirs *sollicités* par des techniques particulières de recherche active des vies antérieures, dites de « régression de mémoire » ou d'« anamnèse ».

□ Les témoignages spontanés

Dans cette classe, les souvenirs *occasionnels* empruntent des voies très diverses pour se manifester, qu'ils soient induits inopinément par un *lien* (en donnant au sujet le sentiment du *déjà vu*, du *connu*) ou par un *objet* (en renvoyant à un passé oublié, par une sorte de psychométrie), qu'ils surgissent dans un *rêve*, un cauchemar, ou une simple rêverie, ou même qu'ils s'imposent brusquement au sujet à un moment où il est parfaitement éveillé. Il semble que la prière, ou la méditation, crée parfois un climat favorable à ces retours inattendus à une existence oubliée.

Il arrive que ces souvenirs ne se manifestent

qu'une seule fois dans la vie de la personne, d'une façon discrète ou au contraire mémorable. Il y a des exemples, assez exceptionnels sans doute, où l'expérience est vécue avec une grande intensité, en marquant profondément le sujet qui la subit (cas Lenz). Il arrive aussi que ces flashes de « supra-conscience », qui semblent emporter les sujets dans un monde hors du temps, leur ouvrent en outre des aperçus sur l'aventure qu'ils ont vécue dans l'« au-delà », entre leur mort précédente et leur réincarnation. Sous ce rapport, et dans l'état actuel de nos connaissances, ces anecdotes n'ont guère de poids au chapitre des preuves, malgré leur intérêt documentaire.

Les souvenirs *vivaces* (chez les adultes ou les enfants) présentent un intérêt capital dans toute la série des témoignages suggérant la réincarnation. C'est dans cette série que se trouvent les cas étudiés par Ian Stevenson, depuis plus de vingt ans. Les avantages qu'ils présentent sur les autres témoi-gnages sont multiples : en particulier, ces cas se prêtent à une étude approfondie, et suivie pendant des années, depuis le moment où les souvenirs surgissent jusqu'à l'époque où ils finissent par s'es-tomper. On peut faire l'inventaire objectif des déclarations détaillées fournies par les sujets sur leur incarnation passée, mais tout aussi bien observer à loisir leur comportement, leurs attitudes lorsqu'ils sont confrontés à leur famille « antérieu-re », si on a la chance de pouvoir la retrouver : il y a là, évidemment, toute une richesse d'observa-tions qui est au contraire difficile à saisir dans les cas de souvenirs occasionnels et fugitifs[3].

Les cas Stevenson nous occuperont longuement

3. Dans certains exemples, rares il est vrai, on peut avoir la surprise de rencontrer un cas de *xénoglossie* où l'enfant s'exprime dans une langue étrangère, ou un dialecte d'un territoire éloigné, sans avoir eu l'occasion de l'apprendre.

plus loin, dans l'analyse des faits observés. À cette catégorie se rattache le cas des *tulku* tibétains dont nous reparlerons.

□ Les témoignages sollicités par régression de mémoire

Les traditions orientales – hindoue et bouddhique – ne font pas mystère de ce que les grands yogis, ou les *arhat,* connaissent leurs existences antérieures dans tout leur déroulement. C'est d'ailleurs ce qu'affirme Krishna à son disciple dans la *Bhagavad Gîtâ* (4, 5) : « Nombreuses sont mes naissances passées ainsi que les tiennes, ô Arjuna; les miennes, je les connais toutes, mais toi, tu ne les connais pas. » Certains textes, comme les *Aphorismes du yoga* de Patañjali, font allusion aux démarches qui font surgir ces images de la mémoire lointaine.

Toutefois, ce qui semblait réservé aux pénibles disciplines des ascètes est devenu, paraît-il, possibilité offerte à tous, grâce aux techniques de régression de mémoire. Bien sûr, elles ne portent pas toutes le même nom, ces méthodes nouvelles, car elles sont très diverses, mais elles ont entre elles trois grands points communs :

– elles consistent à aller à la pêche aux souvenirs, à la faveur d'une certaine altération contrôlée de la conscience du sujet;

– elles sont très efficaces : le pourcentage des réussites est élevé;

– elles sont spectaculaires : les « vies passées » sont revécues comme des épisodes criants de vérité – souvent dramatiques.

On pourrait ajouter sans doute qu'elles se veulent souvent *originales.* Un point également remarquable, au chapitre des régressions de mémoire, est leur vertu thérapeutique : l'idée s'est largement accréditée que certains troubles psychologiques ont leur origine dans des traumatismes remontant à une vie passée, que l'intervalle de la mort n'a pas réussi à liquider. D'où un large champ d'applications pour psychiatres et autres médecins de l'âme.

Voici maintenant un rapide tour d'horizon de ces techniques d'anamnèse : nous en ferons plus loin l'analyse plus approfondie, en détaillant les particularités de chacune et en cherchant à tester la valeur de leurs prétentions à retrouver les vies antérieures.

● *L'hypnose et ses dérivés*. Dans le domaine qui nous occupe, l'hypnose est la doyenne des méthodes de régression. Les hypnotiseurs sont légion et ceux qui s'occupent de vies antérieures voient leur nombre se multiplier. La demande du public y est peut-être pour quelque chose[4].

Comme on l'a cru longtemps, l'une des conditions importantes de la réussite est d'amener le sujet-cobaye à plonger dans une transe somnambulique – c'est-à-dire très profonde. Moyennant quoi, si l'hypnotiseur a du métier, les portes de la mémoire s'ouvrent et la visite au musée des vies cachées peut commencer : elle fait ressortir des souvenirs extraordinairement précis, dont la vérité historique est plus d'une fois vérifiable. Il y a là des faits troublants qui mettent au défi la psychologie ordinaire de trouver des explications valables.

Les possibilités de l'hypnose ont été largement explorées : un Français, Charles Lancelin, a même utilisé des sujets doués pour retrouver... ses cinq dernières vies antérieures (67). Mais on a fini par découvrir d'autres états de conscience, intermé-

---

4. Avec la publicité faite au cas Bridey Murphy, les médecins qui pratiquaient l'hypnose aux États-Unis, à des fins thérapeutiques, se sont vus littéralement assaillis de coups de téléphone émanant de personnes désireuses de revoir leurs vies antérieures. On se doute que cet engouement a dû susciter de fructueuses vocations : il n'est pas nécessaire d'avoir un diplôme pour pratiquer l'hypnose. Hélas !

diaires entre l'hypnose et la veille, susceptibles de conduire également à des souvenirs.

Hypnose douce, sophrologie, rêve éveillé, etc., dans tous ces états marginaux où l'opérateur averti peut conduire son patient, on peut tout aussi bien avoir accès aux mystères du passé enfoui – si on en croit les adeptes de ces techniques.

Et, à moins d'être un spécialiste, il n'est pas toujours aisé en lisant les livres qui décrivent les réussites obtenues de diagnostiquer avec précision à quel niveau d'hypnose les cobayes ont été plongés.

Les hypnotiseurs modernes se recrutent volontiers parmi les médecins, comme Edith Fiore, ou les psychologues, comme Helen Wambach. Les travaux de la première, comme ceux d'un célèbre professeur, le Dr Kelsey, sont essentiellement tournés vers la thérapeutique. Ceux d'Helen Wambach inaugurent un genre assez nouveau : l'hypnose en série sur des groupes de sujets soumis à la question pendant une journée complète, pour fournir de la matière à une grande enquête sur la réincarnation. On n'arrête pas le progrès. Les résultats statistiques sont là : à notre tour, nous les soumettrons à la question, au moment opportun.

● *Les méthodes originales de régression.* Dans cette catégorie, les techniques préconisées ne se réfèrent pas à l'hypnose, même si on peut leur trouver certains points communs avec les précédentes.

L'une d'elles, connue sous le nom un peu vague de *Christos experience* (42) est remarquable par le fait que… le Christ n'a rien à voir dans sa pratique. Le mot *Christos* renvoie à l'onction qui consacrait les rois. Ici l'onction est remplacée par de vigoureux massages du front et d'autres parties du corps, accompagnés de suggestions également énergiques dans leur persuasion. Le sujet qui finit par « décoller » (il doit se sentir voler dans les airs) a bien des chances d'apercevoir ensuite quelque vie antérieure.

Les deux autres voies d'exploration qu'il convient d'examiner s'inscrivent dans une démarche spirituelle, ou religieuse (?), et ont également des vues thérapeutiques : le *lying* et la scientologie.

Le *lying* a été signalé au public français par les livres de Denise Desjardins (31, 32). Il fait partie intégrante d'une ascèse dans la voie du yoga et doit s'analyser dans le contexte de la psychologie hindoue. Le mot *lying* (qui évoque la *position allongée*) ne renseigne pas plus sur la méthode que le mot *Christos* rencontré plus haut, car un bon nombre de régressions hypnotiques, ou parahypnotiques, font appel à la relaxation en position couchée.

Dans son intervention aux *Dossiers de l'Écran,* Denise Desjardins, qui participait au débat autour du film *Audrey Rose,* a souligné que le but de l'expérience n'était pas la recherche du sensationnel, mais la purification de l'être intérieur – le « nettoyage des écuries d'Augias », selon l'expression qu'elle a employée.

C'est d'ailleurs un peu le même objectif qui – en apparence – préoccupe les experts en scientologie, présentée comme la religion scientifique des temps modernes. Ici, il faut faire un effort pour abandonner l'Orient, un peu suranné et dépassé, oublier le sanskrit et apprendre résolument le vocabulaire précis de la nouvelle Révélation. La technique de régression de mémoire – pardon, de recherche des « engrammes » sur le « time-track » – a fait l'objet d'une parfaite mise au point par L. Ron Hubbard et ses spécialistes. Et un appareil scientifique – l'« électromètre » – apporte son concours dans ces démarches de religion moderne.

Les vies passées ont l'air de revenir. C'est le

principal. Et les sujets sont délivrés de leurs problèmes psychologiques. Que demander de mieux ?

En somme, on nous l'assure : nos existences antérieures étaient à notre portée, bien plus près que nous l'eussions cru. Et toutes ces techniques, qui parlent sans retenue de réincarnation, nous proposent leurs services si nous avons la bonne disposition intérieure – ou parfois simplement si nous avons assez d'argent pour nous payer ces croisières sur les fleuves cachés de l'inconscient.

Le vieux conseil évangélique : « il faut juger l'arbre à ses fruits » reste toujours vrai. Et les fruits sont là, en abondance, étalés dans les livres qui détaillent les succès remportés. Il suffit, comme nous tenterons de le faire plus loin, de les examiner soigneusement pour voir si, derrière les *faits* observés, il n'y a pas des réalités bien différentes de celles que ces faits semblaient suggérer – au cas où la réincarnation ne serait pas l'hypothèse la plus raisonnable pour en rendre compte.

Mais, avant de faire ce travail, il est prudent de s'instruire de toutes les explications de rechange auxquelles il faut songer, pour ne pas s'aventurer à conclure, un peu trop vite, qu'on a finalement administré la preuve de la réincarnation. Un homme averti en vaut deux.

3

L'arsenal des explications de rechange

PLAIDOYER POUR UN DÉBAT OUVERT

À plus d'une reprise, dans des cercles d'amis sceptiques, l'envie m'est venue d'exposer en détail certains des témoignages les plus frappants qui évoquent la réincarnation – comme le cas maintes fois répété de ces enfants qui, après avoir décrit avec précision une vie antérieure, savent retrouver, dans le dédale des rues d'un village inconnu, la maison qu'ils prétendent avoir habitée, identifier correctement les membres de la famille de jadis, et s'étonner de changements intervenus depuis leur « décès précédent »[1]. Mais, curieusement, on ne m'a jamais laissé aller bien loin dans le récit. « Comment ? Toi, un scientifique, tu crois à ces balivernes ? » Aimable rappel à l'ordre... et à la bienséance.

Au XXe siècle, on ne prête pas toujours volontiers l'oreille à ces fadaises : c'était bon au temps des tables tournantes.

Il y a des faits d'expérience qui sentent le soufre. Et ils sont plus nombreux qu'on ne le croit, ceux qui, après avoir vécu des épisodes leur donnant l'impression très vive d'avoir connu d'autres existences, ou approché l'autre côté de la mort – comme ces

---

1. Ces cas ont été étudiés par I. Stevenson (voir bibliographie en fin d'ouvrage) mais aussi par un certain nombre d'autres auteurs.

rescapés de la tombe interrogés par le Dr Moody –, ont gardé un silence prudent, sans oser affronter l'incompréhension ou le scepticisme des autres. Il est pénible d'être pris pour un halluciné quand on *sait* intimement que les visions aperçues sont des réalités.

Il faut pourtant parler, ouvrir le débat, en espérant qu'il sera honnête et loyal; non seulement tolérer la contradiction, mais l'appeler, afin de mieux faire la lumière sur tous ces faits singuliers.

Après avoir procédé à un inventaire des cas de figure où la réincarnation *semble* se manifester, il convient maintenant de passer la parole au procureur, pour l'audition des témoins à charge. À l'inverse de ce que nous avons fait au chapitre précédent, nous devons ici envisager les choses en prenant comme hypothèse de départ : la réincarnation n'existe pas. Avec un tel postulat, comment pourra-t-on réfuter la thèse de l'avocat de la défense et rendre compte d'une façon vraisemblable – voire évidente – des faits présentés par les témoins ?

C'est, bien entendu, l'entreprise à laquelle s'attachent tous les adversaires de la réincarnation, avec, il est vrai, un bonheur très inégal : contrairement à ce que pensent beaucoup d'entre eux, de façon parfois un peu superficielle, leur tâche est aussi difficile que celle des défenseurs, et les arguments qu'ils manipulent arrivent, dans certains cas, à être aussi spécieux que ceux qu'ils contredisent.

Dans ce débat, souvent passionné, la parole doit finalement rester au jury – l'honnête homme de notre siècle – qui ne peut juger, en son âme et conscience, qu'après avoir entendu avec soin l'exposé des deux thèses.

Un rapide coup d'œil sur le volumineux dossier de l'avocat général permet de classer les pièces en six catégories d'arguments, par ordre de complexité croissante, depuis les explications jugées « toutes simples » jusqu'aux explications des parapsychologues, des spirites et des théosophes.

Nous allons maintenant les passer en revue, en donnant de temps en temps la parole à la défense, pour apporter les nécessaires compléments correctifs.

LES PIÈCES DU DOSSIER

Les explications évidentes

L'affaire est vite réglée si on peut montrer que le témoin a menti *(fraude)* ou que son récit n'est qu'un rappel de souvenirs oubliés *(cryptomnésie)* : dans tous les cas, le pseudo-réincarné a puisé dans sa propre mémoire, ou dans des documents historiques qui authentifieront ses dires.

Fraude

C'est la première idée qui vient à l'enquêteur, mais il doit prendre ses précautions : dans ce domaine, on rencontre toutes sortes de nuances, depuis le mensonge délibéré jusqu'au récit inconsciemment falsifié par le sujet, ou déformé par les témoins qui l'entourent et vont colporter ses affirmations de bouche à oreille.

Il existe des cas connus de fraude consciente : en général, celui qui s'invente purement et simplement une ou plusieurs existences antérieures a de bonnes raisons pour le faire – idéologiques ou matérielles. Il s'agit de *prouver* la réincarnation, obtenir un ascendant sur un groupe de fidèles, soutirer de l'argent à des naïfs en évoquant des liens du passé obligeant les victimes à se sacrifier, ou tout bonnement atteindre le succès commercial[2].

Une façon subtile de mentir est de laisser autrui croire à des faits que l'on aurait pourtant certaines raisons de mettre en doute... quand cette croyance aveugle présente des avantages évidents. C'est le cas – peut-être – dans l'histoire suivante : une jeune femme attentive aux enseignements d'une sorte de *guru* revoit plusieurs vies passées où un homme joue un rôle important de protecteur et de guide; au bout d'un certain temps, la dame en question finit par réaliser la vérité : cet homme n'est autre que son maître actuel, et elle lui en fait part. Allez donc dire *non* dans un cas pareil...

L'invention peut être à peu près inconsciente : il est extrêmement difficile qu'un récit ne subisse pas une déformation lorsqu'il passe d'un informateur à l'autre, ou lorsque le témoin initial est appelé à répéter sa déposition à des intervalles plus ou moins éloignés. Ceux qui ont eu un grand-père qui a participé à la guerre de 1914 savent comment la même histoire pouvait dans sa bouche se trouver embellie d'un récit à l'autre sans que le narrateur ait conscience de mentir. Même avec la meilleure volonté du monde, avec le temps, la mémoire se déforme : c'est ce qu'on traduit par le terme *paramnésie*. C'est pourquoi les enquêteurs attachent un si grand prix à enregistrer, en première main, le témoignage d'un sujet, le plus tôt possible après son expérience, et à répéter leur interrogatoire de façon renouvelée dans le temps. Il ne faut jamais

2. Dans l'article qu'il consacra à l'analyse des « explications de rechange » (106), I. Stevenson écrivait en 1960 : « J'ai connaissance d'un exemple de prétendus souvenirs d'une incarnation antérieure dénoncés comme frauduleux » (T.L. Rampa, *The Third Eye,* Doubleday & Co, New York, 1957). Un prestigieux « Tibétain », ce Lobsang Rampa, qui a fait école, avec ses secrets révélés sur le troisième œil, l'aura, et autres sujets occultes.

prendre pour argent comptant un récit sans faire mille recoupements, notamment en le comparant à la version d'autres témoins.

Lorsque le sujet évoque une incarnation passée en s'exprimant dans une langue qu'il n'a jamais eu l'occasion d'apprendre (xénoglossie) les mots qu'il emploie ont une importance toute particulière; pour en faire ultérieurement une analyse linguistique, l'enregistrement au magnétophone devient indispensable.

Cryptomnésie (résurgence de souvenirs oubliés)

Avec le temps, la mémoire s'efface, c'est un fait connu; mais nous croyons volontiers qu'elle peut revenir facilement pour peu qu'on nous aide, en nous rappelant un fait lointain. Il n'en est rien : souvent les enfants évoquent devant leurs parents des détails qui ont eu jadis leur importance et qui maintenant sont, en apparence, *définitivement perdus* pour les personnes âgées. En apparence, seulement, car c'est un fait connu et vérifié de nos jours qu'il y a, dans chaque être, une mémoire indélébile de tous les événements auxquels il a participé consciemment – et même parfois inconsciemment.

Rien n'empêchera, dans ces conditions, cette mémoire muette de fournir la trame et les détails d'un récit de vie passée, criant de vérité, auquel le sujet sera le premier à croire.

On a vu plus haut comment certains enquêteurs s'étaient acharnés à démontrer que le personnage irlandais de Bridey Murphy avait été façonné sous hypnose par le subconscient de Virginia, en utilisant des informations remontant à son enfance.

Les adversaires de la réincarnation ont effectivement dans leurs dossiers d'éloquents exemples de manifestations de cette cryptomnésie.

Un jour, au début de ce siècle, on avait trouvé un cas (presque) parfait de réincarnation : une jeune personne de bonne famille, fille de pasteur, revivait en état d'hypnose les péripéties d'une existence sous le règne de Richard II, en fournissant force détails sur les personnes côtoyées, les lieux visités, les coutumes, etc. La demoiselle n'avait *aucun souvenir* d'avoir jamais rien lu sur le sujet. On fit les vérifications qui s'imposaient : l'histoire d'Angleterre donnait raison à l'hypnose. Curieusement, ce fut une communication spirite qui finit par révéler le pot aux roses : tous les détails se trouvaient dans un livre d'Emily Holt, *Countess Maud,* que le sujet avait lu et complètement oublié[3].

La réincarnation a trouvé dans le professeur E.S. Zolik un adversaire virulent, à l'époque où elle défrayait la chronique aux États-Unis, avec l'affaire Bridey Murphy. Des sujets hypnotisés, invités à retrouver une existence antérieure, ne manquaient pas de le faire : leur récit était plausible, et semblait n'avoir aucun rapport avec des données de leur vie actuelle. Toutefois, en les plongeant à nouveau en hypnose, Zolik parvenait à repêcher dans leur mémoire les informations qui leur avaient servi à fabriquer la trame de leur histoire (130, 131).

Par exemple, l'un des sujets (Dick Wonchalk) s'était revu au XIXe siècle, comme une sorte d'aventurier séparé du monde, souffrant de la solitude, et mourant finalement privé d'amis. L'aventure avait d'ailleurs mal débuté, puisque notre héros, encore enfant, avait assisté, de ses yeux, au massacre de toute sa famille par les Peaux-Rouges.

3. Cf. *Proceedings of the Society for Psychical Research,* vol. 25, 1906, p. 455-467.

D'aucuns se seraient empressés d'écrire un livre visant à prouver la réincarnation... mais, en sondant le passé du sujet, Zolik put exhumer les souvenirs d'un film... de Peaux-Rouges (avec le nom du cinéma où il avait été projeté) : la source de l'existence « antérieure » était évidente *dans les détails*.

D'autres cas décrits par Zolik sont moins éloquents, mais on constate avec lui que certaines situations de vies passées retrouvées sous hypnose renvoient, de toute évidence, à des situations parallèles qu'a pu connaître le sujet depuis sa naissance, et dans lesquelles un personnage donné peut être sélectionné, pour servir de modèle au héros de jadis. Et les raisons qui ont conduit le cobaye de Zolik à s'identifier sous hypnose à ce personnage apparaissent sans peine à l'analyse psychologique du sujet.

Il faut toujours se souvenir... de cette mémoire oubliée, dans l'interprétation des cas de réincarnation. Rien n'est plus facile que de perdre le souvenir des images d'un spectacle que l'on suit des yeux passivement, pour se distraire – comme un film à la télévision. Et pourtant, rien ne se perd. On a même pu faire dire à un sujet sensible le nombre de poteaux télégraphiques qu'il avait croisés (inconsciemment) en se rendant au laboratoire de parapsychologie où on étudiait ses pouvoirs.

Les explications psychologiques

Arguments classiques

Nous l'avons vu, le fraudeur a de bonnes raisons de mentir; et Stevenson a observé que le menteur conscient finit toujours par se trahir lui-même. Dans le choix qu'ils ont fait du cadre et des détails de leur scénario inventé sous hypnose, il est clair que les sujets de Zolik ont été guidés par quelque motivation inconsciente.

Pour reprendre une idée chère aux psychanalystes, *l'imaginaire n'est jamais arbitraire,* il est toujours relié à une symbolique et, finalement, à un *réel.* Une des manières de renvoyer à quelque chose de réel qui dépasse le vécu de cette vie, c'est de remonter à *une vie antérieure.* Encouragés à le faire, les sujets s'y projettent avec la facilité que l'on constate dans les techniques modernes de pêche aux existences passées.

Ainsi parlent les sceptiques. Nous y reviendrons plus tard. En attendant, il faut bien concéder que la vie de sanglier solitaire que Dick Wonchalk s'était inventée était une sorte de représentation dramatique d'une situation de conflit vécue par cet homme, éprouvé par un sentiment d'isolement – d'abandon depuis son enfance – et de culpabilité.

En examinant le contenu d'un récit articulé sous hypnose, ou émanant d'un rêve, la prudence commande de chercher à comprendre *ce que signifie le récit,* dans le fond, pour le sujet. Notons qu'il ne s'agit pas de prétendre à toute force l'expliquer par des raisons psychologiques, en supposant des motifs cachés. Il s'agit, toutes les fois que c'est possible, de *comparer le récit à l'histoire du sujet,* depuis son enfance, pour le cas où le tissu des événements « surgis du passé » renverrait de toute évidence à un vécu réel.

Pour cette raison, toutes les publications qui racontent les succès d'une technique de régression – ou, pire encore, qui établissent des statistiques sur des résultats obtenus à la chaîne – sont scientifiquement sujettes à caution si chaque cas n'est pas accompagné d'une réflexion sérieuse sur les « antécédents » psychologiques du témoin.

Les ressources du subconscient sont immenses, en vérité : le pouvoir de dramatisation dont il fait preuve pour faire émerger l'image d'un conflit, comme dans le cas précédent, pourrait tout aussi bien lui faire développer un scénario aux rebondissements dramatiques à des fins cathartiques, dans le but de délivrer la personnalité du poids de peurs et d'angoisses qui la traquent. Il faudra songer à ces explications de rechange dans l'analyse de bien des cas où les malheureux explorateurs du passé subissent des tortures horribles, et des morts également atroces... pour se déclarer finalement soulagés de l'oppression qui ne les quittait pas, ou de troubles physiques qu'ils n'arrivaient pas à soigner.

Sans aller si loin, on peut toujours s'attendre à voir un sujet se plaire à jouer un rôle un peu fantastique dans un passé fascinant : en Égypte ou à Babylone. Les gens sans imagination qui pensent à la réincarnation ne savent pas se trouver d'autre personnage antérieur que Jeanne d'Arc ou Napoléon. Cependant, il ne faut pas se fier aux apparences : au cours d'un rêve, ou d'une rêverie, ou encore en hypnose, leur mental vagabond pourrait bien se montrer beaucoup plus inventif et monter une pièce convaincante dont l'auteur, revenu à l'état de veille, serait le premier à se montrer surpris.

L'énigme des personnalités multiples

Au fond, ces scènes que certains revivent et où ils se voient dans la peau d'un tout autre personnage ne font-elles pas penser à une sorte de dédoublement de la personnalité ?

Il existe des exemples surprenants de ce genre de phénomène, comme ce cas de Miss R. cité par E.D. Walker, en 1889 (122). L'existence de cette jeune femme commence bien, sous les meilleurs augures. Cela ne l'empêche pas, un beau jour, de tomber dans un profond sommeil qui se prolonge plusieurs heures. Surprise : au réveil, elle a *tout* oublié. La voilà obligée de tout réapprendre : épeler, lire, écrire, compter. Dure épreuve, mais quelques mois après : nouveau sommeil prolongé; elle en émerge dans l'état où elle était *avant* sa première crise. Elle n'a pas gardé le moindre souvenir des événements de la période intermédiaire. Cependant, elle n'est pas tirée d'affaire pour autant : cette double existence se poursuit dans le même individu, avec cette curieuse alternance de deux personnalités distinctes, inconscientes l'une de l'autre et possédant chacune *sa* mémoire, *sa* connaissance acquise par *son* expérience propre. On pense au curieux cas du Dr Jekyll et de son double, Mr. Hyde, imaginé par Stevenson (Robert Louis).

Si l'on croit à la réincarnation, l'intérêt de cas pareils est d'administrer un genre de preuve empirique du fait qu'une individualité peut très bien animer successivement des personnalités différentes A, B, C, etc., sans que l'une ait le moindre souvenir de celle qui l'a précédée, ce qui est le lot de la majeure partie de l'humanité. L'une des critiques que l'on fait à la doctrine des renaissances n'est-elle pas que nous devrions nous rappeler quelque chose si cette hypothèse était juste ?

Si, par contre, *on ne croit pas à la réincarnation,* on insistera sur le côté pathologique de ces dédoublements impressionnants qui ne sont peut-être qu'une manifestation exagérée d'une certaine tendance naturelle de la personnalité à se démultiplier en facettes différentes, dans certaines circonstances, pour y développer des capacités latentes de caractère, éventuellement discordantes entre elles[4]. On

4. Dans des exemples très rares, il arrive que ce genre de démultiplication fasse apparaître chez le même individu un nombre de personnalités différentes (et parfaitement identifiables) dépassant la dizaine : *seize* chez une femme dont le cas a été décrit dans le livre de Flora Rheta Schreiber, *Sybil* (96), et *vingt-quatre* chez un homme, Billy Millighan, dont Daniel Keyes a retracé l'histoire (64).

a d'ailleurs observé des cas où des personnalités satellites se sont révélées de façon inattendue, lors de traitements médicaux utilisant l'hypnose. Ainsi, dans cette optique, les techniques de régression de mémoire ne feraient rien d'autre que de stimuler cette tendance, et les personnalités du passé lointain n'auraient finalement rien à voir avec la réincarnation.

Nous aurons l'occasion d'évoquer à nouveau l'énigme des personnalités multiples en rapport avec la possession.

Bien entendu, si les explications psychologiques qui précèdent peuvent, dans certains cas, expliquer la *genèse* d'une expérience de « vie antérieure », elles ne rendent pas compte de l'exactitude historique de certains récits. Au chapitre de la *vérification* des informations fournies par le sujet (quand ces informations ne relèvent pas de la mémoire ordinaire, ou de la cryptomnésie) elles ne sont pas plus satisfaisantes que celle qui consiste à taxer tous ces phénomènes de rêves, ou d'hallucinations pures et simples.

Les explications scientifiques

Les progrès des sciences et de la psychologie au XXe siècle ont suggéré de nouveaux modèles permettant d'expliquer (?) les faits apparents de mémoire d'existences antérieures, sans postuler la réincarnation d'une individualité cohérente[5].

La mémoire génétique

Tous les Français de souche habitant notre pays sont cousins (à un degré éloigné, bien sûr) et

5. En somme, des « modèles de réincarnation sans âmes » (cf. 98, chap. V).

descendent de Clovis. Ce genre de boutade qui tend à faire ressortir à quel point les individus d'une nation peuvent être reliés entre eux sur le plan génétique, suggère une possibilité de transfert d'informations « à longue distance », d'un antécédent ignoré à un nouveau venu dans la même famille humaine. On sait que l'hérédité ne transmet pas seulement des caractéristiques physiques mais aussi quelque chose des traits de caractère et des aptitudes des parents. Il s'agit cependant de dispositions, de modèles de comportement, et *non d'informations détaillées* : le fils peut bien avoir les mêmes tics, les mêmes intonations de voix, la même aptitude à la musique ou aux mathématiques que le père, ou la mère, *jamais* on ne le voit se rappeler spontanément les expériences que l'un ou l'autre de ses parents a pu faire à l'âge de l'enfance, ou à toute autre période de la vie. L'intimité des parents est bien gardée.

C'est pourtant ce qu'en viennent à postuler ceux qui invoquent une sorte de *mémoire génétique* pour rendre compte de souvenirs spontanés se manifestant chez un enfant en bas âge : le sujet qui affirme être la réincarnation de son grand-père ou de son oncle maternel – ce qui est assez fréquent dans plusieurs groupes ethniques étudiés par I. Stevenson – ne ferait donc que ramener au jour des informations transmises par la voie normale de l'hérédité.

On aura beau objecter que l'on ne constate jamais ce genre de transfert de père à fils, comme nous l'avons noté plus haut : il peut y avoir des exceptions, justement dans les cas observés. Il y a des jours où il faut avoir une certaine dose de foi dans la science…

Par ailleurs, n'est-ce pas demander l'impossible aux gènes, ces microscopiques vecteurs de notre hérédité, en les chargeant de colporter l'enregistrement détaillé des aventures vécues par *tous* les ancêtres de notre lignée, sans rien oublier de leurs pensées, désirs et émotions, de façon à permettre un jour à un lointain descendant de revivre, au hasard, *l'une* de ces existences d'une façon criante de vérité ?

L'hypothèse de la mémoire génétique est sans doute tenue en grande estime par les penseurs qu'on appelle « matérialistes », pour lesquels il n'y a pas de conscience sans matière : si des souvenirs se transmettent, ce ne peut être que par le canal d'objets matériels – en l'occurrence, les chromosomes – qui transfèrent leur message chiffré au fil des générations. Cependant, à y regarder de près, ces prétentions de la génétique sont bien plus exorbitantes que l'hypothèse de la réincarnation : elle n'offre pas l'ombre d'un commencement de preuve, en dehors des cas qu'elle se vante d'expliquer.

En outre, elle offre deux grosses lacunes évidentes. D'abord, dans un très grand nombre de cas, les enfants observés par Stevenson n'appartiennent pas à la même lignée que leur personnalité précédente. Et comme, dans les études mentionnées, les deux familles concernées sont généralement contemporaines, il n'y a aucune liaison génétique possible entre elles. Par ailleurs, comme le remarque à juste titre Stevenson dans un commentaire sur le sujet (114, p. 359, note) : « De plus, le flot de souvenirs devrait s'arrêter après la naissance du dernier enfant de la personnalité précédente : en particulier, rien de devrait pouvoir se transmettre sur *la mort* de cette personnalité. » Ce que l'expérience tend à démentir sur toute la ligne.

Après tout, il faut se souvenir que, pour le généticien, les individus que nous sommes ne sont que « des artefacts contingents inventés par les gènes pour se reproduire »… La réincarnation, est-ce vraiment l'affaire de ce spécialiste ?

Hypothèse féconde de Jung – qui a vu dans ce grand réservoir inconscient de l'ensemble des expériences de toute l'humanité comme un héritage que nous portons en nous-mêmes sans le savoir, dès la naissance –, l'inconscient collectif permet d'expliquer tant de comportements que certains auteurs sont tentés de l'appeler à la rescousse dans le domaine qui nous occupe. Il faut cependant garder en mémoire deux de ses traits caractéristiques :

1. Il est absolument collectif, donc *impersonnel* : par définition même, pourrait-on dire; il ne peut jamais rien manifester d'individuel. C'est une *mémoire intégrée,* « digérée » en quelque sorte, d'une multitude inimaginable de mémoires individuelles. La foule *anonyme* des autres est en nous depuis le berceau, et notre propre démarche contribuerait à enrichir cet humus psychique.

2. Lorsqu'il se révèle dans l'expérience humaine, c'est toujours sous forme *symbolique,* ce qui traduit bien son caractère impersonnel, immuable, universel – mais ne lui retire rien de sa puissance d'action dans la vie de l'individu. Les grands archétypes de l'inconscient collectif sont générateurs d'un foisonnement de symboles, d'émotions, de comportements et ils contribuent à modeler l'être humain tout au long de sa vie.

Imaginer que, de cet humus du fond des âges, un homme puisse dégager non pas des mythes ou des images symboliques mais des informations détaillées sur l'existence passée d'*un* individu particulier – dont on pourrait ensuite vérifier l'historicité – c'est, comme le dit Stevenson, « étendre le concept de "mémoire héritée" bien au-delà de ce

que même ses avocats les plus ardents ont revendiqué jusqu'à présent » (114, p. 359, note).

Par contre, si la réincarnation n'existe pas, et si
les existences « antérieures » revécues sont des
sortes de dramatisations de problèmes subcons-
cients, on aura bien des chances d'apercevoir en
filigrane plus d'un de ces grands symboles, qu'on
voit aussi à l'œuvre dans l'élaboration du matériel
onirique. Une remarque de bon sens s'impose toutefois : la détection d'archétypes dans un récit ne
suffit pas pour conclure qu'il s'agit d'un pur produit
de l'imaginaire.

La mémoire corpusculaire

La science est en pleine mutation. Les physiciens
d'hier sont devenus les gnostiques d'aujourd'hui,
attentifs à fouiller l'essence ultime de la matière.
Le monde observable n'était que l'avers d'une
médaille; et son revers – en réalité, l'aspect le plus
fondamental – apparaîtrait comme une réalité toute
spirituelle qui, en somme, serait tout bonnement
la *conscience cosmique.*

On en vient à soupçonner que la quintessence
de cette matière est caractérisée par une intelligence
et une conscience dépassant infiniment celles que
l'homme manifeste à son échelle microscopique.
L'effondrement des limites artificielles de nos représentations mentales surannées découvre à nos yeux
un *champ de conscience cosmique,* et il devient
évident que tout réagit sur tout, à l'infini. En
particulier, on entrevoit une interaction universelle
de tous les événements où intervient la conscience
– qu'il s'agisse de saisie d'informations ou d'actes
de décision. Par ces biais, la science redécouvre
les idées millénaires de l'unité fondamentale du
macrocosme et du microcosme, et de la réalité de

la conscience comme essence ultime de l'univers. Fort bien, mais *quid* de la réincarnation ?

Dans un livre sur ce sujet (73), Robert Linssen a réuni un faisceau des grandes idées agitées de nos jours par les scientifiques de pointe en mal d'enfantement d'une image nouvelle du monde. Si le spiritualisme se réjouit de ces percées audacieuses, la hauteur des vues exprimées ne permet guère d'éclairer la lanterne des réincarnationnistes.

Au milieu de ces savantes considérations sur les éléments subprotoniques, les particules de temps et d'anti-temps, et les évanescents corpuscules pris du vertige du « collapse », on ne voit plus bien la place de la réincarnation, dont les mesquines préoccupations semblent se vider dans toute cette transcendance.

Ce fut pourtant le mérite de Jean Charon de se pencher directement sur le problème de la localisation de la conscience – *in situ,* si l'on peut dire. Par de profondes réflexions sur les acquis de la physique et de l'astronomie, ce chercheur français – connu, par ailleurs, pour son élaboration d'une théorie *unitaire,* vainement recherchée par d'illustres devanciers, comme Einstein – devait trouver une solution acceptable (à ses yeux) : minuscules *trous noirs,* les électrons qui entrent dans la composition matérielle de notre corps se révélaient doués d'une mémoire éternelle (20).

Depuis 15 milliards d'années, ces savantes entités – que le vulgaire devrait se garder de s'imaginer de façon trop réaliste – emmagasinaient, dans l'espace-temps psychique et spirituel qui se cache en leur sein, toutes les informations, tous les événements auxquels ces infaillibles témoins avaient été mêlés. Plus n'était besoin de chercher ailleurs ces mystérieuses « archives akashiques » chères aux modernes théosophes, et toute l'histoire du monde était là, sous nos yeux, pour ainsi dire. En particulier, toutes les expériences d'un individu s'enregistraient à chaque seconde dans ces électrons, et l'insconcient collectif devenait une donnée immédiate.

Du même coup, la réincarnation n'était plus qu'une vulgaire promenade d'électrons à l'image des papillons qui vont d'une fleur à l'autre, sans s'arrêter longtemps, mais en collectant le nectar qu'ils y trouvent : à chaque respiration, nos voisins proches avaient la chance de nous dépêcher leurs informations (de « s'incarner » en nous, en quelque sorte), mais ces mêmes possibilités étaient également offertes à Ramsès II, César ou Cléopâtre, dont les électrons continuent de circuler dans les espaces que nous visitons.

Ce genre de réincarnation électronique avait le grand mérite d'être *scientifique,* et en même temps, pour les rationalistes de notre époque, de... liquider la réincarnation à la manière hindoue, ou spirite. Plus question de postuler une âme immortelle, un corps astral et Dieu sait quelle autre fadaise, alors qu'un minuscule comparse doué d'une mémoire gigantesque – et de toutes les capacités psychiques et spirituelles que lui attribuait Charon – suffisait amplement à l'affaire.

Notre individualité se distribuait dans cette mouvante population d'électrons que l'on imagine entrant et sortant, comme les voyageurs dans la salle des pas perdus de la gare Saint-Lazare.

Il est vrai que Jean Charon a progressivement perfectionné son modèle en cernant dans la foule des obscurs électrons-exécutants la présence d'une sorte de chef d'orchestre qui serait un plus digne dépositaire de notre Moi (21).

Quels que soient les prolongements futurs de sa théorie, l'idée d'un *transfert d'information* portée par des vecteurs réels (ou imaginaires), d'un individu à l'autre, sans qu'il existe entre eux de liens logiques, est trop tentante aux yeux des adversaires de la réincarnation pour qu'ils ne s'en saisissent pas : ainsi ceux qui croient revoir une existence antérieure ne feraient qu'accueillir dans leur cerveau des images voyageuses ramenées, un peu au hasard, par les vibrations de l'écho électronique du passé.

On ne rend pas justice en quelques lignes aux idées de Charon. Mais sa vision n'est encore qu'une hypothèse audacieuse, qui doit rester une vue de l'esprit en l'absence de preuves expérimentales. Et la théorie (?) du transfert d'information avec support matériel est un peu trop inconsistante, élastique et floue pour disposer sans coup férir de la masse des faits expérimentaux qui suggèrent la réincarnation.

Les explications parapsychologiques

C'est ici que nous commençons à rencontrer les arguments qui risquent d'être des plus redoutables dans leur portée. La réincarnation, que l'on cherche à prouver en authentifiant des souvenirs de vies antérieures, a directement partie liée avec la parapsychologie – de même que les phénomènes qui évoquent la survivance. Mais le champ d'investigation de ce qui était encore au siècle dernier recherche (méta)psychique, pour s'élever ensuite au rang de science, couvre des phénomènes qui n'ont rien à voir avec une idée quelconque de renaissance et qui attestent la possibilité pour un sujet de saisir une information – parfois obscure et à longue distance – *sans utiliser les moyens sensoriels connus*. De là à imaginer que, dans certaines conditions, un individu soit capable d'employer ce genre de perception extra-sensorielle (P.E.S.) pour capter des réalités historiques et en faire le tissu d'une expérience lointaine, il n'y a qu'un pas que l'on franchit aisément. Et l'art de l'avocat de la réincarnation consiste à débrouiller ce qui peut relever de la perception extra-sensorielle de ce qui ne saurait s'expliquer autrement que par sa propre thèse.

Télépathie

Le sujet télépathe entre en rapport – volontairement ou non – avec le mental d'un autre et en reçoit des informations détaillées ou simplement des impressions, des émotions. Il peut puiser dans la connaissance de sa cible (son informateur, connu ou non), le sentir vivre, ou être averti d'événements qu'il traverse. On conçoit, au moins théoriquement, qu'un enfant, par exemple, puisse inconsciemment entrer en communication télépathique avec une famille éloignée, affligée par la perte d'un être cher, et apprenne par ce genre de télépathie mystérieuse tous les détails sur la vie de cet être et son foyer inconnu.

Toutes les suppositions sont permises, bien sûr, mais ne sont pas toutes également raisonnables. D'abord, s'il est vrai que la télépathie existe, elle a lieu, dans la majorité des cas *spontanés*, avec des personnes connues et familières, avec qui sont établis souvent des liens d'amour. On peut en conclure que ce pouvoir télépathique choisit ses cibles, ou bien que, si d'aventure il s'exerce en permanence, les communications sont filtrées au niveau de la conscience pour qu'elle n'accueille que des messages significatifs pour l'individu.

Par ailleurs, il est rare que les informations recueillies soient aussi précises et structurées que les récits des témoins de la réincarnation. De plus, le télépathe n'a pas accès à la mémoire détaillée de son informateur, et il ne s'identifie pas à lui, à l'inverse de ces témoins qui se revoient plongés dans leur personnalité antérieure dont l'existence a pu durer des décennies.

En outre, la télépathie est impuissante à rendre compte des aptitudes et comportements spécifiques que nous avons appelés, au chapitre II, *les informations muettes* témoignant du passé. Et, comme l'a constaté Stevenson, un enfant qui « se souvient » ne le fait pas par flashes, mais d'une façon intense, et pendant de longues périodes.

Dans certains cas, au contraire, il faut d'emblée songer à la communication de pensée par télépathie, entre une personne hypnotisée, par exemple, et son hypnotiseur, ou entre un médium et un assistant venu le consulter. Edwin Zolik a vérifié la possibilité de faire reconstituer sous hypnose un récit de vie passée entièrement fictif et mémorisé par l'opérateur. Ce genre de performance a été répété plus d'une fois avec des médiums (119).

Disons, à la décharge des hypnotiseurs, qu'ils sont avertis depuis longtemps de cette porosité mentale de leurs sujets, et qu'ils s'entourent de précautions (qu'ils jugent) suffisantes pour éviter ce genre de suggestion inconsciente.

Clairvoyance

On rapporte que Swedenborg a *vu* brûler la ville de Stockholm, à des kilomètres de distance. La clairvoyance permet aussi de prendre connaissance, par P.E.S., d'événements qui se déroulent actuellement, de voir des situations, des lieux, des sujets, en n'importe quel point du globe. Voilà bien un pouvoir providentiel pour documenter un récit de vie passée en Grèce ou en Palestine, avec d'authentiques aperçus sur le Parthénon, ou le mont des

Oliviers – au moins pour donner une impression de réalité au cadre des épisodes revécus.

Il est vrai que les clairvoyants sont capables, dans certains cas, de décrire avec une étonnante précision les détails d'un lieu, ou l'ensemble des caractéristiques d'un personnage. Mais les lieux et les personnages changent avec le temps. Les descriptions fournies par les cas Stevenson supposeraient une étrange sélection dans le passé des images perçues par P.E.S. : elles s'arrêtent *toutes* au moment de la mort de la personne antérieure. Si l'enfant est clairvoyant, il faut supposer que son pouvoir rejette, par quelque méthode, toute information ultérieure, au point d'ignorer des faits essentiels survenus dans la suite.

Un point faible de l'hypothèse de la télépathie et de la clairvoyance pour expliquer ces cas Stevenson est aussi que les enfants observés ne donnent généralement aucun signe de posséder de tels pouvoirs : il faudrait croire que ces derniers ne seraient stimulés que pour faire émerger les images de la vie antérieure – ce qui ne va pas dans le sens de l'expérience classique en parapsychologie.

Par contre, dans les techniques qui mènent à des états altérés de la conscience, c'est *la règle* que les pouvoirs de P.E.S. se trouvent amenés à fonctionner, même si les opérateurs n'en sont pas toujours assez conscients. On peut s'attendre à ce que cela se produise pendant l'hypnose[6]. Il faudra donc tenir compte également de la possibilité de clairvoyance dans les régressions, hypnotiques et autres.

6. Sans aller jusqu'à l'hypnose, un spécialiste du « rêve éveillé dirigé » (voir 33) sait bien qu'il peut donner à son patient la suggestion de se rendre en un lieu qu'il ne connaît pas et ne le décrire. Si ce lieu est, par exemple, la maison de campagne de l'opérateur, ce dernier possède dans sa mémoire toutes les informations à attendre, et il peut vérifier point par point les dires du rêveur. On peut objecter que si le sujet répond bien à l'injonction, il ne fait alors que lire dans la pensée de son guide. Effectivement, mais n'est-ce pas la preuve que son pouvoir de *télépathie* a été stimulé dans l'état second où il se déplace ?

Rétrocognition

Il arrive que la clairvoyance permette de saisir des informations sur un passé plus ou moins lointain (on parle alors de *rétrocognition*) ou donne, au contraire, une vision anticipée de l'avenir *(précognition)*.

En se limitant au premier cas, la vision est généralement induite par un lieu ou un objet. Dans une expérience classique, le sujet tient dans sa main l'objet censé être chargé d'impressions du passé, ou le porte à son front, et perçoit des événements en rapport avec ce témoin, autrement muet. Cette sorte de lecture psychique d'un contenu d'informations a été appelée *psychométrie*.

On trouve dans les livres spécialisés de saisissants exemples de rétrocognition qui pourraient fort bien évoquer des vies passées.

La cathédrale de Salisbury, en Angleterre, semble un lieu propice à ces expériences. Un premier témoin y a revu une cérémonie remontant à plusieurs siècles (81). Plus récemment, un autre, parti un jour pour une excursion à Stonehenge, décida de s'arrêter à Salisbury en raison du mauvais temps : entré dans la cathédrale avant la fermeture, il ne tarda pas à éprouver un sentiment de grande familiarité avec ce monument qu'il n'avait pourtant jamais visité; bientôt, le spectacle changea : le visiteur se trouva reporté au moment de la construction de la cathédrale. Un flot de souvenirs inonda son esprit : il se revit participant aux travaux, menant une vie de famille en ces temps reculés. Quelques minutes à peine, et la vision s'évanouit (70).

Plus près de nous, au cœur de Paris, où chaque pierre est chargée d'histoire, certaines rues semblent imprégnées d'images tragiques. Tout récemment, dans son interview publiée dans *Paris-Match* (71), Jean Le Poulain a raconté une bien curieuse histoire : « J'habitais rue Saint-Honoré et, une nuit, j'ai entendu des bruits. Je croyais avoir laissé la radio ouverte et j'ai vérifié que je l'avais bien fermée. Mais je continuais à entendre des roulements de chariots et de tambours. Je me suis levé, suis allé à la fenêtre et j'ai vu passer le cortège qui conduisait Marie-Antoinette à l'échafaud. » Devant un pareil spectacle, l'acteur s'imagina aussitôt qu'on était en train de tourner une séquence de film; il descendit dans la rue, pour voir : rien, le vide. « J'ai cru devenir fou. Mais je me suis aperçu plus tard que j'avais eu cette vision le jour anniversaire de l'exécution de Marie-Antoinette. »

Comme on le sait, la reine déchue est effectivement passée là, cent cinquante ans plus tôt, pour atteindre la place de la Révolution (vouée aujourd'hui à la Concorde) et mourir sous le couperet de la guillotine.

Cette histoire vécue m'a rappelé un récit presque identique, rapporté par G. Delanne (29). Dans ses confidences, la narratrice, pénétrée par de très nombreux souvenirs vivants, remontant à l'époque de Louis XVI, assure qu'elle ne pouvait jamais passer dans la rue Saint-Honoré sans qu'un frisson lui parcoure le dos. Une nuit, ce fut un véritable cauchemar pendant qu'elle dormait dans un hôtel situé au coin de cette même rue : « J'entendis les sauvages hurlements de la populace et, regardant par la fenêtre, je vis Marie-Antoinette passer dans la charrette et moi-même dans la foule, luttant frénétiquement pour me frayer un chemin... »

Le rapprochement des deux récits est saisissant. On dirait qu'il y a des lieux marqués d'images ineffaçables, témoins d'événements mémorables[7].

7. D'aucuns prétendent même que le film de ces épisodes historiques – souvent horribles – se répète sur les mêmes lieux, à intervalles marqués. C'est, en tout cas, ce que suggère un peu l'expérience de Jean Le Poulain.

Qu'un sujet sensible passe par ces mêmes endroits un beau jour, il sera le témoin de scènes toutes prêtes à resurgir : il ne faudra peut-être pas grand-chose pour qu'il s'identifie à l'un des personnages entrevus, et qu'il se persuade ainsi d'avoir retrouvé une vie passée.

Pure supposition, bien entendu. On remarque que notre premier témoin est resté *spectateur* d'un bout à l'autre, tandis que la dame s'est vue elle-même dans la foule, accompagnant la reine et prise d'une émotion indicible. Dans ce deuxième cas, d'ailleurs, cette vision faisait partie d'un ensemble très riche d'expériences renvoyant nettement à une existence sous Marie-Antoinette.

On voudra bien noter que l'utilisation de la rétrocognition comme explication de rechange est assez limitée, mais on doit y songer quand le sujet voit affluer les souvenirs d'une existence antérieure en arrivant dans un lieu jamais visité, ou en venant au contact d'objets qui peuvent avoir un passé historique.

Les super-pouvoirs de P.E.S.

On ne connaît pas encore – tant s'en faut ! – la portée exacte des pouvoirs de perception extra-sensorielle. Les cobayes humains testés par les laboratoires de parapsychologie, dans des expériences bien définies, ne démontrent peut-être pas toutes leurs capacités. On assure d'ailleurs que ces pouvoirs sont susceptibles d'un développement étendu (16).

En l'absence de toute certitude, on peut se demander si certains sujets ne pourraient pas dépasser largement la portée de la clairvoyance, ou de la télépathie, pour aller glaner des informations insaisissables pour les « sensitifs » ordinaires.

On évoque alors ce que les Anglo-Saxons appellent *super-extra-sensory perception,* ou super-E.S.P. : ces super-pouvoirs (en français, super-P.E.S.) permettraient à un sujet de localiser une cible (une source d'information) absolument quelconque, en n'importe quel point de l'espace et du temps, qu'il s'agisse d'un obscur témoin ou de documents perdus sous des piles de livres poussiéreux, d'une pierre tombale enfouie dans l'herbe d'un cimetière abandonné, ou d'une lettre oubliée au coin d'un grenier. En somme, ce serait la porte ouverte sur une sorte d'omniscience.

Muni de tels moyens d'investigation, que lui envierait le plus fin limier de Scotland Yard, un sujet serait capable, à son insu, de fabriquer le roman de vie passé le plus authentique qui soit : plongé en hypnose, et se retrouvant pour quelque raison à l'époque de Louis XIV, il émaillerait son récit de mille petits détails que l'on ne trouve dans aucun livre d'histoire, et que seuls des experts peuvent arriver à dénicher dans les réserves de la Bibliothèque nationale, après combien d'heures d'enquête !

Le plus extraordinaire, c'est que ces pouvoirs qu'on croirait imaginés par un auteur de science-fiction donnent des témoignages d'existence. Il existe des cas où l'expérience suggère fortement leur intervention.

Par exemple, si l'histoire de Bridey Murphy n'est pas un authentique souvenir, il a bien fallu que la jeune femme hypnotisée par Morey Bernstein collecte quelque part les noms des lieux qu'elle a cités, des commerçants qui tenaient boutique à l'époque, du livre rare (sur les douleurs de Deirdre) auquel elle a fait allusion, qu'elle s'instruise de l'existence de cette pièce de deux pence qui n'a eu cours en Irlande qu'entre 1797 et 1850, bref qu'elle révèle brusquement un savoir défiant celui des experts, sans avoir jamais mis les pieds en Irlande.

Un autre cas, peut-être plus convaincant, comme témoignage de ces pouvoirs, du fait que l'authenticité du récit, d'« existence antérieure » est tout à fait contestable, est celui d'une certaine Hélène Smith (pseudonyme de Catherine Élise Muller) étudié à Genève par le professeur T. Flournoy (38, 39) aux environs de 1900. Dans des transes somnambuliques, la jeune femme avait d'abord retrouvé une incarnation française, avant de devenir la belle Simandini, épouse favorite d'un prince hindou vivant au début du XVe siècle.

L'histoire avait du corps mais les détails de ce roman d'amour hindou ont pu être retrouvés... dans un livre rare de 1828, l'histoire de l'Inde en six volumes de De Marlès, que Mlle Smith n'avait très probablement pas pu lire. La réincarnation étant écartée, comment a-t-elle saisi ces informations ?

Plus tard, le même sujet servit de médium pour communiquer aux mortels terrestres des messages dictés par un jeune homme défunt, parti poursuivre son évolution spirituelle... sur la planète Mars. Un beau jour, la jeune femme se mit même à écrire en « martien » avec des caractères inconnus (voir 99) en prenant soin toutefois de traduire le texte en revenant sur Terre. À l'analyse, la langue mystérieuse apparut finalement comme du français déformé suivant une combinaison assez compliquée de règles strictes, fabriquée de toutes pièces par le subconscient du médium.

D'autres exemples font aussi songer à la super-P.E.S., comme ces cas où des sujets parlent ou écrivent (sans apprentissage préalable) dans des langues bien réelles, vivantes ou mortes. On a vu des personnes s'exprimer en une dizaine de langues différentes, dont certaines dialectales. On cite, entre autres, la fille d'un président du Sénat, aux États-Unis, qui ne connaissait que l'anglais et le français mais se montra capable, vers les années 1860, de transmettre des messages en espagnol, polonais, italien, portugais, grec et hongrois, éventuellement en latin, et même de s'entretenir avec son père dans des dialectes indiens (9).

À en juger par les textes, il n'est pas question ici de *réincarnation*. Voici pourtant un cas où elle est mise en avant (127, 128) : c'est l'histoire d'un jeune médium, Ivy Carter Beaumont, devenu très célèbre sous le surnom de Rosemary, qui revint à une vie antérieure en Égypte, dans la personne d'une danseuse de temple, du nom de Vola, puis comme martyr persécuté sous Néron, avant de venir habiter la Nouvelle-Angleterre au XVIIe siècle et vivre une série d'épisodes mouvementés sous la Révolution française. C'est surtout la première existence qui nous intéresse : en s'y retrouvant plongée, Rosemary s'exprima sans aucune peine... en égyptien de l'époque du pharaon Amenhotep III (vers 1400 av. J.-C.). Les phrases articulées en transe furent transcrites avec tout le soin possible par Frederic Wood et soumises pour étude à un égyptologue éminent, Howard Hulme. Expertise bien embarrassante, vu que personne ne sait plus parler l'égyptien (les hiéroglyphes, comme l'alphabet hébreu, étant dépourvus de voyelles). L'érudit se livra à une analyse de toute la masse de matière proposée et dégagea de façon convaincante les règles précises utilisées par le médium pour s'exprimer. Et il se mit en devoir de composer une liste de douze questions – au prix de vingt heures de travail. Rosemary y répondit sans hésitation. On ne peut sûrement pas la soupçonner d'avoir pêché par télépathie les réponses dans le mental de l'expert qui était lui-même bien incapable de s'exprimer avec cette vitesse.

On n'aura sans doute jamais aucun moyen de vérifier l'exactitude de la prononciation adoptée par la jeune fille, mais il faut avouer que ce cas est extrêmement troublant.

Réincarnation ou super-P.E.S. ? Il faut rester prudent en maniant cette sorte d'hypothèse passe-partout : la super-P.E.S. a ses partisans, comme C.T.K. Chari, en Inde; elle prête à l'homme les fantastiques pouvoirs d'information d'un Argus de légende et, avec elle, comme le remarque D. Christie-Murray, on pourrait tout expliquer, non seulement les récits recueillis sous hypnose mais presque tous les phénomènes psychiques (22, p. 206).

On attend d'autres témoignages de ce genre de pouvoirs. Pour le moment, il existe des tests bien simples, dans leur principe, où médiums et clair-voyants n'ont encore essuyé que des échecs malgré les récompenses promises en cas de réussite (99, p. 193).

Par exemple, en 1949, un parapsychologue anglais, R.H. Thouless, a imaginé des signes cryptographiques qui ne peuvent se déchiffrer qu'à l'aide d'une phrase qu'il est seul à connaître (et dont il n'existe nulle trace écrite). Bien des sujets *psi* ont pâli devant les signes mystérieux sans trouver la solution. De son côté, Ian Stevenson propose aux sujets capables de P.E.S. (ou de super-P.E.S.) de découvrir la combinaison d'un cadenas à chiffres. Un défi. Trouver la bonne série de 6 chiffres qui ouvrira le cadenas, parmi les quelque cent vingt-cinq mille combinaisons possibles, administrerait la preuve d'un don peu banal dans ce domaine. En attendant, Stevenson garde son secret et se propose de le faire connaître… après sa mort (dans l'éventualité d'une renaissance) en se réincarnant avec le souvenir de l'existence du cadenas et de la bonne combinaison. Si tout le monde de la clairvoyance et de la télépathie a échoué pendant des années et qu'un beau jour un petit garçon de 4 ans vient révéler la clef de l'énigme, que penseront les adversaires de la réincarnation ? Ne soyons pas pressés, et souhaitons plutôt à Stevenson de vivre encore de longues années pour poursuivre ses recherches.

Toujours en rapport avec ces super-pouvoirs hypothétiques, Stevenson met encore en garde contre la confusion trop fréquente entre la simple connaissance d'une information, et l'aptitude innée, qui suppose un apprentissage. La xénoglossie permet justement d'illustrer cette différence, selon qu'elle est « récitative » ou « responsive ». Dans le premier cas, le sujet se borne à répéter des mots, des phrases mémorisés, ou captés par télépathie : c'est ainsi qu'on a vu, au XVIIIe siècle, une humble servante « parler hébreu » au cours d'une fièvre. En réalité, elle ne faisait que restituer inconsciemment des phrases enregistrées – sans les comprendre – des années auparavant, pendant qu'elle travaillait chez un rabbin qui déclamait des textes en sa présence (106). C'est, en apparence, un cas de cryptomnésie.

Dans la xénoglossie *responsive*, au contraire, le sujet soutient une conversation – ce qui est autrement plus difficile que de répéter des phrases toutes faites, comme le savent bien tous ceux qui apprennent une langue. Stevenson a étudié deux cas très curieux, et convaincants (109, 110), de xénoglossie sous hypnose, où les personnes concernées parlaient l'une l'allemand, l'autre le suédois, avec leur hypnotiseur qui s'exprimait... en anglais. L'investigation a été poussée plus loin, en faisant participer des enquêteurs, experts en l'une ou l'autre de ces langues. Le rapport présenté par Stevenson sur le second cas, dans son livre *Xenoglossy*, donne un aperçu exact du genre de conversation tenue par une Américaine de 37 ans, transposée dans le personnage de Jensen Jacoby, un rude paysan à la voix mâle de la Suède de jadis.

De l'avis de Stevenson, ces cas (très rares) de xénoglossie ne peuvent pas, raisonnablement, s'expliquer par super-P.E.S., parce que l'aptitude à parler couramment une langue *ne peut s'acquérir sans un apprentissage,* ce qui implique un ensemble complexe de mécanismes qu'on ne saurait assimiler par un processus quelconque de clairvoyance.

Dans l'état *actuel* de nos connaissances, les hypothèses explicatives paraissent limitées à celles qui vont être maintenant évoquées – sans oublier la réincarnation.

Les explications spirites

L'unanimité est loin de régner dans le monde du spirituel sur la question de la réincarnation. Au siècle dernier, les disciples d'Allan Kardec s'opposaient aux « spiritualists » anglo-saxons sur ce chapitre essentiel. En France, on affirmait que les « esprits » parlaient de retour sur terre (63), ailleurs on le niait. Depuis ce temps, les positions dans ces deux camps ont suivi des lignes d'évolution curieusement opposées. On se met à parler de réincarnation dans la très ancienne revue *Light,* tandis qu'une frange de représentants actifs du spiritisme dans notre pays n'admet plus qu'une réincarnation très limitée – quand l'esprit ne peut vraiment pas faire autrement...

Une chose reste sûre : la survivance de la personne. L'esprit ne s'endort pas outre-tombe. Il peut communiquer avec les mortels par la voie des médiums : ayant gardé toute sa mémoire, il est l'informateur rêvé pour donner des détails sur le passé.

Si on accepte l'hypothèse spirite sur ce point,

on pourra toujours interpréter les prétendus « témoignages de réincarnation » en alléguant une sorte de télépathie entre le sujet et une personne décédée, ou encore une possession du vivant par un mort.

La télépathie avec les morts

Dans cette hypothèse, le médium, inconsciemment instruit par un esprit, aurait une vision de vie antérieure dont tous les détails lui seraient fournis par ce guide obligeant. Il y aurait donc, tout simplement, un « transfert d'information » entre l'esprit et le vivant temporairement sensible à cette influence de l'au-delà. On ne devrait donc pas être surpris de l'authenticité *vérifiable* des épisodes revécus – si toutefois l'informateur n'est pas l'un de ces « esprits follets » qui troublaient jadis les séances spirites, et qu'on peut encore redouter de nos jours.

On ne peut pas écarter *a priori* ces suppositions. Dans deux des cas cités précédemment (Mlle Smith, observée par le professeur Flournoy, et Rosemary, *alias* Vola, la danseuse égyptienne) la personne concernée avait *aussi* servi de médium à une entité désincarnée. C'est ainsi que Telika Venturi – également appelée Nona – princesse babylonienne et femme du pharaon Amenhotep III, avait parlé par la bouche de Rosemary. Et Mlle Smith avait colporté les messages du Martien.

De Nona à Vola la distance est bien mince. Si un esprit a pu faire émerger la première comme une personne étrangère, un autre (ou le même) n'a-t-il pas incarné Vola dans la conscience de Rosemary, en l'amenant à *s'identifier* cette fois à cette artiste oubliée ?

Les médiums ont beau dire qu'ils savent distinguer entre une communication spirite et un souvenir de vie passée, il est permis d'en douter et, d'ailleurs, rien n'empêcherait une télépathie inconsciente entre un vivant et... l'esprit d'une lointaine habitante de l'Égypte.

Toutefois, on peut s'étonner de la *spécificité* très stricte d'une telle communication avec un esprit, qui serait focalisée sur l'existence d'un *seul* personnage.

La possession par un esprit

La possession est considérée comme l'occupation autoritaire du territoire légitime d'une personne vivante – son corps et son mental – par une autre personne décédée (ou, en tout cas, étrangère). Elle peut être *complète* ou *partielle*. Dans le premier cas, l'individu a perdu son identité primitive, ses caractéristiques psychiques, sa mémoire. Complètement transformé, *il est devenu l'autre personne* quand la possession s'est manifestée. Dans l'autre, il se sent envahi : il doit lutter contre l'intrus. Parfois cependant, il profite de cette situation, elle est avantageuse – par exemple si le « visiteur » est un artiste qui se met à inspirer le « possédé ».

Objectivement, les médiums donnent l'image apparente de ce type de phénomène (quelle que soit son explication). Pendant le temps de la communication, ils laissent la place à un autre, pour ainsi dire. L'assistance est frappée du changement complet qui s'opère sous ses yeux. Il en est de même dans les séances de régression hypnotique : c'est un personnage tout différent qui tient la scène, et qui joue à la perfection un rôle correspondant exactement, par la voix, les paroles, les gestes, à l'épisode revécu où rien ne ressemble à ce qu'on connaît du sujet à l'état normal. Bien entendu, ce genre de métamorphose de la personnalité n'est que temporaire. Le médium redevient ce qu'il était, et l'hypnotisé aussi[8].

Ce genre d'explication de rechange a été défendu aux *Dossiers de l'Écran* par l'un des invités au débat, le père H. Biondi. Pour cet aumônier, qui se voue à l'évangélisation des « marginaux » et qui côtoie de près divers magnétiseurs et médiums opérant dans des groupes de prière (8), le mot clé qui déchiffre tous les cas prétendus de réincarnation est « parasitage ». Les enfants qui ont ces souvenirs qui paraissent extraordinaires aux enquêteurs seraient en réalité parasités par l'esprit d'un mort – parasités également ces gens qu'on met sous hypnose : l'esprit, en mal de désir de revivre un peu, ne serait que trop heureux de trouver devant lui un champ libre pour s'exprimer, la personne hypnotisée étant bien incapable de se défendre contre cet envahisseur. Parasités aussi ces sujets dont la personnalité se dédouble. Il y aurait en eux, pour ainsi dire, le véritable propriétaire et l'intrus, qui s'est installé sans crier gare. À intervalles, l'esprit parasite viendrait au-devant de la scène et s'exprimerait en paralysant plus ou moins entièrement l'habitant légitime. Et le cas cité plus haut (en note) de Billy Millighan, avec ses vingt-quatre personnalités différentes, ne serait finalement qu'un

8. Notons au passage que ces retours aux vies antérieures ne sont pas tout à fait gratuits. Il y a un risque d'obsession par les images évoquées, dont on n'arrive plus à se débarrasser. La femme du Révérend Caroll E. Jay, qui sous hypnose avait retrouvé la personnalité de Gretchen Gottlieb et s'était mise à parler l'allemand, a été tellement préoccupée par ses expériences et par toutes les démarches faites avec son mari pour retrouver la trace de « sa » vie en Allemagne qu'à la fin du compte elle ne pouvait plus en écarter les images. « Gretchen fait partie de ma vie, a-t-elle avoué. Je ne lui ai rien demandé, mais elle est avec nous depuis si longtemps qu'elle semble maintenant faire partie de la famille. » Dans l'autre cas de xénoglossie que nous avons vu plus haut, le médecin qui, en hypnotisant sa femme, l'avait métamorphosée en paysan suédois, finit par renoncer à ses expériences de peur de provoquer une possession permanente chez son épouse. Sage décision.

exemple spectaculaire, poussé jusqu'à l'absurde, d'un grouillement d'esprits qui rivalisent pour occuper le terrain... en reléguant le véritable Billy aux oubliettes.

Cette hypothèse, comme beaucoup d'interprétations de phénomènes paranormaux imaginés par les spirites du siècle dernier, a l'avantage d'être *radicale* et simple; une seule idée explique tout : parasitage. Elle fait table rase de toutes les théories, plus ou moins laborieuses, de P.E.S., super-P.E.S. ou mémoire génétique. Inutile de chercher plus loin : l'ancienne personnalité A est là, installée dans le corps de la nouvelle B, et fait croire à celle-ci qu'elle est la réincarnation de A. Il convient cependant d'observer que les explications les plus simples ne sont pas forcément les bonnes : avant d'en arriver à la mécanique quantique ondulatoire, la physique a dû en inventer, des « explications simples », et les rejeter tour à tour comme simplistes !

En fait, que nous apprend l'*expérience* dans le domaine de la possession ? À plusieurs reprises, Ian Stevenson a discuté la question en rapport avec un certain nombre de cas connus (106, 108, 109, 110, 114).

☐ Exemple de possession totale

C'est un classique du genre étudié par E.W. Stevens (105). Il y a une centaine d'années vivaient à Watseka (non loin de Chicago) deux familles, les Roff et les Vennum, qui ne se connaissaient que de très loin. Deux fillettes, élevées séparément dans ces deux familles, allaient se trouver étrangement réunies dans les conditions suivantes. Alors que la petite Lurancy Vennum n'avait encore que 15 mois, Mary Roff était arrachée à l'amour de ses parents et on n'allait plus avoir de ses nouvelles jusqu'au jour où, bien des années après, Lurancy changea complètement de personnalité : Mary Roff avait purement et simplement occupé son corps. Cette situation extraordinaire[9] dura plusieurs mois. La possession était totale. C'était Mary Roff qui parlait, elle se rappelait les détails de sa vie terrestre et se comportait comme l'avait fait Mary Roff, avec les mêmes caractéristiques de personnalité. Note importante : à aucun moment, la fillette ne s'est identifiée à Lurancy Vennum, en déclarant se souvenir d'avoir été Mary Roff. Après des mois, les choses sont redevenues normales et Lurancy a récupéré sa place légitime. Cet exemple ne peut évidemment être un cas de réincarnation, puisque les deux personnes étaient vivantes en même temps, avant la mort de l'une d'elles.

□ Exemple de possession partielle

Dans ses « Vingt cas » (108), Stevenson rapporte la curieuse histoire d'un graveur, du nom de Thompson, qui un beau jour se sentit pris d'une envie irrésistible de peindre. Obéissant à l'impérieuse injonction – malgré son incompétence dans l'art de la peinture –, il se mit à peindre des scènes perçues dans une espèce d'hallucination. L'examen des œuvres produites fit apparaître une évidente ressemblance avec celles d'un peintre authentique, Robert Swain Gifford, décédé quelque six mois plus tôt. Thompson n'avait eu qu'un vague rapport avec Gifford, et ignorait même sa mort. Par la suite, le graveur se vit assez perturbé dans ses activités : une voix lui ordonnait de se mettre à dessiner ou à peindre, ou encore de partir en voyage pour représenter sur toile les paysages favoris de Gifford. Et il s'exécutait.

9. On a parlé du cas stupéfiant – voire merveilleux – de Watseka (the « Watseka Wonder »).

Soulignons la différence de ce cas avec le précédent : bien que le graveur se soit senti sous l'influence, parfois très étroite et dominatrice, du peintre décédé, il ne s'est jamais identifié à lui, n'a jamais prétendu être la réincarnation ou la continuation de Gifford, et n'a jamais servi de médium à ce dernier pour faire passer des informations à des tiers.

Il existe un certain nombre d'autres exemples similaires qui évoquent l'intrusion, plus ou moins autoritaire, d'un décédé paraissant se servir de la personne d'un vivant pour se manifester. On connaît, en France, l'incroyable aventure d'Augustin Lesage, mineur de son état, qui crut recevoir l'ordre de s'adonner à la peinture, après qu'une mystérieuse voix, entendue dans la mine, lui eut prédit une vocation de peintre. À la suite de bien des tentatives, notre homme se prit au jeu d'une sorte de peinture automatique, inspirée par un obscur artiste de l'Antiquité. Des motifs orientaux vinrent progressivement se préciser sur les toiles qui remportèrent un succès inattendu dans le public. Les choses auraient pu en rester là si le peintre-mineur, attiré par l'Égypte, n'avait pas été entraîné dans un voyage sur le Nil. Arrivé là-bas, il eut l'impression de reconnaître des lieux familiers, mais il allait bientôt faire la découverte la plus inattendue qu'on puisse imaginer. Dans le tombeau d'un de ces notables qu'on trouve près de la Vallée des Rois, au fond d'un couloir souterrain qu'on venait de dégager, une fresque était là, dans sa fraîcheur, et elle semblait attendre le voyageur : le dernier tableau qu'il avait peint avant cette expédition *en était la reproduction exacte*.

Réincarnation ? Possession ? Difficile, en tout cas, d'empêcher Augustin Lesage de croire qu'il avait été jadis l'artiste égyptien auteur de cette fresque.

On connaît d'autres exemples, moins spectaculaires, de personnes qui semblent en rapport avec des peintres ou musiciens décédés, et qui se mettent à peindre « comme » Goya[10] ou écrire de la musique « comme » Chopin, Bach ou Mozart[11], sans avoir acquis normalement les compétences pour le faire. D'autres sensitifs sont connus pour prêter leur main vivante à une série d'artistes de l'au-delà : c'est ce qu'a fait Mathew Manning, jeune médium anglais, célèbre pour des phénomènes de *Poltergeist* (manifestations physiques produites sans l'intervention d'agents connus). Peu doué naturellement pour le dessin, il n'en a pas moins exécuté, avec une grande rapidité, des œuvres à l'encre de Chine qui sont tout à fait dans le style de Picasso, Dürer, Goya, Klee, etc. (avec leur signature).

Dans des cas aussi extrêmes, on est obligé de se demander si ce sont toujours des esprits qui viennent parasiter les médiums, ou s'il n'y a pas quelque autre explication, en dehors de la possession... et de la réincarnation.

Si maintenant on examine les cas qui suggèrent la réincarnation, comme ceux de Stevenson, ou d'autres, quelles objections peut-on faire à l'hypothèse qui nous préoccupe ici ? Pour le chercheur américain, chaque cas mérite une analyse sérieuse pour tester la valeur de chaque explication.

Par exemple, pour les personnalités de Gretchen et Jensen retrouvées sous hypnose, il est possible de les interpréter comme des « incarnations passées », plus ou moins enjolivées par des détails tirés de la vie présente des sujets, *ou* comme des personnalités d'étrangers décédés, réactivées sous hypnose, avec d'éventuels apports de la personna-

10. Stevenson cite l'exemple de Mrs H. Weisz-Roos qui peignait en se sentant possédée par Goya (108, note p. 341).

11. On a beaucoup parlé de ce genre de don, qui s'est manifesté, entre autres, chez une contemporaine : Rosemary Brown.

lité des sujets. En 1976, Stevenson se disait incapable de décider à coup sûr entre ces deux interprétations, tout en se sentant un peu incliné à donner la préférence à la possession (110) sans exclure l'addition dans les récits d'éléments actuels.

Si on examine ensuite les cas spontanés de souvenirs, où l'hypnose n'a plus aucun rôle, on peut relever dans les centaines de dossiers qui ont été réunis des exemples tout à fait exceptionnels qui évoquent bien la possession. Ainsi, dans son premier livre (108, p. 33 et suiv.) Stevenson a rapporté l'étrange histoire de Jasbir, enfant indien de l'Uttar Pradesh, qui, à l'âge de trois ans et demi, mourut de variole et... ressuscita progressivement dans le cours de la nuit. Incapable de s'exprimer pendant plusieurs jours, il finit par recouvrer l'usage de la parole. Stupeur des membres de la famille : c'était un parfait étranger qui se trouvait maintenant parmi eux. Plus question de Jasbir : c'était à Sotha Ram qu'on avait affaire, un garçon de 22 ans qui venait de mourir récemment d'une chute sur la tête, dans un village situé à quelque distance. Pis encore, l'intrus se prétendait brâhmane et refusa énergiquement toute nourriture qui ne fût pas préparée selon les règles de sa caste. On alla de surprise en surprise jusqu'à ce qu'on découvrît la trace de la famille de cet intrus – ou plutôt de cet usurpateur « tombé du ciel », comme un coucou dans un nid de fauvettes. Un jour, l'enfant se retrouva tout à fait chez lui dans son ancien village et fit preuve d'une connaissance détaillée de ce qui concernait sa famille et d'autres membres de la communauté.

Fait essentiel : la personnalité de Jasbir était radicalement éliminée, et celle de Sotha Ram devenue seule maîtresse de la place... tout en s'y trouvant un peu à l'étroit, compte tenu de la différence d'âge et du changement de condition. Ici la possession fut radicale et définitive. On n'a plus jamais entendu parler de Jasbir. Expulsé ? Ou parti, après avoir fait ses expériences karmiques, en laissant son corps à un autre occupant qui venait justement de perdre le sien ? Mystère – que nous n'avons pas à résoudre ici.

Il existe d'autres exemples moins flagrants de possession : en fait, toute une gamme de cas où (si elle existe) elle a pu être plus « discrète », comme lorsque l'enfant se souvient d'une vie antérieure où il serait mort peu après la conception, parfois même pendant la grossesse qui allait se terminer par sa (re)naissance, voire même le jour précis de cette naissance. Stevenson possède un dossier de ce genre : c'est le cas de l'enfant druze Nasir Toksöz décrit en 1980 (114). On songe à Audrey Rose « réincarnée » le jour même de sa mort dans Ivy Templeton, venue au monde quelques moments après. En prenant comme critère la date où l'entité antérieure entre en rapport avec le nouveau corps, on peut appeler « réincarnation » tout cas où cette date coïncide avec la conception et « possession » tout autre exemple où cette date est postérieure à la naissance[12].

Il faut toutefois examiner d'autres critères pour choisir entre les théories en présence.

On devrait s'attendre à ce qu'un esprit venant parasiter un sujet ait conservé la maîtrise de toute sa mémoire – c'est du moins ce qu'affirment les spirites : la mort n'entame pas la personnalité, qui continue sa vie subjective. Et, de plus, cet esprit, doué des pouvoirs qu'on lui a attribués, ne devrait pas manquer d'être au moins aussi informé que

12. Dans l'hindouisme et le bouddhisme, voire le jaïnisme, il ne fait aucun doute que la nouvelle incarnation commence *au moment de la conception*. La réincarnation d'Audrey Rose n'a sûrement rien d'orthodoxe, et le fameux Maharishi du roman n'avait pas l'air de connaître la *Garbha Upanishad* (40) qui décrit avec précision les processus du retour à la naissance.

les vivants sur ce qui s'est passé *après* son décès.

Or, dans la grande majorité des cas, Stevenson constate que les souvenirs surgissent irrégulièrement, au hasard des événements, des petits chocs, contrariétés ou stimulations que peut subir l'enfant au fil des jours. En somme, la mémoire répond à des inductions fluctuantes. Ce caractère sporadique des réminiscences contraste avec ce qu'on devrait attendre d'un parasite qui n'aurait rien oublié d'une existence parfois toute récente.

On remarque aussi que les enfants, ramenés dans des lieux (présumés) connus, face à des personnes dont ils retrouvent l'identité, se mettent à exhumer des chapitres entiers d'une vie oubliée. Cette stimulation de la mémoire qui n'aurait rien que de très naturel dans un cas d'authentique réincarnation est surprenante dans le cas du parasitisme : il faudrait supposer que l'influence de la personnalité parasite deviendrait plus forte en se retrouvant dans son ancien territoire. Or, dans l'exemple de possession partielle cité plus haut, il n'y avait pas d'accroissement sensible de l'influence de Gifford quand Thompson visitait des endroits familiers que le peintre avait aimés de son vivant.

Ces remarques de Stevenson, extraites de son analyse faite en 1980 (114), se poursuivent par une importante objection contre la théorie de la possession : ses sujets ignorent généralement les modifications intervenues dans les lieux qu'ils avaient fréquentés, ou dans la composition de leur ancienne famille – *depuis* la mort de leur précédente incarnation. Et l'auteur d'ajouter : « Je n'ai pas l'impression d'exiger l'omniscience chez les personnalités désincarnées en faisant remarquer qu'il semble bizarre que leur connaissance des événements terrestres s'arrête brusquement au moment de la mort. (*Id.*, p. 369.)

Observons pour finir que les sujets étudiés sur

le vif ne se comportent pas comme des médiums, investis par la personnalité d'un « guide » ou « contrôle ». Enfants, ils égrènent des souvenirs de vies antérieures, en faisant la différence entre ce qu'ils sont et ce qu'ils ont été, même si la comparaison n'est pas toujours agréable pour eux – et surtout pour leurs parents, lorsque ces enfants émettent le désir de retrouver leur ancien cadre d'existence.

Peut-être faut-il revenir un instant sur le cas des personnalités multiples. « Parasitage », réincarnation, ou autre chose ?

Notons tout d'abord que dans les exemples cités, les sujets ne parlent pas d'existences passées dans leurs alternances entre les divers personnages qu'ils jouent. La réincarnation ne semble pas la bonne explication.

La théorie de la possession peut être tentante – dans certains cas. Un individu (apparemment) sain pourrait tomber sous le pouvoir d'une influence maligne et devenir par périodes un Mr. Hyde. Mais, comme toujours, il ne suffit pas de « théoriser ». Si on prend des exemples concrets, comme ceux de Sybil Isabel Dorsett, ou de Billy Millighan, que devient l'hypothèse de la possession ? L'analyse approfondie de la genèse de ces deux cas, rapportée dans des livres bien documentés (déjà cités plus haut) montre qu'il est bien inutile d'aller chercher d'hypothétiques « esprits-squatters » pour expliquer ces extraordinaires situations où l'on voit cohabiter dans un même corps seize ou vingt-quatre personnalités distinctes.

Le Dr Cornelia B. Wilbur a diagnostiqué le mal de Sybil. Elle l'a traité pendant *onze ans*. Avec un succès complet. Merci pour Sybil : elle revenait de loin. Ce n'était pas une psychose – pas plus que dans le cas de Billy Millighan – mais une forme d'hystérie. La cause ? Un enfer inimaginable subi par le sujet, dès la plus tendre enfance, aux mains de parents abusifs – des années durant.

Il faut lire l'histoire de Sybil, en se demandant à chaque page comment réagirait un adulte face aux situations qui sont décrites. Dès le plus jeune âge, c'est une répétition systématique d'odieux sévices corporels – particulièrement sexuels –, de souffrances physiques variées, infligées avec une satanique cruauté, dans un climat écœurant de chantage affectif, où la mère est, tour à tour, bourreau et modèle de bienséance, pour s'avilir l'instant d'après dans des pratiques repoussantes et vicieuses, dont l'enfant est le témoin. Il faut essayer d'imaginer la détresse morale de cet être tout jeune frustré dans ses besoins affectifs les plus élémentaires, maintenu dans un climat de peur, sous la menace d'épouvantables représailles (torture, mort) en cas de révélation des terribles secrets qui l'écartèlent, savamment privé de tout moyen d'évasion, de compensation auprès d'êtres secourables, sans cesse culpabilisé pour la moindre peccadille, et... spectateur privilégié des « scènes primitives » des ébats érotiques de ses parents, retranchés le reste du temps dans le puritanisme le plus strict.

L'enfant ne se suicide pas – les tendances suicidaires se marqueront en profondeur, et se révéleront avec le temps. N'espérant *aucun* secours, il faut qu'il cherche un refuge. Pour *vivre quand même*, il se déconnecte de la réalité insupportable dans un monde intérieur, d'où on essaie d'abord de le déloger, mais où il s'enfonce de plus en plus, avec succès. Le recours au fantasme prend des proportions extrêmes. Et ce qui est impossible, interdit, coupable pour la personnalité primitive, deviendra possible pour une autre personnalité dégagée des contingences, qui vit et *s'épanouit* dans son monde invulnérable.

La première création de la longue série apparaît un jour, puis la seconde et, sous la contrainte permanente, les autres personnalités se modèlent dans le subconscient et viennent à leur tour prendre possession du champ de la conscience où elles jouent leur rôle transitoire. Chaque personnalité a son histoire, son identité, ses caractéristiques, sa propre mémoire, et quand la personnalité centrale (primitive) revient « sous le projecteur » – selon une expression que l'on trouve chez Billy Millighan –, elle ne sait rien de ce qu'ont fait les autres pendant son « absence ».

Ce cloisonnement étanche fait *songer* à la possession de Lurancy Vennum par Mary Roff. Mais le médecin ne s'y trompe pas : cette histoire de personnalités multiples n'est pas un accident, qu'on pourrait attribuer à une bande d'esprits, plus ou moins bien intentionnés, venant s'installer – en se serrant un peu – dans le corps d'une fillette un peu débile. Et la guérison ne vient pas à la suite d'un exorcisme, ni d'ardentes prières renouvelées, mais par le dévouement et la compétence d'une praticienne qui a su combiner psychanalyse, chimiothérapie et hypnose, dans une relation presque quotidienne avec son patient, nécessitant parfois l'intervention « en catastrophe », pendant les phases suicidaires.

L'exploration patiente du passé découvre peu à peu la genèse et le rôle de chaque personnalité : chacune avait sa raison d'être dans le subconscient et a amené au jour l'une ou l'autre de ses facettes, de ses tendances sous-jacentes. On voit même, chez Sybil, deux personnalités *masculines* bien typées. S'en étonnera-t-on avec ce qu'on sait de la psychologie ?

Le plus étonnant peut-être est que toute cette famille disjointe finit petit à petit par se réunir sous l'effet du traitement : deux à deux d'abord, puis en plus grand nombre, les personnalités acceptent de sortir de leur isolement et de s'entendre entre elles, d'aider la personnalité centrale, jusqu'à ce qu'elles finissent par s'intégrer complètement à elle, en un tout homogène et harmonieux – en une personne enfin *une*, et heureuse de vivre.

Les personnalités ne sont pas chassées, notons-le bien, comme jadis Jésus avait chassé les mauvais esprits des « possédés »; elles sont patiemment mises au jour, apprivoisées, reconnues dans leur originalité et rattachées petit à petit au tronc central qui les nourrissait. Dirons-nous que Sybil a finalement digéré les seize esprits qui la hantaient ? Un triste sort pour des esprits.

Le cas de Billy Millighan est malheureusement une répétition, encore plus douloureuse et complexe, de celui de Sibyl. Cornelia Wilbur qui avait sauvé cette dernière fut appelée en consultation pour diagnostiquer la maladie du jeune homme. Avec sa connaissance acquise, *en une seule séance*, elle a pu faire émerger « sous le projecteur » la personnalité centrale de Billy, interdite de parole par les vingt-quatre autres personnalités concurrentes, en raison de ses tendances suicidaires : le véritable Billy – celui de l'enfance – ne s'était jamais exprimé *depuis des années*. Il était jugé trop dangereux par les autres, qui *désiraient vivre*.

Même diagnostic, même pronostic que pour Sybil[13]. Hélas ! Billy est en prison, pour divers attentats commis par le *dur* de la « famille Mil-

13. Comme le note Daniel Keyes (64) : « William Stanley Millighan est le premier prévenu de l'histoire judiciaire des États-Unis à avoir bénéficié d'un acquittement dans une affaire criminelle, parce qu'il a été jugé irresponsable de ses actes du fait qu'il possédait une personnalité multiple. » Hélas ! l'administration pénitentiaire a ses règlements qui ne laissent guère de place pour un traitement prolongé de cas aussi extraordinaires. Épargné par la loi, Billy Millighan n'en reste pas moins condamné par la société à demeurer sans secours dans son marasme – sans doute pour la vie.

lighan », qui se fait appeler Ragen [14]. Billy n'aura pas la chance de Sybil. Il restera en prison.

Le livre qui raconte son histoire est ainsi dédicacé :

À toutes les victimes des bourreaux d'enfants et plus particulièrement à celles qui gardent le secret.

Quelqu'un a dit : l'enfer est sur la terre. Point n'est besoin de chercher ailleurs pour voir à l'œuvre des êtres démoniaques dans leur folie perverse. Il suffit de lire des livres comme celui-là.

Les explications théosophiques

De l'ordre dans le chaos

Il y a déjà bien longtemps de cela, j'ai connu un enfant qui avait imaginé une séduisante théorie pour s'expliquer le mystérieux cheminement des aliments dans le tube digestif : au moment des repas, un petit bonhomme, caché quelque part dans le ventre, s'activait, armé d'un bâton, à pousser la nourriture pour la faire progresser sur sa voie. Cette touchante naïveté, on peut se demander si bien des adultes ne la partagent pas... dans leurs conceptions de la réincarnation. Ils pos-

14. Le fait que ce Ragen s'exprime avec un fort accent yougoslave et que telle ou telle personnalité semble avoir des connaissances paranormales (l'une d'elles, par exemple, a écrit à Daniel Keyes une lettre en arabe) complique le cas Millighan par rapport à Sybil, mais doit-on recourir à la seule hypothèse de la possession pour en rendre compte ? Il est difficile de juger à distance de ce qui peut se passer dans la personne d'un être dont on ne connaît rien en profondeur, ni de savoir par quelles situations psychologiques il peut passer dans le climat de détresse indescriptible d'une existence constamment éclatée en morceaux distincts, sans lien bien solide entre eux – et dans le climat hostile d'une prison où sa conduite, parfois violente, le fait tenir sous étroite surveillance.

tulent vaguement en eux-mêmes une sorte de personne, pourvue du sentiment d'identité et des qualités et défauts que l'on sait, capable un beau jour de quitter le corps, pour emprunter ensuite un itinéraire plus ou moins agréable dans l'au-delà, et finalement reprendre du service dans un nouveau corps, après un intervalle aussi élastique que l'on voudra – un jour ou des siècles – comme si cette personne n'avait rien d'autre à faire que vivre sur terre et « progresser ».

Après tout, on ne peut guère reprocher aux Occidentaux ce flou artistique dans leurs conceptions : si l'on s'en tient à la multitude des faits qui suggèrent la réincarnation de près ou de loin et si on les accepte tous, on arrive à construire la théorie la plus vague qui soit, donnant à penser que le processus de la réincarnation (s'il existe) est complètement arbitraire, tous les cas de figure étant permis pour satisfaire tout le monde.

À l'opposé de ces vues fluctuantes (et généralement simplistes) fondées sur l'observation d'exemples concrets, souvent difficiles à analyser, la théosophie de Mme Blavatsky[15] offre un modèle directeur cohérent qui peut contribuer à mettre un peu de clarté dans notre compréhension des choses. Bien qu'on ne puisse résumer le système théosophique en quelques lignes, il convient de rappeler qu'il s'enracine dans la grande tradition ésotérique du passé et qu'il a été rapporté au XIXe siècle dans le but de répondre aux besoins d'un monde en mutation, appelé à reposer fondamentalement tous les problèmes de la vie.

---

15. Pour avoir une idée plus claire du modèle théosophique de la réincarnation, le lecteur peut se reporter à l'étude que j'en ai faite précédemment (98, chap. IV), mais on ne saurait trop conseiller de « retourner aux sources ». L'un des derniers ouvrages de Mme Blavatsky, *La Clef de la théosophie* (11), traite abondamment de la réincarnation. Voir aussi un livre de son disciple W.Q. Judge, *L'Océan de théosophie* (60).

Malgré plus de cent ans passés depuis la fondation de ce mouvement, les travaux de sa fondatrice, Mme Blavatsky, sont encore *pratiquement inconnus du grand public*, bien que ses idées aient été largement exploitées – sinon pillées – et presque toujours déformées, par un grand nombre d'auteurs et de groupes spiritualistes qui lui ont succédé.

Dans nos pays, *depuis un siècle*, personne sans doute plus que les théosophes n'a contribué à répandre activement et avec ténacité les idées de karma et de réincarnation – même si ces ardents avocats en ont parfois donné des explications un peu « simplifiées », faute de connaissance approfondie de la doctrine théosophique. Mais voici un curieux paradoxe : alors que ces partisans convaincus sont à l'affût de tout ce qui concerne ces notions clefs, et seraient les premiers à se réjouir si quelqu'un leur apportait une preuve définitive de la renaissance humaine, le modèle théosophique qui rend compte de la vie incarnée de l'individu, de ses états de conscience après la mort et des conditions de son retour sur terre, suggère *les explications de rechange les plus redoutables* parmi toutes celles qui font l'objet de ce chapitre. Curieusement, la théosophie qui est 100 % réincarnationniste ne permet guère de rêver.

L'homme et son devenir

Pour commencer, il faut retourner... à Plutarque. Initié aux mystères de Dionysos et disciple lointain de Platon, le philosophe de Chéronée s'est employé, dans certaines de ses œuvres morales, à décrire l'aventure de l'homme dans l'au-delà.

L'un de ces textes[16] donne une explication logique

16. Voir le mythe de Sylla dans l'œuvre intitulée *De facie quae in orbe lunae apparet* (940-945). Traduction anglaise publiée par *The Loeb Classical Library* à Cambridge (États-Unis) et Londres, 1968 (*Plutarch's Moralia*, vol. XII).

de la constitution humaine qu'il faut d'abord analyser attentivement pour comprendre la suite.

« L'homme est un être composé, mais ceux-là se trompent qui le croient formé de deux parties seulement. » En somme, il n'est pas uniquement une âme et un corps. En réalité, il faut distinguer *trois* aspects en lui :

– une partie physique ou somatique (le corps ou sôma);

– une partie psychique, la personnalité terrestre qui occupe le corps : Plutarque l'appelle *psuchè (ψυχή)* en lui donnant ici un sens plus précis que Platon;

– une partie spirituelle, diversement dénommée l'entendement, l'intelligence ou l'esprit (faute de mieux); c'est le *nous (νοῦς)* qu'on ne doit pas confondre avec le mental – lequel appartient à la machinerie psychique.

Il faut se garder d'identifier la *psuchè* à ce que nous appelons « l'âme » de nos jours. Cette dernière, nous l'imaginons volontiers créature divine, d'essence immortelle. Pour Plutarque, il n'en est rien : elle n'est qu'un intermédiaire entre le *nous* et le corps, modelé pour le temps de l'incarnation et destiné à disparaître après la mort.

Traditionnellement, ces trois aspects de l'homme sont rattachés le premier à la *terre* (d'où le corps tire sa substance), la *psuchè* à la *lune*, et la partie la plus noble au *soleil*, dont elle est une émanation. Et, « de même que la lune a été créée comme un composé et un mélange des choses d'en haut et des choses d'en bas », la partie psychique de notre être a en elle un élément qui tient du *nous* – et se manifeste comme la raison qui est capable de guider l'âme vers le bien – et un aspect *irrationnel* et *affectif* qui provient cette fois de l'étroite interaction entre la *psuchè* et le corps.

Remarque importante : ce que nous sommes réellement, dit Plutarque, *le Soi de chacun de nous*, n'est pas l'ensemble des sentiments, émotions et désirs qui agitent notre tissu psychique, pas plus qu'il n'est la chair ni les fluides du corps, mais bien *ce grâce à quoi nous raisonnons et comprenons*. En somme, ce Soi profond c'est le mystérieux *nous* solaire. Ce foyer de conscience et d'intelligence d'essence divine, la théosophie l'appelle l'*Ego spirituel de l'homme*. Peu importe le terme d'ailleurs : c'est une réalité qui transcende le personnage éphémère de l'incarnation. Mme Blavatsky l'a aussi décrit comme l'*individualité permanente* qui anime les *personnalités* successives, au fil des renaissances[17].

L'analyse, un peu sommaire, du philosophe grec a été reprise et développée au siècle dernier[18]; elle suffit cependant à faire comprendre les processus de la vie *post mortem*. Sur ce point, l'enseignement de Plutarque paraît d'abord un peu mystérieux mais il s'éclaire dans la suite : « Des morts que nous mourons, la première réduit l'homme de trois principes à deux, et la seconde de deux à un; l'une a lieu dans la terre, qui appartient à Déméter, (...) et l'autre dans la lune, domaine de Perséphone (...). Alors qu'ici-bas, la déesse dissocie l'âme *(psuchè)* du corps, promptement et avec violence, Perséphone procède avec douceur, et par degrés, pour

17. On se souviendra ici du rêve relaté par Jung (62, p. 367-368) qui pose de façon très vive le problème des relations entre le Soi et le moi actif dans un corps, le *nous* et la *psuchè*. Dans son expérience, le rêveur vit un yogi en méditation, dans une chapelle dépourvue de symboles religieux mais richement parée de fleurs; en s'approchant, il découvrit que ce personnage avait son propre visage. Stupéfait et effrayé, il se réveilla en pensant : « Ah ! par exemple, voilà celui qui me médite. Il a un rêve, et ce rêve c'est moi ». Jung a interprété cette vision comme une parabole : le Soi « prend la forme humaine pour venir dans l'existence à trois dimensions comme quelqu'un revêt un costume de plongeur pour se jeter dans la mer. Le Soi, renonçant à l'existence dans l'au-delà, assume une attitude religieuse ainsi que l'indique la chapelle dans l'image du rêve; dans sa forme terrestre, il peut faire les expériences du monde à trois dimensions et par une conscience accrue progresser vers sa réalisation ».

18. Voir *La Clef de la théosophie, op. cit.*, chap. x.

détacher le Soi *(nous)* de la partie psychique(...). »
A la suite de cette seconde mort, la meilleure
partie de l'homme retrouve son unité, une fois
séparée des instruments psycho-physiques qui, pendant l'incarnation, lui avaient servi de véhicules
mais aussi, en un sens, de prison.

Après la première mort, les épisodes vécus par
la dualité *psuchè-nous*, débarrassée du corps physique, dépendent beaucoup, selon Plutarque, de la
qualité des âmes. On se doute que les entités très
perverses doivent souffrir pour leurs crimes, tandis
que les modèles de vertu s'élèvent, loin de notre
vallée de larmes; toutefois, elles sont astreintes à
passer un certain temps de repos dans les « prairies
de l'Hadès », afin de se purger des pollutions con-
tractées pendant la fréquentation de la terre. Observons d'ailleurs que ce séjour intermédiaire entre
la terre et la lune est d'une durée variable, en
rapport avec les mérites des âmes en transit. Et
personne n'y échappe, c'est un point essentiel.

Passons sur tout ce qui peut arriver pendant
l'attente de la seconde mort dans les régions lunaires
et notons les conditions de cette métamorphose
finale : le Soi-*nous* se sépare de sa personnalité-
psuchè « par l'amour qu'il porte à l'image du soleil,
où resplendit tout ce qu'il peut y avoir de désirable,
de beau, de divin et de bienheureux, vers quoi
toute nature aspire de toutes les manières[19] ».
Qu'advient-il alors de cette *psuchè* privée désormais
du pouvoir d'intelligence et de conscience qui lui
conférait ses qualités rationnelles, humaines ?

Les remarques de notre philosophe initié doivent
être relevées ici avec soin, en rapport avec les
questions qui nous préoccupent :

19. Pour reprendre l'image du yogi du rêve de Jung, il va maintenant
axer sa méditation sur l'essence spirituelle des expériences terrestres,
dans ce qu'elles ont pu avoir de beau, de juste et de légitimement
désirable, dans le but de les intégrer à son être.

« La substance de la *psuchè* est abandonnée sur la lune, en ne conservant de la vie écoulée que certains vestiges, ainsi que des rêves. » Séparée désormais du Soi, la partie psychique de l'homme est abandonnée et solitaire. Elle n'est plus qu'une sorte de cadavre, une ombre dépourvue de vie et d'intelligence. La littérature théosophique en parle comme d'une « coque astrale[20] ». Plutarque précise qu'*elle se dissout dans la lune comme les cadavres dans la terre*. Ce processus est rapide, ajoute-t-il, pour les personnes qui ont été tempérées, équilibrées et inspirées par la philosophie; abandonnée par l'être réel, *la dépouille psychique*, n'ayant plus à manifester de passions pour un objet quelconque, *ne tarde pas à s'étioler et disparaître* dans la sphère lunaire. Il en va tout autrement des personnalités pleines d'ambitions, de désirs, de sensualité ou de passions : elles passent leur temps dans une sorte de rêve, *à répéter les images de leur vie écoulée*. Il arrive à ces apparences d'âme d'être traversées d'un grand trouble qui les excite; galvanisées par le désir et l'émotion, elles semblent chercher à s'arracher à la lune pour reprendre un corps sur la terre, mais la lune tend à les retenir par ses sortilèges, car ces entités gouvernées par l'élément irrationnel de leur être, sans aucune conscience pour les juguler, sont capables du pire si elles reprennent un corps.

Selon Plutarque, l'incarnation doit suivre le chemin inverse de l'itinéraire *post mortem*. Avec

20. Cette expression (*astral shell* en anglais) suggérée par un contemporain de Mme Blavatsky a été adoptée pour bien signifier que ces restes psychiques sont vides de toutes caractéristiques proprement humaines (en dehors de la mémoire qu'elles conservent), semblables en cela à des coquillages gisant sur la grève après la disparition des animaux qui les habitaient. En outre, le mot coque suggère une certaine cohésion conservée par ces vestiges qui leur donnerait, à première vue, une apparence de réalité humaine.

son énergie vitale, le soleil ensemence le *nous* dans la sphère lunaire où va se développer et se modeler une *psuchè* nouvelle : et, pour sa part, la terre fournira un corps physique, par un recyclage d'éléments précédemment abandonnés à l'heure de la mort[21].

Premières conclusions

En voilà assez, je pense, pour dégager les points suivants, qui s'inspirent directement de l'enseignement de Plutarque et appartiennent à la théosophie.

1. La partie invisible de l'homme possède une structure bien plus complexe que celle qu'on dépeint vaguement par les mots *âme* et *esprit*. Et ce qui se passe après la mort physique ne peut être décrit comme une simple « promenade dans l'astral », une sorte d'aimable détente, en attendant de revenir ici-bas.

2. Les différentes séquences du scénario de notre aventure posthume doivent se dérouler intégralement, sans sauter aucune d'elles, suivant des lois qui, pour être encore inconnues, ne sont pas arbitraires. De toute évidence, l'intervalle entre deux existences ne saurait être quelconque – une minute ou mille ans, selon la fantaisie de certains prophètes modernes de la réincarnation. Le texte de Plutarque suggère d'ailleurs une sorte de cinétique du processus de la seconde mort, où doivent intervenir en sens opposés des masses d'énergies psychiques

21. Dans son texte, évidemment très symbolique, l'initié grec précise : « La *psuchè* reçoit l'impression de sa forme en étant modelée par le *nous*, et elle modèle à son tour le corps de l'homme en l'enveloppant de toutes parts. » (*De facie*, 945 A) En conséquence, même séparée depuis longtemps du *nous* et du corps, elle en conserve l'*apparence* et l'*empreinte* et mérite à bon droit d'être appelée une image (*eidôlon*), qu'on ne doit pas prendre pour l'être réel.

qui retiennent l'âme à la terre, ou au contraire tendent à la libérer de ses liens.

3. Le retour à l'incarnation ne doit pas non plus constituer une démarche arbitraire, une sorte de rentrée dans l'atmosphère terrestre, se déroulant un peu « au petit bonheur » – avant la conception, pendant la grossesse, ou n'importe quand, après la naissance du bébé. Les traditions orientales, et avec elles la théosophie, ont eu sans doute de bonnes raisons pour fixer *au moment de la conception* la reprise du contact du Soi-pèlerin, avec le plan physique : le corps de l'enfant à naître ne devra-t-il pas être modelé, dès le début, en fonction d'un programme karmique défini, vecteur des traces profondes des vies passées ?

4. L'être réel qui se réincarne *ne peut être la personnalité psychique* de l'homme ou de la femme qui a vécu jadis, puisqu'elle est vouée à la *désintégration complète*... dans la lune – disons plutôt, d'une façon plus moderne, dans la psychosphère de la terre, qu'on appelait au siècle dernier la « lumière astrale » ou le « plan astral ». Cet être réel qui évolue, vie après vie, vers son éveil total et la communion finale avec sa racine éternelle – l'Âme divine du cosmos –, c'est le *nous*, la partie noétique, véritablement spirituelle de l'homme.

5. Le personnage psychique qui survivra à la première mort n'est pas un vague essaim de pensées, de désirs et de souvenirs qui tourbillonnent dans notre cerveau pendant la vie incarnée, c'est une réalité *substantielle*, possédant une structure complexe, une cohésion et une économie propres, gouvernées par les lois spécifiques. La théosophie n'a pas inventé la notion de corps psychique, ou de *corps astral*, bien qu'elle l'ait amplement développée. Et, même en postulant pour le Soi profond, ou l'Ego supérieur, un *corps causal*, support de l'individualité permanente d'une incarnation à l'au-

tre, elle n'a fait que préciser des doctrines connues en Inde, en Égypte ou en Grèce.

On trouve d'ailleurs, chez le néo-platonicien Proclus, cet intéressant passage qui complète le mythe de Sylla évoqué plus haut, l'âme étant ici prise au sens du *nous*.

Après la mort, l'âme continue à flotter dans le corps aérien [l'enveloppe astrale] jusqu'à ce qu'elle soit entièrement purifiée de toute passion nourrie de volupté ou de colère. (...) Alors, par une seconde mort, elle se débarrasse du corps aérien comme elle s'était débarrassée du corps physique. Et, ensuite, les Anciens disent qu'il existe un corps céleste toujours uni à l'âme, qui est immortel, lumineux, et semblable à une étoile.

6. Le cadavre psychique – *l'eidôlon* abandonné après la seconde mort – a un destin variable selon la charge d'énergies dont il reste le siège. De toutes ces « coques astrales » qui, comme on l'a vu plus haut, conservent des *vestiges* et des *rêves* de l'existence passée, certaines restent fortement attachées au plan terrestre et sont attirées magnétiquement vers tout ce qui est capable de leur redonner leur vitalité. Dans l'un de ses ouvrages[22], Mme Blavatsky les compare à des genres de méduses. Rejetées sur le sable du rivage, ces masses de gélatine paraissent inertes et informes mais, à peine les remet-on dans la mer qu'elles s'animent et retrouvent pour un temps leur activité. De même, dès qu'elle peut se plonger dans la sphère sensible d'un vivant, une entité psychique en cours de désintégration, et privée de toute raison, regagne une sorte de sursis, une vie d'emprunt, en prélevant le contingent d'énergie nécessaire dans l'organisme du médium, lequel devient ainsi la victime complaisante d'un

22. *La Clef de la théosophie, op. cit.* (11), p. 160.

véritable... *parasite* – quand il ne s'agit pas d'un dangereux vampire psychique *et* physique. Au prix de cette transfusion de vitalité, l'entité se met à transmettre, par la voix du médium, des messages de l'au-delà, donnant aux témoins trop crédules l'impression parfaite qu'ils communiquent avec un mort. Inconscient lui-même du processus, le médium fait office, pour ainsi dire... de lecteur de cassettes pour traduire à l'assistance quelque chose de l'immense masse d'informations qui reste imprégnée sur ce qu'on pourrait appeler les innombrables pistes magnétiques de la coque astrale, porteuse de toute la mémoire du défunt – ou, toutefois, de ce qui peut en rester après des années de décomposition progressive, si le décès de l'« esprit » n'est pas récent. Et la machine psychique, *bien vivante*, du médium, ou même des spectateurs, fait merveille pour mettre en forme les messages décodés, leur donner du corps, voire les embellir, et finalement augmenter encore l'illusion que l'on est bien en ligne (astrale) avec une personne humaine, invisible mais réelle. Dans cette catégorie de phénomènes, il existe des exceptions, mais elles sont rares, si on en croit Mme Blavatsky.

7. La communication objective d'un mort avec notre monde est *très peu courante*. Elle ne peut se manifester que lorsque l'entité encore consciente est « proche de la terre » c'est-à-dire, en pratique, dans les quelques heures ou, au maximum, les quelques jours qui suivent le décès. Elle est *complètement exclue* après la seconde mort.

On constate, à plus d'un témoignage, que les Anciens ne confondaient pas les ombres des défunts, et autres revenants, avec leur individualité réelle. Et, à propos de scènes de l'Hadès décrites par Homère, Plutarque fait l'éloge du poète pour ces vers qu'il juge divinement inspirés :

Puis, je remarquai le puissant Héraclès
Ou plutôt son image (eidôlon), *car lui-même est*
avec les dieux immortels[23].

Des pouvoirs prodigieux latents dans l'homme

Avant de songer aux problèmes de réincarnation, il faut encore compléter le tableau qui précède par des points essentiels concernant *la mémoire* et les possibilités de la faire ressurgir.

Il y a d'abord la grande mémoire vivante de la Nature : la sphère psychique d'un homme n'est que l'expression microcosmique de cette réalité macrocosmique. Toute la tradition ésotérique a postulé l'existence de cette sphère psychique universelle – ou terrestre, si on se limite à notre planète – où *tous* les événements laissent une trace indélébile. Les physiciens modernes commencent à soupçonner son existence, ou même à la démontrer[24] dans le cadre de leurs théories. Ils ne font d'ailleurs que reprendre, d'une façon moins intuitive, les idées de leurs devanciers du XIXe siècle. Dans un livre publié à Londres en 1974, *The Principles of Science*, William S. Jevons écrivait déjà (Vol. II, p. 455) : « Chaque particule de la matière existante doit avoir enregistré tout ce qui est arrivé. »

Comment la « lumière astrale », chère à l'abbé occultiste Eliphas Lévi, ou la mémoire de l'Akasha évoquée en outre par les théosophes, s'y prend-elle pour enregistrer toute cette masse d'informations ? Laissons aux alchimistes d'hier, ou aux magiciens d'aujourd'hui que sont les scientifiques, le soin d'éclaircir ce point, et posons, en postulat, que

23. *Odyssée*, XI, 601-602.
24. Rappelons-le, pour Jean Charon les électrons sont porteurs de cette mémoire immense qui remonte à l'aube de notre univers.

tout être, même le plus infime, imprègne les courants de la lumière astrale (ou de tout autre vecteur que l'on voudra) avec des images, même les plus fugitives, de sa vie, sur *tous* les plans où elle se déroule. Si toutes les scènes de l'histoire sont ainsi photographiées quelque part dans la Nature, on ne devrait pas être surpris qu'un clairvoyant ou un psychomètre – qui est capable de « se mettre en résonance avec les vibrations perpétuellement entretenues de cette lumière astrale » – retrouve des détails oubliés, voire demeurés inconnus des meilleurs spécialistes. Et si on songe que *la pensée humaine*, soutenue par la foi, la volonté ou *une très forte émotion*, est peut-être l'une des manifestations les plus énergétiques qui soient sur les plans invisibles[25], on ne trouvera pas mystérieux le fait que des personnes sensibles, qui n'ont aucun lien entre elles, revivent un beau jour... le passage de la reine Marie-Antoinette conduite au supplice par une foule hurlante, tout au long de la rue Saint-Honoré.

On peut se demander maintenant si ce grand musée de la Nature ne conserve que des photographies d'images *visuelles*. Il n'en est rien, probablement. Avec le progrès de la technique, nous nous sommes habitués à l'idée que l'on peut (presque) tout enregistrer et restituer à volonté à l'aide de supports sensibles et d'appareils convenables : sons, images, couleurs nous font revivre le passé de façon (à peu près) parfaite. Mais rien n'empêche théoriquement d'étendre les applications aux autres impressions sensorielles : odeurs, saveurs, sensations tactiles. Il suffirait, en principe, d'analyser ces impressions à mesure qu'elles se manifestent

25. Les images mentales, même inconscientes, émises par un cerveau humain ont un *très grand pouvoir d'imprégnation*, même de la matière inerte, si on en croit des parapsychologues comme Milan Ryzl. Voir par exemple un article de ce spécialiste dans la revue *PSI-International* (janvier-février-mars 1978, n° 8).

et de les enregistrer dans des mémoires codées pour piloter ensuite des instruments complexes, capables de stimuler les sens d'un sujet de façon analogue. Les difficultés techniques (qui seraient peut-être insurmontables pour donner une illusion parfaite du réel) s'aplanissent singulièrement si on s'adresse non plus aux sens physiques mais à leurs correspondants « astraux », logés dans la machine psychique de l'individu. Par la suggestion hypnotique, on peut donner à un sujet l'illusion que l'eau qu'il boit est un vin de grande cuvée; de même, les scènes du passé enregistrées dans la « lumière astrale » pourraient certainement être porteuses des informations nécessaires pour stimuler, dans le corps psychique extraordinairement complexe et sensible de l'homme, *non seulement des images visuelles,* mais aussi *tous les sons qui les accompagnent*, avec *l'odeur* de la poudre, si on se retrouve sur un champ de bataille, ou *le goût* délicieux d'un mets jadis préféré. Effectivement, beaucoup de sujets qui ont des souvenirs précis de « vies passées » témoignent de cette multiplicité de sensations.

Remarquons ici, avec Ian Stevenson, qu'il n'est pas nécessaire de définir clairement le nom et les mécanismes présumés (plus ou moins occultes) de cette mémoire, dont la parapsychologie actuelle entrevoit d'ailleurs ce qui pourrait être la marque *des effets* : il suffit de postuler son existence comme une hypothèse de travail.

Il faut cependant aller plus loin dans les analogies avec les prouesses de la technique moderne.

Par exemple, pour la voix humaine, on peut faire l'analyse des fréquences émises par un sujet qui parle et reproduire artificiellement, en laboratoire, toutes les caractéristiques de cette voix pour les mettre ensuite en mémoire : avec l'appareil *ad hoc*, on donnera l'impression que le sujet est présent et vous parle.

On peut de même faire l'analyse approfondie d'une page d'écriture, en notant toutes ses particularités – c'est ce que fait le faussaire, de façon un peu artisanale. Avec de la patience et les moyens extraordinairement efficaces de l'informatique moderne, nul doute qu'on puisse établir le programme qui permettra de reproduire votre écriture, ou la mienne. Mais ce travail fastidieux ne pourrait-il pas être économisé ? Ce programme *existe* déjà, en fait : il a été utilisé *naturellement* par celui qui a produit la page d'écriture. Tous les détails en sont enregistrés dans sa sphère psychique qui fonctionne en liaison avec son cerveau et sa main. Il « suffirait » à un être sensible de se mettre en rapport avec cette complexe machine humaine qui fonctionne peut-être à des kilomètres de distance, pour que ce sensitif *emprunte à un autre le programme qu'il utilise pour écrire et...* produise un message qu'on jugerait rédigé par cet autre – sans qu'il ait conscience du phénomène. Cette prouesse de contrefaçon relèverait de la sorcellerie si le médium cherchait lui-même volontairement à faire cette... indélicatesse. Hélas, Mme Blavatsky a assuré qu'elle était possible pour des adeptes de l'art noir sans scrupules. Elle devient automatique et courante quand le médium se met en rapport avec une coque astrale de décédé, ou avec l'empreinte laissée dans la lumière astrale par les hommes du passé.

De même, la technique employée par un artiste (peintre, dessinateur, musicien, etc.), un poète, ou un auteur littéraire est susceptible d'une analyse. Un bon élève peut s'exercer à peindre comme Vlaminck, composer comme Debussy, ou versifier comme Victor Hugo, mais il ne trompera jamais un expert, à moins de s'entraîner très longtemps dans son art. On voit pourtant des sensitifs comme Mathew Manning qui, sans avoir la moindre formation, exécutent automatiquement des Dürer et des Picasso. Si on écarte l'idée que l'âme de ces maîtres intervient pour tenir la main du médium, on peut préférer imaginer que l'instrument psychophysique de l'exécutant se branche sur des programmes (astraux ou autres) qui restent encore très « fonctionnels » de nos jours.

Remarquons que cet exécutant humain aura toujours la supériorité sur une machine informatique armée d'un programme particulier : si celle-ci peut éventuellement composer de la musique comme Berlioz ou Wagner, elle ne fait jamais qu'obéir à des instructions limitées, déduites de l'analyse de données tirées des compositions de ces musiciens, tandis que l'homme pourrait se mettre en rapport *également* avec les pensées, les émotions, la sensibilité de ces célébrités et produire des œuvres encore plus « authentiques ».

Tout cela ne relève pas de l'« occultisme-fiction ». Les postulats qui soutiennent ces raisonnements ne sont pas si déraisonnables. Mais il faut faire une distinction essentielle : la capacité de ressusciter Berlioz sera toujours limitée chez le meilleur médium, parce que ce ne sera jamais *l'âme* de Berlioz qui interviendra, avec l'*inspiration* qui guidait cette âme musicienne et dont la source n'était pas enfermée dans toute cette information psychique, mais dans l'*être réel* – le *nous* spirituel de Berlioz – qu'aucun médium ne saurait capturer.

Il y a plus encore dans ce domaine prodigieux : la capacité, *sans apprentissage préalable*, de comprendre et de parler une langue, de jouer d'un instrument, d'exécuter les gestes précis d'un chirurgien, etc. Pour la théosophie, l'Ego n'a pas de sexe ni de nationalité; il ne connaît aucun de nos liens familiaux (frère, fils ou grand-père) par rapport à d'autres Egos, ni aucun de nos engagements politiques, sociaux, etc. Il ne parle pas le français, ne « réfléchit » pas, mais perçoit directement les idées contenues dans les messages qui l'atteignent. C'est postuler, une fois encore, que les instruments, psychique et physique, de sa personnalité incarnée ont la capacité de déchiffrer les informations du monde extérieur et de les traduire *dans le langage propre, universel, de l'Ego*. Ces instruments renferment donc, sans qu'on s'en rende bien compte, une machine à traduire, adaptée à l'individu, ainsi que tous les programmes nécessaires pour manipuler les informations d'une langue et les exprimer dans le langage parlé, en commandant à l'appareil vocal. On entrevoit comment, en accédant à de tels programmes, il serait possible à un sensitif de parler *aussi* dans la langue étrangère de l'entité avec laquelle il peut entrer en rapport. Sur le même principe, il pourrait également prêter sa main à l'exécution d'une pièce musicale sur un instrument inconnu, ou à la réalisation d'opérations chirurgicales en série, l'essentiel étant que le médium soit capable de mettre en veilleuse ses propres mécanismes pour prêter son organisme aux programmes particulièrement élaborés de son « correspondant ».

Nous avons évoqué plus haut les cas de xénoglossie responsive. Il existe des exemples très frappants d'individus salués comme des virtuoses de la musique sans avoir jamais rien appris dans ce domaine.

Le cas qui est peut-être le plus stupéfiant est celui de Blind Tom[26]. Fils d'une esclave noire achetée un jour à une vente aux enchères par un général américain, cet enfant était aveugle et il allait se révéler un arriéré mental. Le général ne

26. Voir *Reincarnation The Phoenix-Fire Mystery* (53), p. 409-410.

pouvait guère escompter le revendre un bon prix. Pourtant, vers l'âge de quatre ans, ce fut le miracle. Une nuit, alors que la maisonnée s'apprêtait à dormir, on entendit de la musique provenant du salon : intrigué, le général sortit de sa chambre, la chandelle à la main, pour découvrir le petit Tom assis au piano en pleine obscurité et jouant dans une sorte d'extase. On voulut faire donner des leçons de musique à cet amoureux d'Euterpe, mais, en entendant le jeune prodige, le professeur renonça aussitôt, en déclarant : « Ce garçon en connaît déjà plus que je n'en saurai jamais. »

À l'âge de 7 ans, le petit aveugle fit ses débuts en concert, avec un immense succès. À 15 ans, sa réputation avait dépassé les frontières des États-Unis. Il connaissait au moins cinq mille compositions par cœur : Bach, Beethoven, Mendelssohn, Chopin... Bien plus, il pouvait entendre des morceaux de musique une seule fois et les répéter sans erreur. Il subit ce test avec un plein succès alors qu'il n'avait encore qu'une dizaine d'années : c'étaient, en l'occurrence, deux compositions nouvelles, de treize et vingt pages respectivement. À une autre occasion, il entendit pour la première fois le *Troisième Concerto* de Beethoven, et en exécuta aussitôt la partie de soliste. Un véritable sorcier du clavier !

Blind Tom, né en 1850, était-il la réincarnation d'un pianiste supérieurement doué ? Le pauvre débile mental était-il *possédé* par l'esprit désincarné d'un génie de la musique, qui n'a jamais révélé son identité; ou bien l'explication est-elle ailleurs ? Pour la théosophie, il n'est pas nécessaire que l'âme *entière* du musicien décédé soit présente dans le corps de l'exécutant pour que celui-ci fasse preuve de dons surprenants. Nous verrons plus loin que ces choses n'obéissent pas seulement à une sorte d'information *psychique* : un *élément individuel* doit intervenir.

Un cas moins spectaculaire, mais aussi troublant[27] est celui d'un certain Ferdinand W. Demara qui avait emprunté l'identité d'un authentique Dr Joseph C. Cyr, pour se faire passer pour médecin et chirurgien, en s'efforçant tant bien que mal de combler ses lacunes à l'hôpital naval où il travaillait. Un beau jour, voici notre homme embarqué sur un destroyer, pendant la guerre de Corée. Un après-midi, le navire trouve sur sa route une petite jonque coréenne remplie de morts et de blessés. L'heure de vérité sonnait pour le faux Dr Cyr : sur les dix-neuf rescapés, trois étaient dans un état désespéré. Seule une opération d'urgence pouvait les sauver. Réunissant tout son courage – et son peu de savoir – le praticien improvisé commence par nettoyer et recoudre les plaies des blessés les moins graves. Aidé et entouré des officiers du bord et de marins volontaires, il opère, opère pendant des heures. À l'un des morts en sursis, il retire une balle logée près du cœur, à l'autre un éclat dans l'aine; sur le troisième qui a eu le poumon perforé par une balle, il pratique l'intervention nécessaire.

Le pseudo-chirurgien n'avait *jamais* assisté à une opération. Quand l'aube se leva et qu'il reposa ses instruments, au milieu des félicitations de l'équipage, il but une longue gorgée de rhum et alla s'effondrer sur sa couche. L'immense publicité bientôt faite par la presse à cette performance héroïque allait mettre fin à sa carrière : le véritable Dr Cyr sortit de l'ombre pour rétablir la vérité.

Ferdinand Demara n'a pas revendiqué une réincarnation précédente comme chirurgien.

27. Cas rapporté par Jan Krause et reproduit par Martin Ebon (35).

Dans *La Clef de la théosophie*[28], Mme Blavatsky évoque le cas envisagé plus haut de cette servante qui avait parlé hébreu et d'une autre, tout aussi inculte, qui, en état de transe, avait joué du violon, sans avoir jamais reçu la moindre formation musicale. Elle reconnaît que l'une avait entendu dans le passé son maître réciter de l'hébreu (cas de xénoglossie récitative par cryptomnésie), et que l'autre avait vu et entendu un violoniste jouer de son instrument. Mais ces explications savantes ne sont pas suffisantes selon l'auteur théosophe pour expliquer la perfection atteinte dans ce genre de manifestations paranormales.

À son avis :

« L'Ego spirituel ne peut agir que lorsque l'ego personnel est paralysé. Le " Moi " spirituel dans l'homme est omniscient et possède toute connaissance innée en lui-même, tandis que le soi personnel est la créature de son milieu et l'esclave de la mémoire physique. Si le premier pouvait se manifester sans interruption, et sans entraves, il n'y aurait plus d'hommes sur la terre mais nous serions tous des dieux. »

Aussi ne faudrait-il pas seulement faire appel à nos explications purement informatiques pour rendre compte de tous ces cas extraordinaires; il y a dans l'homme un pouvoir presque illimité de *connaissance* et de *coordination* qui est capable de saisir toutes les informations existant dans la mémoire de la Nature et de maîtriser tous les programmes que l'on peut imaginer, pour manifester jusque sur le plan physique une capacité intellectuelle exceptionnelle, voire une habileté manuelle confinant à la virtuosité, comme dans le cas de Blind Tom. À plusieurs reprises, dans ses écrits, Mme Blavatsky a évoqué ce genre d'omnis-

28. *Op. cit.*, p. 42, 147-149.

cience *potentielle* de l'Ego, attribuée à l'identité essentielle de sa nature avec ce qu'elle appelle le Mental Universel. C'est aussi à ce genre d'explication qu'elle renvoie pour élucider un cas de xéno-glossie responsive[29].

On note au passage que les préoccupations envahissantes de notre existence et les souvenirs de notre mémoire personnelle créent dans notre champ de conscience un bruit de fond permanent qui s'oppose directement à l'expression des pouvoirs spirituels de notre Soi profond.

Comme on peut le voir, les indications théosophiques qui précèdent donnent du corps à l'hypothèse de la super-perception extra-sensorielle. Il faudra les garder en mémoire dans l'examen des cas qui suggèrent la réincarnation, car elles élargissent sensiblement l'éventail des interprétations de rechange. Répétons-le : leur intérêt principal est sans doute de montrer qu'il n'est pas nécessaire qu'une âme A revienne *dans toute son intégrité* dans la sphère d'une personnalité incarnée B pour que l'on assiste à des phénomènes qui font penser « irrésistiblement » que B est la réincarnation de A. Nous allons bientôt voir des applications de cette remarque.

La réincarnation : cas normaux et exceptions

Il est temps d'envisager la position de la théosophie sur le retour des Egos. Il faut distinguer deux grandes catégories, selon que la mort intervient *naturellement*, à l'âge adulte de la personne – même

---

29. Voir : « La mémoire chez les mourants », *Cahiers théosophiques*, n° 139, Paris, Textes théosophiques. À l'article de la mort, un homme se met à parler flamand de façon volubile, langue qu'il n'avait jamais parlée bien qu'il fût né en pays flamand.

par une maladie à évolution rapide – ou que la mort est *violente*, ou se produit *prématurément*, dans l'enfance du sujet.

□ Les cas normaux

De loin les plus fréquents, ils obéissent à un scénario invariable. Après la mort naturelle, les processus se déroulent dans un temps qui peut différer d'un individu à l'autre, mais ils aboutissent régulièrement après quelques jours ou quelques mois à la seconde mort dont parle Plutarque. L'Ego libéré jouit ensuite d'une période d'assimilation et de repos : dans l'extase d'une sorte de méditation ininterrompue sur la vie écoulée, les énergies psychiques engendrées pendant les années terrestres se réactivent, pour nourrir et soutenir cet état intérieur de conscience proprement céleste. La durée de cette expérience exceptionnelle (le *devachan* des théosophes, qui correspond un peu au ciel des chrétiens) est *très longue. En moyenne :* dix à quinze siècles. Cela veut dire que, sur une très grande population d'âmes, certaines pourront éventuellement rester loin de notre sphère un temps bien plus court, mais que la plus grande proportion jouira de ce nombre approximatif de siècles de félicité... et d'oubli complet des contingences terrestres.

Mme Blavatsky est assez catégorique[30]. Il y a cent ans (1883), elle assurait : personne ne peut se vanter d'être la réincarnation de Louis XV, ou même de Jeanne d'Arc. *Intervalle trop court.* Bien que chacun vive sa vie individuelle et que tous les hommes soient différents – ce qui les amènera à faire des expériences subjectives différentes après la mort –, il serait possible de calculer un profil

30. Voir son article publié en français sous le titre « Théosophie et spiritisme » (9, vol. V, p. 17).

probable de la trajectoire posthume, en connaissant la force moyenne des impulsions psychiques qui devront s'épuiser complètement, avant que l'Ego ne retourne à l'incarnation. Les chiffres moyens donnés plus haut résulteraient d'un tel calcul. Dommage qu'on n'en sache pas plus sur cette méthode d'estimation.

Si cette information théosophique reflétait bien la vérité, on pourrait déjà éliminer une foule de cas de prétendues réincarnations, complaisamment relatées dans bien des livres modernes – en particulier, une majorité de récits recueillis sous hypnose, à commencer par celui de Bridey Murphy. Mais si on doutait de l'authenticité d'un cas aussi « éloquent », que devrait-on penser des vies analogues remontant à *plus* de dix, ou quinze siècles, exhumées par les *mêmes* techniques de régression de mémoire ?

☐ Les cas anormaux
● Ce sont d'abord ceux des jeunes êtres, prématurément arrachés à la vie avant d'avoir pu exercer suffisamment intelligence et libre arbitre (enfants morts par avortement, fausse couche, ou avant un certain âge). N'ayant aucune moisson d'actions, de pensées et d'entreprises proprement humaines à récolter et assimiler, ces âmes se réincarnent très vite, sans passer par le processus de la seconde mort : elles renaissent donc, *par exception, avec le même corps astral* que celui qu'elles avaient utilisé dans leur courte vie. Comme on l'a vu, ce corps est *chargé d'informations* relatives à cette première expérience. En particulier, il en contient toute la mémoire qui pourra de ce fait, plus ou moins facilement, ré-émerger dans l'incarnation suivante. On trouve des exemples éloquents de ce type dans la masse des témoignages de réincarnation.

À rattacher à cette catégorie : les cas d'idiots congénitaux qui meurent sans avoir dépassé un âge mental de quelques années.

● Il faut enfin ranger dans une famille à part les êtres qui subissent une *mort violente* : accident, crime, faits de guerre, suicide ou exécution capitale. Dans toutes ces circonstances, deux points sont à retenir : l'entité est arrachée à son corps avant la fin du *programme biologique naturel* qui devait le maintenir encore en vie pendant un certain nombre d'années et, par ailleurs, cette fin brutale qui survient généralement au milieu de fortes émotions (angoisse, peur, haine, désir de vengeance, ou désespoir) ne peut manquer de laisser une empreinte indélébile dans la partie psychique, ou le corps astral, de la personne. Il n'est pas rare que la pensée du mourant qui se tourne ardemment vers les vivants qu'il aimait produise le phénomène d'*apparition à distance* : un frère, un mari, une mère verra de ses yeux un être cher se manifester près de lui, au moment de la catastrophe, parfois même avec les détails de la scène finale.

Les conditions spéciales d'une telle fin prématurée obligent les entités à demeurer plus longtemps que les autres dans la sphère terrestre, en attendant l'épuisement de leur vitalité. Pour ces âmes, la seconde mort interviendra *aussi*, sans aucun doute, mais plus tard. Cette période d'attente n'aura d'ailleurs rien de tragique pour tous ceux qui sont fauchés par surprise dans un accident : en général, leur conscience se retire dans une sorte de torpeur ou de rêve où, par exemple, ils peuvent se croire en présence d'amis et de parents. Cette protection naturelle, qui semble entourer ces êtres innocents de leur mort, ne joue pas dans le cas des suicidés[31], des criminels exécutés, ou de ceux qui expirent avec la haine ou un violent désir inassouvi dans le cœur. Nous l'avons noté plus haut, dans le texte de Plutarque : ces personnalités sont prisonnières d'une sorte de rêve (le mot cauchemar serait préférable), occupées *à répéter les images de leur vie écoulée*, en particulier celles des dernières scènes de leur existence. Galvanisées par le désir et l'émotion, elles cherchent aveuglément à reprendre contact avec la terre pour revivre, ou... perpétrer leur vengeance. L'influence morbide de certaines de ces entités, qu'aucune conscience morale ne retient, tend à entretenir les tendances au suicide et au crime qui existent dans l'humanité collectivement[32]. Et la *possession*, temporaire ou prolongée, d'un vivant trop passif dans sa nature ne relève pas de la science-fiction : en général, elle n'est pas discrète mais *dramatique*. On ne peut pas la confondre avec la réincarnation.

Le Soi de chaque homme est son pôle spirituel permanent. Normalement, après la mort, il se dégage tôt ou tard des liens de sa dernière personnalité. Mais si la moisson qu'il y a récoltée d'images et d'énergies psychiques homogènes à sa propre nature est maigre, ou même nulle, la seconde mort

31. Il ne faut pas confondre avec les criminels de droit commun les suicidés qui sont poussés à leur acte par des motifs très variables. Nul n'a le droit d'attenter à la vie de quiconque. La Nature revendiquera son droit, et le sort du suicidé ne pourra être que douloureux, au moins au début de la période *post mortem* où l'être constatera son erreur, dans un tourbillon psychique incontrôlable. Mais le reste de l'expérience posthume sera grandement conditionné par les motifs du suicide. Ces détails, que fournit la théosophie, ne nous concernent pas ici.

32. Au siècle dernier, Mme Blavatsky et son disciple Judge se sont élevés contre la peine capitale : crime contre l'humanité, chaque exécution est aussi une promesse de nouveaux attentats que commettront d'autres individus qui nourrissent de pareilles tendances. Il y a de ces crimes odieux dont le véritable responsable restera toujours inconnu de la justice, et même du criminel, victime d'une force aveugle qui s'est brusquement emparée de lui au moment de l'acte. Pour la théosophie, ce genre de contagion psychique est très réel.

n'est suivie d'aucune période d'assimilation. Dans ces cas, rares heureusement, l'Ego, libéré de ses entraves, ne tardera pas à se réincarner. Mais son retour ne se fera pas dans les brefs délais que l'on évoque volontiers de nos jours. Les processus de la vie posthume – si écourtés soient-ils – demandent *des années*. Mme Blavatsky a précisé que même les yogis qui suivent les voies *normales* de la renaissance, en désirant ardemment se réincarner pour poursuivre leur ascèse (avec la connaissance des méthodes convenables) ne peuvent guère le faire en moins de vingt-cinq ans (9, vol. VI, p. 245).

Il y a, bien sûr, des exceptions à toute règle, mais les éclaircissements manquent pour préciser les cas où elles jouent.

Réincarnation et pseudo-réincarnation

Faisons le point : ce qui a précédé a servi à montrer la complexité des phénomènes, dans l'optique théosophique. Les hommes disparaissent dans l'au-delà mais ne reviendront pas tous dans les mêmes délais. Leur retour très rapide est exclu, sauf dans des cas très rares. Ce qui est la grande règle, par contre, c'est qu'ils abandonnent dans la sphère psychique de la terre les restes de leur personnalité dont ils se dépouillent, comme un acteur quittant la scène se débarrasse de son costume pour se retrouver lui-même dans sa loge et méditer, peut-être, sur le rôle qu'il vient de jouer.

Il ne faut pas oublier ces restes psychiques : ils ont parfois un dynamisme tenace, surtout dans le cas des morts violentes. Il se pourrait qu'on les voie rentrer en scène, d'une manière plus ou moins discrète.

Depuis le fameux cas de Shanti Devi – qui n'était

pas le premier du genre, mais qui a déclenché sur la ville de Delhi un déluge de cent mille pèlerins accourant pour voir l'enfant-miracle – les chercheurs ont collecté de nombreux dossiers d'enfants assurant être la réincarnation d'*adultes* souvent disparus par maladie à évolution rapide, ou par mort violente. Serait-on en présence d'exceptions aux grandes règles énoncées par la théosophie ?

Il faudrait examiner chaque cas séparément, en notant tous les détails. Avec Shanti Devi par exemple, née le 12 octobre 1926, nous apprenons qu'elle était restée peu loquace sur son passé pendant ses quatre premières années et qu'elle s'est mise ensuite à évoquer, de façon de plus en plus cohérente, sa « vie antérieure » comme une jeune femme morte à 23 ans, le 4 octobre 1925, après avoir donné naissance à un fils, le 25 septembre. Aucun lien possible entre les deux familles, si ce n'est la communauté de croyances religieuses. Faut-il dire que les diverses affirmations de la fillette furent pratiquement confirmées ? Elle reconnut les membres de son précédent foyer, évoqua correctement l'existence d'une somme d'argent cachée, eut des conversations privées avec son ancien « mari », qui corrobora toutes ses déclarations. Etc.

Douze mois de répit d'une existence à l'autre, c'est peu. Mais, après tout, pourquoi ne pas accepter l'évidence ? Réincarnation vraie ? Ou pseudo-réincarnation ? Les théosophes armés des informations données par Mme Blavatsky ont-ils une théorie de rechange ?

Dans une publication théosophique de l'époque[33], j'ai retrouvé une note (mai 1936) attirant l'attention des lecteurs sur le cas, et un article (février 1938) commentant la « réincarnation » de Shanti Devi, dans l'optique théosophique.

33. Revue *Theosophy* (Ed. The Theosophy Company, Los Angeles, États-Unis).

Dans cet exemple particulier, l'hypothèse de la réincarnation était rejetée comme inacceptable, et l'explication proposée présentait Shanti Devi comme un être sensitif, victime d'une contagion psychique qui lui faisait jouer le rôle d'une personnalité étrangère, dicté par les souvenirs de la masse de mémoire toujours cohérente de la mère inconnue, décédée l'année précédente dans une autre ville. Selon une autre hypothèse, encore plus malheureuse, on devait considérer l'enfant comme « possédée » depuis l'au-delà, à la manière d'un sujet hypnotisé, avec cette différence que l'opérateur était ici invisible et inconnu, et que l'hypnose était établie de façon permanente.

En termes clairs, la fillette avait été mise en rapport, de quelque manière, avec la coque astrale de la jeune femme morte après son accouchement, et se trouvait plus ou moins parasitée – selon le terme cher à l'abbé Biondi[34] – au point de servir de canal, parfois permanent, aux désirs inassouvis de cette adulte. Emportée par la mort avec la soif ardente de rester sur terre pour nourrir et protéger son enfant nouveau-né, d'entourer son mari d'affection, et de *vivre*, enfin – elle n'avait que 23 ans –, *qu'était devenue cette personnalité dans l'au-delà ?* Si Plutarque a dit vrai, la deuxième mort avait dû laisser dans la sphère lunaire une *psuchè* bien cohérente et pleine d'attractions pour la terre. Quoi de très surprenant à ce qu'une communication se soit établie entre elle et un enfant, sur la base d'affinités (pour le moment) indéfinissables ?

34. Dans un article cité (97) j'ai déjà employé le terme de *colonisation* d'une personne actuelle… par une autre personne présentant une structure psychique d'apparence très élaborée. Avec cette interrogation : « Retour des âmes dans des corps nouveaux, ou parasitage de jeunes êtres par les restes psychiques cohérents abandonnés par des humains dans l'hyperespace de la "psychosphère" ? » Ces mots m'avaient été suggérés par l'article mentionné ici. Si *parasite* il y a, il est clair pour la théosophie qu'il ne peut s'agir de l'âme *consciente* et *intelligente* du décédé.

Faut-il d'ailleurs que cet enfant donne des apparences de médiumnité pour qu'une telle semi-possession se manifeste ? Notons bien que dans le cas de Shanti Devi – comme dans bien d'autres que Ian Stevenson a étudiés – les sujets n'entrent *jamais* en transe : on observe chez eux une cohabitation des deux personnalités, sans cette inhibition complète de l'une ou de l'autre constatée dans la possession « autoritaire » de Lurancy Vennum par Mary Roff, ou dans les cas de personnalités multiples. Par intermittence, dirait-on, les souvenirs de la coque astrale de la personnalité décédée se réactivent, et l'enfant *croit* se revoir dans le passé, de façon très vive : l'instant d'après, il est à nouveau lui-même. Et bientôt réapparaît le désir... de revoir « son » bébé nouveau-né, privé de soins maternels, de renouer avec un foyer heureux, etc. Dès qu'elle devient capable de s'exprimer de façon intelligible, la machinerie psychique du jeune sujet est utilisée pour traduire en messages cohérents les informations dynamiques enregistrées dans ce qui reste de l'ancienne personnalité, privée de l'intelligence directrice de sa propriétaire.

Cette explication théosophique a, entre autres, le mérite de rendre compte des faits suivants :

1. À mesure que l'enfant grandit, l'influence de la personnalité parasite décroît. On peut naturellement attribuer cette observation à l'entrée progressive du sujet dans le monde des relations actives, à l'âge où il commence à aller à l'école, etc. Mais c'est aussi, selon la théosophie, l'âge où l'Ego prend « possession » de sa personnalité légitime, et où parallèlement, le sens de la responsabilité se développe. Cela suffit sans doute pour faire reculer l'emprise de la semi-possession par la coque astrale, jusqu'à ce qu'elle disparaisse, en laissant éventuellement des souvenirs vivaces, restes de son association avec le mental du sujet.

2. La coque astrale d'un décédé *n'est pas informée*

de ce qui se passe *après* la mort de l'homme vivant (sauf exception, évoquée par Mme Blavatsky dans l'un de ses articles). On ne doit donc pas être surpris que le sujet « réincarné » soit dans l'ignorance complète des transformations qui ont altéré le cadre de son incarnation précédente – ce qui, au contraire, serait étonnant, comme le remarque Stevenson, en cas de possession par un « esprit » (une âme réelle).

3. Pour les mêmes raisons, on peut facilement s'expliquer que le jeune sujet n'ait pas d'emblée la mémoire complète de son « incarnation précédente » : les souvenirs ne sont réactivés qu'au hasard des associations d'images, des stimulations émotives, etc. Cette réactivation est particulièrement spectaculaire en présence des lieux, des personnes ou des objets connus par la personnalité antérieure : les conditions ne sont-elles pas alors réunies pour que se réaffirment les affinités magnétiques créées jadis entre la sensibilité psychique de l'être et ces différentes réalités qui ont, à coup sûr, gardé l'empreinte de leur relation avec le décédé ? Quoi d'étonnant à ce que des tranches entières de l'existence passée se révèlent dans ces circonstances si favorables ?

Avec les éléments fournis par Mme Blavatsky, on pourrait encore approfondir le problème de la contagion psychique et de la semi-possession, pour expliquer ces apparences de réincarnation. En particulier, chercher à élucider par quels moyens le contact s'établit entre la personnalité décédée et l'enfant. On trouverait sans doute que le milieu familial et, en tout premier lieu, la mère du futur « réincarné », jouent un rôle notoire dans ce genre de transfert. Mais il suffit pour le moment : nous reprendrons le sujet en temps opportun – c'est-à-dire dès le prochain chapitre.

4

Les témoignages muets de la réincarnation

TRAQUER L'INSOLITE

Pour bien des gens, aujourd'hui encore, la réincarnation... c'est comme la mort : elle a quelque chose d'indécent, qui gêne les bonnes manières. On la roule dans une théorie inventée à la hâte et on l'enferme au placard. Et la mort, grâce au Ciel n'arrive qu'aux autres; on a vite fait de l'évacuer de sa pensée. Jusqu'au jour où elle dégringole dans votre vie, ou s'invite sans façons au foyer de vos proches. L'insolite est là, qui vous demande des comptes pour l'avoir volontairement oublié.

Il se pourrait qu'un jour aussi la réincarnation fasse irruption dans votre existence, alors que vous la croyiez cantonnée dans les pays exotiques, comme l'une de ces fièvres tropicales que nos climats nous épargnent. Ils ne sont pas encore revenus de leur surprise, ces pères et ces mères de familles anglaises qui racontent, dans un livre tout récent (50), comment un beau soir leur bambin, haut comme trois pommes, leur a confié, le plus sérieusement du monde : « Dans le temps, maman repassait aussi le linge, mais elle savait faire les plis aux pantalons », ou bien : « Tu vois, papa, c'est l'heure où j'allais coucher ma petite fille, Angela... »

D'abord, les parents pensent avoir mal entendu,

ou croient que leur petit Philip, ou la mignonne Cathleen, est en train de broder une histoire, pour s'amuser. Ils changent de conversation, ou invitent l'enfant à cesser de dire des bêtises. En vain. Il faut qu'il continue. Et les confidences se multiplieront au fil des jours : « Et alors, avant de coucher Angela, ma femme lui brossait les cheveux et les arrangeait pour la nuit. » Les choses peuvent même prendre un tour dramatique quand, au cours d'une promenade dans un quartier inconnu, le garçonnet, qui trotte à côté de sa mère, devient tout à coup agité en arrivant à un carrefour et confie, bouleversé par l'émotion : « C'est là que ma petite fille a été tuée. Ma petite Angela... écrasée par une voiture. » Plus tard, ce sera toujours avec angoisse que ce même carrefour sera abordé.

Souvent les parents se demandent qui est devenu fou, de leur progéniture ou d'eux-mêmes. Choqués par ces révélations inattendues, ils écoutent, avec plus ou moins de patience, et finissent par admettre qu'il y a peut-être « quelque chose » derrière tout cela.

La place manque pour raconter les plus intéressantes de ces histoires, mais elles ont ceci de commun que *rien* dans le passé de l'enfant ne permet d'en expliquer la genèse, dans un milieu familial qui, de plus, ne croit pas à la réincarnation. En règle générale, dans ces cas qui nous viennent de l'Angleterre du XXe siècle comme dans ceux que Ian Stevenson a répertoriés en Inde, au Liban, en Birmanie et partout ailleurs, l'insolite commence à poindre *très tôt*, entre deux et quatre ans, parfois même un peu plus tôt. L'enfant évoque un passé très réel pour lui, et son comportement tout à fait surprenant pour les parents s'accorde avec les traits du personnage qu'il prétend avoir été. S'il n'est pas découragé par une attitude hostile de l'entourage, voire brimé pour garder le silence[1], le sujet développe son récit, avec un maximum de détails entre 3 et 5 ans; puis les images des vies antérieures commencent à s'estomper, et les comportements insolites (qui ont parfois la vie dure) régressent à leur tour. À l'âge de l'école, les choses tendent à rentrer dans l'ordre.

Ces observations ne sont pas nouvelles : j'ai sous les yeux des récits identiques, dans une revue théosophique américaine de 1887[2]. Le mérite des scientifiques comme Stevenson est sans doute d'avoir osé scruter l'insolite et constaté l'insuffisance des théories officielles, non seulement pour l'expliquer mais aussi pour rendre compte de faits bien plus banals dans les domaines de la psychologie, de la psychiatrie, de la biologie et de la médecine (111).

Pour la plupart des psychiatres et des psychologues modernes, l'enfance, depuis le plus jeune âge, est une période plus importante que toutes les autres dans la formation de la personnalité; cependant, pour Stevenson, ceci n'est qu'une hypothèse, qui perd sa toute-puissance devant les cas du type réincarnation. Il n'y a pas de doute que la personnalité se forme dans l'enfance, mais son développement ne commencerait-il pas *bien plus tôt*, dans des vies terrestres antérieures ? Cette hypothèse complémentaire ne permettrait-elle pas d'expliquer bien des anomalies dans ce développement de l'enfant pour lesquelles les théoriciens doivent inventer des suppléments et des codicilles à leurs

---

1. Dans sa récente étude de cas en Thaïlande (115, p. 179) publiée en 1983, Stevenson rapporte les vexations et brimades physiques infligées à un enfant pour l'amener à oublier ses souvenirs, ses parents craignant, suivant la croyance locale, qu'il ne devienne difficile à élever et ne meure jeune. Selon les occasions, on le prend par les pieds, on le pousse dans tous les sens, on le fait tournoyer sur lui-même jusqu'à l'étourdissement. Il finit par ne plus rien dire... mais les souvenirs sont toujours là.

2. *The Path*, vol. 2, septembre 1887, p. 188.

théories qui les font aboutir à l'invraisemblance ?

L'hérédité familiale et l'influence du milieu environnant – ces clefs passe-partout qui, croit-on, ouvrent toutes les portes, pour déchiffrer tous les mystères de l'individu – ne savent pas dire pourquoi deux jumeaux siamois ne sont pas rigoureusement identiques, pourquoi Blind Tom savait jouer du piano – cinq mille compositions, sans les avoir apprises nulle part –, pourquoi une peur panique s'empare du petit Jonathan chaque fois qu'il passe en un point de la ville, ou encore pourquoi l'enfant Jasbir refusa un beau jour toute nourriture qui ne fût pas préparée à la mode brâhmanique.

C'est en constatant ces insuffisances des explications académiques que le psychiatre Stevenson s'est mis résolument à... traquer l'insolite, pour en dégager des faits instructifs et tenter d'éclairer des domaines où la théorie officielle s'essouffle. Les témoignages qui vont nous occuper dans le présent chapitre sont parmi les premiers qui ont retenu son attention; ils ont une grande valeur suggestive : le bambin qui s'installe à la machine à coudre et qui explique à une servante comment s'en servir ne joue pas à savoir coudre – il *sait* coudre. Et cela demande explication.

Les anomalies que nous allons maintenant passer en revue, dans l'ordre indiqué au chapitre 2, présentent le grand avantage d'être des phénomènes *objectifs* et *durables*, que chacun peut observer pendant des jours, voire photographier (dans le cas des marques de naissance). Même si on rejette les commentaires qu'apportent les sujets pour les expliquer, en s'en tenant à l'hypothèse qu'ils fabulent, ou même cherchent à imaginer une origine logique à ces bizarreries pour les justifier, ces phénomènes sont là, comme des témoins muets de processus mystérieux – peut-être de la réincarnation ? Ils méritent d'être analysés avec soin[3]. Faut-il dire que les exemples concrets qui sont à la base de ce chapitre présentent un maximum de garanties d'authenticité quant aux faits qu'ils font apparaître ?

Première partie

ANOMALIES DE CARACTÈRE ET DE COMPORTEMENT

Il est inutile d'insister sur l'importance de la nature *précoce*, voire *innée*, de ces caractères insolites. Une anomalie qui se manifeste chez un adulte est susceptible de trop d'explications psychologiques, ou physiologiques, pour pouvoir être retenue sans beaucoup de précautions; ce qui lui ôte généralement tout intérêt.

Émotions ou désirs inexplicables

Un petit enfant a beau vivre dans le foyer le plus accueillant, à l'abri de toute agression sérieuse, loin de toute source d'information de masse (radio, télévision) capable de stimuler son imagination, il arrive parfois qu'il soit en proie à des émotions incontrôlables dans des circonstances très définies, ou qu'il manifeste des penchants tout à fait insolites.

Les phobies

Traduites par des peurs ou des frayeurs incoercibles, elles peuvent prendre pour prétextes toutes

---

3. Pour des références précises à des cas étudiés (que nous ne pouvons pas tous évoquer, faute de place), on peut se reporter, par exemple, à l'article de Stevenson intitulé : « The Explanatory Value of the Idea of Reincarnation », publié en 1977 (111).

sortes de causes, que les sujets justifient souvent dans le cours du temps par des informations de nature dramatique renvoyant à une vie passée (mort violente, noyade, etc.) :

– lieux précis : route, pont [Necati Çaylak (114)] carrefour [Jonathan Pike (50)], etc.;
– étendues d'eau, rivière, [Sûleyman Zeytun (114)], puits [Malti Shankar[4]];
– armes à feu [Robert X (53, p. 408)];
– armes blanches [Derek Pitnov (108)];
– automobiles [Gillian et Jennifer Pollock (22)]; camions [Sujith Lakmal Jayaratne (114), Imad Elawar (108)];
– avions [Stephen Ramsay (50, p. 102), Erkan Kiliç (114)];
– aliments [Parmod Sharma (108)];
– trains [Nicola Wheater (50, p. 11)];
– personnes vivantes [Ravi Shankar Gupta (108)].

On pourrait allonger encore la liste et multiplier les exemples, en développant les circonstances dans lesquelles ces phobies se manifestent. Elles sont toujours surprenantes, et leur objet est précis, sans confusion possible. Il arrive que l'enfant perçoive la cause de sa frayeur avant même que les parents la distinguent objectivement. Témoin ce petit bonhomme de 2 ans, Stephen, qui, tôt le matin, sort de son lit en grande hâte et court dans la chambre de ses parents, en criant : « Voilà un avion, maman ! Voilà un avion ! » Aucun bruit au-dehors : la mère rassure son bambin; mais lui, insiste : « Tu sais, je n'aime pas les avions, une fois, un avion m'a fait du mal

---

4. Cas relaté dans L'*Hindustan Times* (18 mars 1982), étudié par une disciple de Ian Stevenson, Satwant Pasricha, psychologue (1re thèse de doctorat soutenue sur la réincarnation à Bangalore, Inde).

à mon ventre. » Le silence encore, puis une minute après, un avion passe en vrombissant au-dessus de la maison. Plus tard, par un bel après-midi ensoleillé, un autre avion se fait entendre : aussitôt, Stephen se jette à plat ventre et se met à ramper sous la table, à la manière d'un soldat de commando; l'alarme passée, il s'écrie : « O.K. It's all clear now » (plus de danger), et il sort en rampant de son abri. Plus tard encore, à l'âge de 3 ans, il racontera une histoire de combattant, mort au cours d'une attaque aérienne.

Les craintes peuvent devenir des peurs paniques, ou se doubler de haine, ou de désir de vengeance, comme lorsque Ravi Shankar Gupta rencontra les deux meurtriers de son corps « antérieur ».

Il arrive, bien entendu, que nos enfants éprouvent, à un moment ou un autre, une grande peur qu'on peut rattacher souvent à un événement traumatisant, ou à une menace – voire à la contagion, au contact d'autres enfants effrayés. On ne songe pas à la réincarnation pour autant. Il faut avouer cependant que l'étude des cas évoqués plus haut laisse très perplexe, en raison des explications très particulières données par les sujets, avec les confirmations qui viennent dans la suite.

Les intérêts inexplicables

Les intérêts inexplicables (Stevenson utilise le mot « philies » par opposition à phobies) se reportent, dans le sens positif d'attraction cette fois, sur les lieux, les objets, les aliments, ou autres produits de consommation, et les personnes. Il y a des sujets absolument fascinés par la mer.

On raconte, de temps à autre, l'histoire de ces jeunes *tulku* tibétains, réincarnations de grands lamas, qui exigent qu'on leur restitue tel objet –

bol de porcelaine ou rosaire – qui leur appartenait.

Stevenson a recontré des exemples vraiment curieux dans ce domaine, tel celui de la petite Kukum Verma, en Inde (112), qui avait une prédilection... pour les serpents : elle avait eu « jadis » un cobra pour éloigner les voleurs.

Certains enfants ont un penchant irrésistible pour la vie mystique, comme Disna Samarasinghe à Ceylan (113) qui avait eu précédemment une grande dévotion pour le bouddhisme; d'autres ont des désirs franchement surprenants pour des jeunes créatures de 2 à 4 ans. Sujith Lakmal, déjà cité (113), réclama des cigarettes et un alcool de distillation locale *(arak)* et Sanjiv Sharma essaya aussi de fumer des cigarettes, comme elle l'avait fait dans une existence antérieure. Pis encore, on voit de ces garçonnets réclamer des drogues en usage dans le pays : Om Prakash Mathur parla de fumer une sorte de narcotique dont il faisait grand cas dans le passé. Avec la réincarnation... il n'y a plus d'enfants.

Les retrouvailles avec des personnes aimées ou fréquentées jadis donnent souvent lieu à des grands débordements d'émotion, et les endroits familiers où l'on revient inspirent une grande joie; certains sujets amenés à découvrir le cadre de leur vie passée ne veulent plus retourner chez eux tant ils s'y sentent à l'aise.

Les adultes également se découvrent des intérêts inexplicables, pour l'Inde, la Grèce ou le Maroc; et le fameux « coup de foudre » marque pour certains la rencontre de deux âmes sœurs dont un karma lointain rapproche les destinées... Toutes les hypothèses sont permises, même si on manque un peu de preuves pour les étayer. On se souvient du mineur Augustin Lesage appelé vers l'Égypte, pour y découvrir... des choses de l'histoire oubliée. N'a-t-on pas ici des indices de réincarnation ?

Refus des conditions de l'incarnation

On ne revient pas toujours sur terre aussi bien loti que la fois précédente. Il y a de ces sujets qui se sentent mal dans leur peau et préféreraient retrouver l'ancienne.

Rejet de la famille

L'enfant peut éprouver un malaise à s'insérer dans le cadre de son incarnation; s'il a des « souvenirs », il est amené à faire des comparaisons défavorables qu'il ne se gêne pas pour détailler à ses parents en déclarant qu'il leur préfère les autres, et en demandant à être ramené chez lui. Il arrive que le petit mécontent se déclare prêt à partir seul sur la route si on ne veut pas l'accompagner, ou qu'il fasse des fugues... pour aller passer la soirée chez sa mère préférée. Les choses ne prennent pas toujours cette allure attristante. Mais la vérité sort de la bouche des enfants. Un jour de 1971, la petite Dolon Champa Mitra, née à Calcutta moins de quatre ans auparavant (112), déclara à sa mère qu'elle avait habité une maison grande comme un palais, un bâtiment rouge à deux étages, en insistant pour qu'on l'y conduise sans retard. Les parents apprirent également que les « autres » étaient plus beaux et plus grands. En somme, Dolon avait perdu au change. Le métier de parents n'est pas toujours agréable. Inutile de dire que la fillette avait dit vrai : emmenée sur les lieux, elle retrouva elle-même la fameuse demeure... pour se faire recevoir fraîchement par son aristocratique (ancienne) génitrice. Une bonne leçon : mieux vaut une humble chaumière, avec l'amour d'une *vraie* mère.

Refus du sexe

La même charmante enfant (Dolon) entendait s'habiller avec les vêtements de son frère, vu qu'elle était un garçon... du moins dans sa vie précédente. Il existe plus d'un exemple où le sujet se conforme aux habitudes et préférences (vêtements, jeux...) propres à l'autre sexe qui était le sien antérieurement : c'est le cas de Paulo Lorenz (108), garçon brésilien qui, pendant quatre ou cinq ans de sa vie, n'accepta de porter que des vêtements de fille – ou rien du tout – et jouait à la poupée avec des filles. Il assurait être la réincarnation d'Émilia, sa propre sœur décédée avant sa naissance.

Refus de la classe ou du groupe social

Nous avons déjà parlé de Jasbir (108) qui entendait qu'on le traite comme un brâhmane, en refusant la caste de ses parents. On trouve sous cette rubrique diverses variantes : le pire arrive dans les contrées où règne un climat de vendetta et qu'un Montaigu se réincarne comme Capulet (cas Raouf Hamra, au Liban). Tués en Birmanie pendant la guerre, des soldats japonais s'y sont réincarnés, à ce qu'il paraît. On dirait qu'ils ne s'y plaisent pas. Nostalgie des âmes.

Apparition précoce de connaissances et d'aptitudes insolites

Cette émergence rapide d'un savoir, ou d'un savoir-faire, peut se manifester de façons diverses.

Révélation d'une connaissance d'érudition

On signale périodiquement en Inde des cas d'enfants prodiges capables de réciter des textes sacrés sanskrits à l'âge de 3 ans. On a, en somme, une réactivation de mémoires enregistrées par des érudits du passé. Certains sujets se souviennent d'existences antérieures, les unes lointaines (invérifiables), d'autres plus proches, pouvant donner lieu à enquête.

Évocation précoce de conduites d'adultes

Dans cette catégorie de témoignages, les sujets miment des activités professionnelles d'adultes, ou jouent spontanément « à la maman ». C'est ainsi que les parents de la petite Sukla Gupta (108) eurent un jour la surprise, alors qu'elle avait à peu près un an et demi et qu'elle parlait à peine, de la voir bercer un morceau de bois dans les bras, en l'appelant « Minou ». Renseignement pris, Minou n'était autre que... la fille de Sukla. Le lecteur a compris qu'il s'agissait d'une affaire remontant à une précédente expérience de maternité. On retrouva plus tard une Minou bien vivante, privée de sa mère depuis son enfance.

Un autre sujet, un garçon cette fois, Sleimann Bouhamzy (108), se retrouve papa à la tête de cinq fils et de deux filles, représentés respectivement par cinq aubergines et deux pommes de terre. D'autres enfants, avec des moyens de fortune, miment des métiers antérieurs et jouent à la marchande, à la maîtresse d'école, ou au patron de boîte de nuit, comme ce petit Turc, Erhan Kiliç (114), « ancien » propriétaire de night-club qui s'amuse beaucoup à verser à boire et à vanter les charmes d'une imaginaire chanteuse de cabaret. À des kilomètres de là, une fillette birmane, Tin Aung Myo (115), continue l'activité martiale d'un soldat japonais, en jouant à la guerre jusqu'à l'âge de 10 ans. Les enfants ont parfois de drôles d'instincts.

Habileté technique inexplicable

Nous avons salué plus haut la prouesse du chirurgien improvisé, Ferdinand Demara, et fait allusion au passage à l'enfant prodige de la couture, Paulo Lorenz (108), digne continuateur d'Émilia, couturière et brodeuse virtuose. Un jour qu'on avait laissé sur la machine un ouvrage inachevé, Paulo termina la broderie avec maestria.

Avec Parmod Sharma (108) qui, dès l'âge de 3 ou 4 ans, se présenta comme propriétaire d'une usine de soda couplée à une biscuiterie (sans parler d'un hôtel, d'une boutique et d'un cinéma), on est en présence d'un brasseur d'affaires qui connaît le métier (et serait encore en vie s'il n'était pas mort d'une indigestion de lait caillé).

L'enfant a hérité de son prédécesseur une extraordinaire compétence technique : amené en présence de la machine à fabriquer le soda, il révéla une connaissance exacte de son fonctionnement. Malgré une coupure volontaire de l'adduction d'eau – pour tester le jeune prodige – Parmod se montra capable d'expliquer, sans l'aide de personne, comment on devait s'y prendre pour remettre en route cette mécanique très compliquée.

D'autres exemples mettent en scène en Alaska un jeune expert en moteurs marins, une danseuse et chanteuse-née, un joueur de *tabla*. À Ceylan, c'est Disna Samarasinghe (113) qui révèle une surprenante habileté à la cuisine et au tissage des feuilles de cocotier pour le chaume des toits. Inutile de dire que tous ces dons sont innés.

Talent artistique, génie, grandes vocations précoces

Tous les avocats de la réincarnation évoquent les exemples fabuleux de Mozart, Bach, Haendel, ou de Giotto et Michel-Ange.

Rappelons que l'auteur de la merveilleuse *Flûte enchantée* était capable d'exécuter une sonate à l'âge de 4 ans, de composer deux opéras (dont *Bastien et Bastienne*) à 11 ans, et de violer le secret de la chapelle Sixtine à Rome, en mémorisant intégralement une messe solennelle entendue dans ces lieux sacrés, et en reproduisant sans faute toute cette musique (dont le secret devait être gardé) à la grande stupeur du maître de chapelle (6).

Nous avons rencontré des prouesses analogues chez Blind Tom, avec cette différence que ce dernier n'était qu'un exécutant virtuose, opérant sur des programmes qui, peut-être, ne lui appartenaient pas, et utilisaient ses mains pour se manifester avec perfection; Blind Tom n'a jamais composé le moindre rondo, la plus petite sonate. Dans la catégorie qui nous intéresse ici, nous avons au contraire de puissants créateurs, des pionniers qui ouvrent des voies jamais parcourues. Malheureusement, dans la majorité des cas, ils n'ont pas fait allusion à la réincarnation. Mais est-ce une raison pour l'écarter ? Nous avons peut-être ici justement les plus beaux témoignages muets de la réincarnation – mais combien plus éloquents, pour certains, que tous les autres de cette série.

Les partisans des théories classiques ne désemparent pas, cependant. Et on peut être surpris de lire, sous la plume de Ian Stevenson, cette étonnante assertion (111, p. 313) : « ... parmi les grands compositeurs, Bach, Mozart, Beethoven et Brahms, tous avaient des pères qui étaient musiciens et nous n'avons pas de difficulté à attribuer leur génie musical à l'hérédité, aux influences précoces du milieu, ou à une combinaison des deux. »

Peut-être les généticiens qui sont prêts à tout mettre sur le compte des gènes n'ont pas de difficultés à rendre compte des génies les plus grands par une exceptionnelle combinaison de chromosomes (avec, au besoin, une petite mutation dans l'un ou l'autre des gènes), et à faire cause commune avec les théoriciens de l'influence du milieu qui discernent dans les incitations du violoniste Léopold Mozart à développer l'intérêt précoce de son rejeton pour son art, la clef de l'éveil prodigieux de l'enfant, mais il faut une dose considérable de foi dans ce genre de science pour les suivre.

Qu'il soit possible de favoriser l'expression d'un génie en l'entourant de bonnes conditions de milieu, en l'encourageant à une discipline de travail sous la direction vigilante d'un bon maître, et en plaçant à sa portée un clavicorde, ou un pianoforte, pour qu'il donne libre cours à son talent précoce, nul n'en disconviendra; mais nous devons attendre des généticiens des démonstrations plus péremptoires que leurs suppositions, qui paraissent aussi gratuites que la réincarnation pour les sceptiques, avant d'adhérer à leurs thèses dans ce domaine. Pourrait-on produire un génie expérimentalement – sur demande, en quelque sorte?

Je crois qu'il est facile de faire des suppositions… à distance. Peut-être, en présence d'un *vrai* génie, se rendrait-on compte que toutes les théories sont futiles, en approchant l'extraordinaire grandeur de l'homme aux prises avec un corps physique inadéquat pour lui permettre de donner toute sa mesure[5].

5. Rappelons les paroles de Mme Blavatsky citées au chapitre précédent : « Le "Moi" spirituel dans l'homme est omniscient et possède toute connaissance innée en lui-même (...). S'il pouvait se manifester sans interruption, et sans entraves, il n'y aurait plus d'hommes sur la terre mais nous serions tous des dieux. »

Dans le même article, Stevenson remarque pertinemment que G.F. Haendel échappe à la catégorie des grands compositeurs cités : aucun ancêtre musicien, un père chirurgien sévèrement opposé aux aspirations artistiques du fils, une mère neutre, ou emboîtant passivement le pas derrière son mari, avec, il est vrai, une tante qui aurait peut-être encouragé l'enfant dans son désir de devenir musicien. À 10 ans, il avait gagné : il composait des motets dignes d'être chantés dans l'église de Halle.

Les exemples ne se comptent pas de puissantes vocations précoces qui se fraient leur chemin envers et contre tout – et qui réussissent. Très tôt, *extrêmement* doué pour les langues mortes, Champollion avait 12 ans quand il résolut de déchiffrer les hiéroglyphes et, à moins de 8 ans, Schliemann annonça qu'il voulait redécouvrir la ville de Troie – ce qu'il fit. L'homme qui déchiffra le linéaire B – l'écriture mycénienne –, Michael Ventris, s'était déjà attelé aux hiéroglyphes à 7 ans et, à 14, s'était juré de démêler les mystères de l'écriture crétoise (111, p. 314).

Il faudrait s'attarder longuement sur tous les exemples, et rappeler aux touristes qui vont admirer en Italie le *Moïse*, la *Pietà*, ou le *David* de Michel-Ange que cet immense artiste était pour ainsi dire *né avec son art*; il ne mit que quelques années à le maîtriser de nouveau pour arriver à une parfaite possession de son métier à l'âge de 8 ans : son aîné, Ghirlandajo – qui n'était pas le premier venu – déclara qu'il n'avait plus rien à lui apprendre.

En dehors de Giordano Bruno, et d'autres hérétiques, personne ne parlait de réincarnation à l'époque. Dieu suffisait à expliquer toutes ces merveilles.

Anomalies de comportement ou de caractère liées à la physiologie

Les jumeaux homozygotes

Nés d'un même œuf et porteurs du même patrimoine génétique, ces jumeaux devraient être très semblables. Ils le sont, en effet, sous de nombreux angles. On les reconnaît d'un coup d'œil : mêmes traits (ou presque), même allure, le même personnage tiré à deux exemplaires. Pourtant, il y a des différences et leur mère ne s'y trompe pas. Que l'un soit plus chétif que l'autre, on peut toujours l'expliquer par une sorte de concurrence intra-utérine entre les deux bébés. Cependant, cette raison ne peut guère être évoquée quand il y a des oppositions plus marquées : apparition chez *un seul* sujet d'un bec-de-lièvre ou d'un palais fendu. Cette dernière malformation s'observe parfois chez les deux jumeaux, mais au moins deux fois plus souvent chez l'un d'eux uniquement.

Sur le plan du caractère et du comportement, les différences se remarquent également parfois *très tôt*, avant que l'influence du milieu ne se fasse sentir de façon discrète, ou concertée (pour mieux distinguer les enfants).

C'est chez les jumeaux non séparés – les frères siamois comme on les appelle, depuis le cas fameux du tandem Chang et Eng – que les différences de caractère sont les plus troublantes. Ici encore même patrimoine génétique, même environnement en permanence, par la force des choses même sang qui circule (en général) dans les deux corps accolés, mais, de l'aveu d'un spécialiste, on trouve chez eux, presque sans exception, plus de différences de toutes sortes que chez la majorité des jumeaux homozygotes normaux.

En particulier, Chang et Eng étaient loin d'avoir

la même personnalité; et si le second était un abstinent total, le premier avait un faible pour l'alcool et se laissait aller à des excès d'ivrognerie.

Il existe des cas remarquables de jumeaux « réincarnés ». Une bonne dizaine de dossiers bien fournis.

Il y a l'exemple classique d'Alexandrina Sarmona rapporté en détail par Gabriel Delanne en 1921 (29). Le 15 mars 1910, la petite Alexandrina, âgée de 5 ans, était emportée par une méningite. Après une série de rêves annonçant son retour à sa mère incrédule, elle finit par préciser qu'elle ne reviendrait pas seule. De fait, le 22 novembre suivant, Mme Sarmona donnait le jour à deux jumelles fort dissemblables physiquement. Leurs différences allaient encore s'accentuer avec le temps. Fait remarquable, l'une des fillettes avait, paraît-il, une ressemblance parfaite avec l'Alexandrina de jadis, avec les mêmes défauts au visage (hypérémie de l'œil gauche, légère séborrhée de l'oreille droite, et discrète dissymétrie de la face). Les comportements des deux sœurs les distinguaient aussi absolument l'une de l'autre. Calme, affectueuse et introvertie, la nouvelle Alexandrina, copie conforme de la première, s'opposait nettement à sa jumelle, Maria Pace, vive, toujours en mouvement et recherchant une compagnie pour s'amuser.

On cite aussi le cas intéressant de Gillian et Jennifer Pollock, nées ensemble dans une famille anglaise qui avait perdu deux fillettes d'âge différent dans un accident de voiture, moins de deux ans avant. Malgré le silence complet observé par les parents sur ce drame, les jumelles ne tardèrent pas à y faire référence, à l'évoquer entre elles, avec précisions à l'appui, et à s'identifier clairement l'une à l'aînée, l'autre à la cadette de ces sœurs inconnues, qui avaient respectivement 11 et 6 ans quand elles furent tuées. La fillette qui s'identifiait à l'aînée se révéla vite plus mûre que sa « cadette », laquelle portait au front, au-dessus de l'œil droit, une cicatrice de naissance identique à celle que son prototype avait eue à la suite d'une chute.

Au grenier, les fillettes finirent par mettre la main sur les jouets de leurs sœurs disparues, en identifiant correctement la poupée qui revenait de droit à chacune : « C'est ma Mary ! », « C'est Susan ! » D'autres détails très significatifs, ainsi qu'une peur panique à la vue d'une voiture venant vers elles dans une allée, convainquirent définitivement les époux Pollock du retour de leur progéniture.

Il y a encore l'exemple de ces deux fillettes birmanes qui prétendirent être... leurs propres grands-parents. Pas de doute, entre ces deux jumelles, le grand-père avait repris du service dans un corps plus musclé et plus masculin d'aspect avec plus d'intelligence aussi que la grand-mère, moins bien partagée mais plus dominatrice – à l'image de l'ancien couple, si on en croit les témoins.

Il y a des jumeaux qui ne se ressemblent vraiment pas – pour de bonnes raisons, à ce qu'il paraîtrait.

Sexualité précoce

Un jour, âgé d'un peu plus de 5 ans, le petit Bishèn Chand Kapoor demande à son papa : « Pourquoi ne prends-tu pas une maîtresse ? Elle te donnera beaucoup de plaisir. » Très surpris, mais sans se démonter, le père répond par une question : « Quel plaisir, mon garçon ? » Avec assurance, l'enfant précise : « Tu auras plaisir à respirer le parfum de ses cheveux, et tu sentiras plein de joie à être avec elle. » Les enquêteurs qui ont examiné ce cas en Inde (112) ont constaté que le bambin employait des mots montrant qu'il savait distinguer entre une maîtresse et une épouse. Il faut dire que Bishen Chand n'était pas le premier venu : il se souvenait d'une vie où il avait eu comme maîtresse favorite une prostituée, du nom de Padma, pour laquelle il avait fait un malheur, dans une crise de jalousie. L'enfant revit la personne de ses rêves. Hélas ! elle avait vieilli de huit ans et lui, rajeuni de trente-cinq...

Remarquons que le fossé creusé par la réincarnation peut parfois se combler, l'amour aidant. Témoin ce jeune Birman, du nom de Maung Aye Kyaw, qui retrouva l'épouse de sa vie antérieure. Cette dame devenue veuve s'était remariée mais le nouvel élu avait péri à son tour. Entre-temps, le mari n° 1 s'étant réincarné dans les environs, le lien du passé ne tarda pas à se réaffirmer avec la fidèle créature, et on les maria, une seconde fois. On ne sait pas s'ils ont eu beaucoup d'enfants et... si le deuxième mari s'est réincarné aussi.

« Jamile, Jamile », tel fut le premier mot que le petit Imad Elawar prononça distinctement, et qui revint ensuite plus d'une fois sur ses lèvres. Et il fut question d'acheter de beaux vêtements rouges à Jamile, si belle, avec ses hauts talons... La mère du garçonnet fit les frais de la comparaison : elle n'était pas aussi jolie, ni aussi bien vêtue. Et la présence maternelle devait souvent rappeler à l'enfant cette autre femme qu'il avait aimée « jadis ». Un jour, étendu dans le lit près de sa mère, il lui demanda brusquement... de se substituer à la maîtresse absente : « Maman, fais comme si tu étais Jamile ! » Imad avait peut-être 3 ans et demi (108) quand il manifesta ces incestueuses dispositions, somme toute très « freudiennes », mais qui visaient une cible bien définie : Jamile n'était pas un fantasme, mais une femme de chair et de sang – qui d'ailleurs s'était mariée depuis la mort de son adorateur.

Il faut se rendre à l'évidence : quoique peu courants, de tels cas existent où des gamins en bas âge expriment ouvertement des aspirations sexuelles envers des femmes, des maîtresses... qu'ils évoquent comme des personnes chéries dans le passé, ou... envers des membres de leur famille sur lesquels ils reportent leur « appétit ». Notons avec Stevenson que ces « réincarnés » étaient toujours dans l'existence précédente des jeunes adultes dans leur période de plus grande activité sexuelle.

On observe heureusement que ces préoccupations sexuelles des jeunes sujets passent progressivement à l'arrière-plan, vers l'âge de la scolarité, pour entrer dans une période de latence, en attendant l'adolescence.

Deuxième partie

MALFORMATIONS CONGÉNITALES ET MARQUES DE NAISSANCE

Caprices de la nature ou réincarnation ?

Il arrive qu'un enfant mourant en bas âge « renaisse » dans la même famille – ce que professent tous les réincarnationnistes, y compris les théosophes. Il montre alors de *singulières ressemblances* avec son prototype : ce fut bien le cas de la petite Alexandrina, revenue accompagnée d'une étrangère, Maria Pace. En voyant les deux jumelles, on ne pouvait pas se tromper sur l'identité de l'une d'elles avec la sœur morte de méningite. On trouve également, souvent citée, l'histoire touchante de Blanche, morte en 1902 et « revenue » en février 1906 dans la famille du capitaine Florindo Battista, de Rome : un fac-similé du premier bébé, qui d'ailleurs n'avait pas manqué de ramener aussi une partie de sa mémoire. La petite Blanche nº 2 plongea une fois ses parents dans une grande stupéfaction en se mettant à chanter spontanément et avec conviction la berceuse qui avait servi bien des fois à endormir Blanche nº 1. L'enfant chantait, avec un accent français très prononcé, une de ces cantilènes soporifiques dont avait le secret la nourrice suisse attachée à l'autre enfant (et retournée dans ses montagnes natales à la suite du drame familial). « Qui t'a appris cette jolie chanson ? » demanda la maman. « Personne, je la sais toute seule », fut la réponse de la fillette qui continua sa berceuse comme si elle n'avait jamais rien chanté d'autre de sa vie (29).

Comme Alexandrina, comme Blanche et comme bien d'autres, les jumelles Pollock avaient aussi conservé des souvenirs très nets de leur court passage terrestre précédent, et nous avons noté que la petite « cadette » avait gardé au front une cicatrice caractéristique de la naissance précédente.

Bien entendu, les grandes similitudes de traits physiques observées chez les enfants d'une même famille n'ont rien d'extraordinaire, encore qu'il soit rare que des frères ou des sœurs nés *successivement* accusent des ressemblances aussi étonnantes que les jumeaux homozygotes. La nature ne se répète pas – du moins dans les exemples usuels : il faudrait donc évoquer des exceptions pour les exemples énumérés plus haut.

Beaucoup plus surprenante est la réplication – d'un individu à l'autre – de marques et malformations physiques très caractéristiques, tant par la forme ou l'aspect extérieur que par la localisation sur le corps. Caprices de la nature ? Coïncidences ? Ou preuves tangibles de la renaissance ?

En 1977, en possession d'environ 1 600 dossiers

du type réincarnation, Ian Stevenson avait au moins 200 cas de ce genre. Dans son intervention au congrès de Bruxelles, axé sur le thème de la survivance et des rythmes cosmiques[6], le savant américain a abordé ce passionnant sujet, documents à l'appui. On attend avec impatience la parution d'un livre qu'il projette d'écrire pour présenter le détail de ses enquêtes sur ces témoignages, *inscrits dans la chair*, de (possibles) réincarnations. Un gros dossier, avec photos et... certificats médicaux.

Le constat des faits recensés

Malformations congénitales

Quand les parents attristés observent sur leur nouveau-né un membre tordu, une épaule difforme, des doigts (ou des orteils) atrophiés ou soudés entre eux, ou même l'absence d'une main, ils n'imaginent pas qu'ils ont peut-être sous les yeux le message muet d'un drame qui s'est déroulé il y a quelque temps, ailleurs, dans l'existence d'un autre individu. Il arrive cependant que l'information arrive – en apparence – par la bouche de l'enfant devenu capable de parler : on le surprend à ressasser de sombres histoires de tortures ou de mutilations subies dans une vie antérieure.

Témoin ce petit Indien, né avec la main droite dépourvue de doigts, avec les côtes qui semblaient avoir été cassées et ressoudées. Le temps de grandir un peu, le pauvre infirme finit par faire des révélations : au cours d'une altercation qui avait mal fini, un homme devenu fou furieux avait tué un

6. Trois journées du paranormal, organisées par le professeur Jean Dierkens, au Palais des Congrès de Bruxelles, les 24, 25 et 26 novembre 1978. Pour les sujets traités, voir la revue *PSI-International*, n° 8, janvier-février-mars 1979.

certain Kashi Ramm (qui avait habité un village proche de celui de l'enfant) et s'était acharné sur le corps, en lui tranchant les doigts. Innocent de ces brutalités, le bébé était né affligé des traces réalistes de cet acte de démence.

Moins spectaculaire réminiscence d'une mort violente, un léger enfoncement du crâne (4 mm dans sa plus grande profondeur) témoigne chez Ornuma Sua Ying Yong, en Thaïlande, d'un choc fatal sur la tête dans une vie antérieure (115); de même, à Ceylan, une fillette serait affectée d'une malformation de la jambe gauche et du bassin pour avoir eu (jadis) une blessure à la jambe en tombant dans un puits.

Dans ces exemples, on voit le « réincarné » souffrir physiquement pour un crime commis par un autre, ou à la suite d'un accident mortel involontaire. Si ces malformations répondent à une justice immanente – ce qui est encore la croyance des populations orientales – on aimerait trouver des cas où les voies de karma soient un peu moins ténébreuses.

Il existe effectivement des situations – peu nombreuses à ce qu'il semble – où le meurtrier n'échappe pas à la rétribution karmique et semble bien renaître avec une difformité congénitale. C'est ce qui est arrivé à Ratran Hami, irascible mari qui avait tué sa femme peu pressée de quitter le foyer de ses parents. Arrêté et exécuté en 1928, il fit, semble-t-il, reparler de lui en apparaissant, en 1947, sous les traits de H.A. Wijeratne[7]. À sa naissance, on remarqua une déformation de l'épaule et du bras droit : devenu grand, le garçon comprit que cette disgrâce était liée à son crime de jadis, dont il avait retrouvé le souvenir. Il n'en gardait pas moins une certaine rancune à l'épouse rebelle et

7. C'est l'un des *Vingt cas* de Stevenson (108) parmi trois exemples pris à Ceylan.

s'estimait encore dans son bon droit. Comme on le voit, on dirait que la leçon de karma ne porte pas toujours ses fruits.

Marques de naissance

Il ne s'agit pas de ces grains de beauté, taches de vin et autre nævi qu'on peut remarquer sur la peau dès la naissance, mais de marques suspectes, inexplicables par des causes héréditaires. En réalité, on dirait souvent de véritables cicatrices. Et il arrive plus d'une fois qu'elles évoquent de sombres drames, si on en croit les enfants affectés de ces marques qui racontent leur « passé ». Ici, c'est un Indien d'Alaska du groupe des Tlingit, Charles Porter, qui se découvre sur le flanc la trace du coup de lance reçu dans une bataille de clans (108); là, c'est une belle cicatrice de coup de poignard, ailleurs une tache ronde de chaque côté de la poitrine laisse penser que la balle d'une arme à feu a dû envoyer *ad patres* le personnage de l'existence antérieure, en le traversant de part en part. Il arrive plus d'une fois que les sujets ignorent qu'ils sont porteurs de ces vestiges de blessures mortelles jusqu'au jour où un enquêteur va les visiter.

Au chapitre des récits grand-guignolesques, il y a celui que narra certain jour un enfant birman de la communauté Karen, porteur à la naissance d'étranges marques qui, pour un spécialiste, n'avaient pu être provoquées par des blessures prénatales[8]. Trois orteils soudés, une cicatrice en travers de la main droite, le long de la ligne du cœur des chiromanciens, assez profonde pour

---

8. Francis Story a relaté le cas curieux de cet enfant dans son livre *The Case for Rebirth* (118).

séparer la paume en deux avec, plus près du poignet et sur l'avant-bras, des marques semblables, bien que moins prononcées. À gauche, mêmes traces curieuses, échancrures linéaires évoquant des blessures que produiraient des liens serrés au point de pénétrer dans la chair. On pouvait également observer ces mystérieuses traces aux pieds et aux chevilles.

Ces défauts physiques s'accompagnaient, chez le garçonnet, d'une souffrance morale – sorte de sentiment de culpabilité devant ses malformations – et même d'effets psychosomatiques douloureux. Un soir, se sentant en confiance près de sa mère, il se décida à rompre un silence qui l'étouffait depuis longtemps, et passa aux révélations. Une histoire épouvantable, à ne pas écouter la nuit. L'affaire remontait à un temps où, pour son malheur, il avait été le fils d'un homme riche. Le père mourut en laissant au rejeton un beau magot... et la solitude en partage. C'en était assez pour attirer d'horribles bandits résolus à tout pour s'emparer du trésor. Peu soucieux de se défaire du beau métal argenté et des bijoux qui dormaient dans des grandes jarres dissimulées aux regards indiscrets, l'infortuné jeune homme mit quelque réticence à passer aux aveux. On l'attacha avec du fil de fer, en position accroupie, les mains étroitement immobilisées entre les jambes. Le reste se devine facilement : l'héritage découvert, les bandits filèrent en laissant là leur impuissante victime. Tous ses efforts pour se libérer ne réussirent qu'à lui entailler profondément les bras et les jambes – surtout les mains, qui se mirent à saigner à flots. Trois jours d'agonie, et finalement la mort – la grande libératrice.

L'enfant qui raconta ce cauchemar « vécu » appartenait à une famille chrétienne depuis deux générations, qui ne croyait pas à la réincarnation.

Pour les bouddhistes de la région, il ne devait pas faire de doute que la fin tragique du jeune homme avait dû déterminer dans son mental, avec son ultime pensée, une intense impulsion, propre à façonner de manière très particulière les conditions de l'incarnation suivante. On n'a malheureusement pas retrouvé la trace historique de ces faits douloureux... ni des bandits.

D'autres cas – véritables épisodes de romans noirs – ont pu être authentifiés, comme celui de Bhimsen et Bhishm Pitamah (en Inde), deux jumeaux qui, après avoir été proprement étranglés et solidement ficelés, avaient été jetés dans un puits. Cela s'était passé fin avril 1964. Au mois d'août de la même année, naissaient dans un autre village deux nouveaux jumeaux, Ramoo et Rajoo, avec des marques sur le corps leur zébrant l'abdomen et rappelant la façon tragique dont leurs « prédécesseurs » avaient perdu la vie (on les avait maintenus plaqués au sol sous de solides perches de bois, pour les étrangler à loisir). Inutile de préciser que Ramoo et Rajoo avaient le souvenir de ces navrants détails (112).

Il ne faut pas croire que l'enquête se borne à constater la présence des marques insolites. Ici, c'est le *docteur* Stevenson qui entre en scène, pour palper, ausculter, mesurer, photographier. Il notera, par exemple, dans le rapport qu'il fera ensuite : « J'ai examiné le flanc droit de Mr. Porter et j'y ai trouvé une surface pigmentée assez étendue de forme inhabituelle, immédiatement sous la plus basse côte, sur la ligne médiane du côté droit. (...) Elle avait, en gros, la forme d'un diamant, et mesurait environ 12 millimètres de largeur sur une quarantaine de millimètres de longueur. Elle ressemblait indiscutablement, par la taille et la forme, à une ancienne cicatrice qu'aurait pu produire un coup de lance... » (108, p. 217.) Après ce constat objectif, les vérifications auxquelles on peut se livrer, à l'aide des informations plus ou moins détaillées fournies par les sujets concernés, permettent dans les cas heureux de remonter à des faits réellement survenus dans le passé, et même de mettre la main sur des pièces officielles qui attestent la véracité des récits. Dans dix-sept cas particulièrement favorables, Stevenson a pu retrouver des documents médicaux, tels que procès-verbaux d'autopsie ou archives d'hôpital, donnant les preuves écrites concernant la nature et la localisation des blessures – localisation qui se répète de façon troublante dans ces marques de naissance.

Il s'en faut d'ailleurs que tous ces stigmates doivent s'attribuer à des blessures mortelles dans l'autre vie; certains sont simplement des « rappels » de trous percés dans les oreilles, de tatouages et autres atteintes non mortelles. En outre, dans certains pays, comme la Thaïlande, où la croyance à la réincarnation est courante, les parents d'une personne décédée peuvent eux-mêmes marquer son corps en un point précis, afin de l'identifier à son retour si, plus tard, un bébé naît porteur d'une trace correspondante au même endroit. C'est ainsi que le petit Ampan Pecherat est venu au monde avec une marque suspecte en haut de la poitrine, correspondant à un signe à l'ocre rouge tracé par une tante de l'enfant « précédent », mort noyé à 4 ans (115). Dans son dernier livre (1983), Stevenson signale une très grande fréquence de ces marques de naissance (et autres anomalies physiques) sur l'ensemble de cas observés dans certaines régions (53 % en Thaïlande et 36 % en Birmanie) tandis que, très curieusement, dans un autre pays bouddhiste comme Ceylan, la proportion peut tomber à 5 %. Elle est également faible en Inde, pour atteindre 11,6 % chez les Druzes et remonter à 50 % chez les Tlingit d'Alaska, avec un maximum de 62 % dans la population *alevi* de Turquie. Cette fluctuation, directement liée à la culture, paraît inexplicable.

Affections physiques diverses

Quand on ne renaît pas avec une cicatrice dans le dos, ou un doigt en moins, on peut encore ramener du passé un souvenir muet, comme une prédisposition à certaines maladies, ou affections particulières, auxquelles échappent les autres membres de la famille actuelle mais qui étaient – on s'en doute – le lot de la personnalité précédente. Ainsi Bishen Chand Kappor, déjà rencontré, s'est mis à souffrir un jour d'une ophtalmie; son « ancienne » mère (qu'il avait su retrouver) fut avertie en rêve de cette fâcheuse condition physique : le lendemain, elle lui dépêcha avec diligence une servante porteuse de l'onguent qui avait fait merveille avec son propre fils. Le baume guérit aussi le « réincarné » (112).

On peut de la sorte – à ce qu'il paraît – reporter d'une vie à l'autre les boutons qu'on a sur le visage, une affection pulmonaire, ou une myopie. Mais la maman de jadis n'est pas toujours là pour vous guérir.

Commentaires sur les anomalies physiques

Les faits rapportés sont authentiques et indiscutables. Bien entendu, certaines marques pourraient n'être que des cicatrices de blessures reçues *dans la vie actuelle*, mais les parents et d'autres témoins sont catégoriques pour affirmer le caractère congénital de ces traces.

On songe parfois à la génétique pour trouver une

explication. Il est des contrées où l'on renaît volontiers « en famille ». Nous avons signalé le cas des jumelles birmanes, réincarnations de leurs grands-parents. Un nævus pourrait bien sauter une génération. Encore faudrait-il expliquer le fait qu'il réapparaisse au même endroit du corps, semblable dans sa forme, etc., au précédent; et qu'il affecte justement, dans le lot des petits-enfants, celui qui a des souvenirs détaillés de la vie du grand-papa, et des circonstances de sa mort.

Dans un grand nombre d'exemples, il n'y a aucune relation héréditaire possible. Par ailleurs, on ne voit pas quelle explication parapsychologique invoquer mettant en jeu un pouvoir *psi* des enfants dans le sein de leur mère.

On peut toutefois soupçonner un effet paranormal dans un ensemble limité de cas où *l'imagination* de la future maman a été sollicitée par des images précises.

Dans son premier livre (108), Stevenson a raconté une curieuse histoire entendue chez les Tlingit d'Alaska. Songeant à sa fin éventuelle, et à sa prochaine incarnation, un certain Victor Vincent vint un jour rendre visite à sa nièce préférée et lui déclara rondement : « Je reviendrai comme ton prochain fils, et j'espère que je ne bégayerai pas autant. Et ton fils aura ces cicatrices. » Joignant le geste à la parole, il enleva sa chemise et exposa son dos balafré des restes d'une opération, avec les petits trous visibles des points de suture. Pour plus de sûreté, une deuxième cicatrice bien nette au visage fut également prévue comme signe de reconnaissance. Un homme avisé que cet oncle : l'année suivante, le voici qui décède. Le temps d'accomplir les formalités nécessaires au retour, l'enfant naît, rigoureusement authentifié par les cicatrices qui lui servaient de carte d'identité.

Ajoutons que le petit être (appelé maintenant

Corliss Chotkin Jr.) allait bientôt confirmer par la parole la réalité de sa réincarnation. À 13 mois, il déclara impétueusement à sa maman qui essayait de lui faire répéter son nom : « Tu ne me reconnais pas ? Je suis Kahkody. » C'était le nom tribal de Victor Vincent, prononcé avec un excellent accent. Du coup, le bambin reçut le même nom tlingit. À deux ans, il identifia avec enthousiasme « sa » demi-sœur dans la rue : « Voilà ma Susie ! », puis, une autre fois, « son » propre fils, qu'il nomma correctement : « C'est William, mon fils ! »; et, à 3 ans, apercevant « sa » veuve dans une foule, il s'écria : « Voilà la vieille ! C'est Rose ! » en bégayant comme son oncle maternel l'avait fait. Divers autres souvenirs bien authentifiés, joints à la passion renouvelée de la navigation et des moteurs marins qu'avait eue Victor Vincent ne laissèrent guère de doutes sur son retour.

Dans cet exemple, la mère a pu être suggestionnée par la déclaration péremptoire de son parent et projeter sur le fœtus l'image des marques de reconnaissance, par une sorte de psychocinèse intra-utérine. Et, en promenant son bébé dans la rue, elle a pu aussi l'aider inconsciemment à identifier des personnes qu'elle connaissait. Peut-être ? Il faudrait encore expliquer bien d'autres détails, en particulier l'habileté exceptionnelle du fils à réparer les moteurs marins : ici aucun des deux parents n'a pu transmettre une compétence qu'ils n'avaient ni l'un ni l'autre.

Il y a la majorité des autres cas où il n'existe aucun lien de parenté entre l'antécédent et le réincarné, et où personne n'a pu jouer le rôle de mentor, en dehors d'une problématique P.E.S. dont les sujets ne font preuve en aucun domaine reconnu. Et pour le transfert d'une cicatrice particulière dans une lignée familiale, il faudrait admettre la transmission héréditaire des caractères *acquis* – la théorie de Lamarck – dont on n'a jamais trouvé d'exemple confirmé.

Ian Stevenson est d'avis que les témoignages de cette série constituent *des cas très forts*. Même si le sujet se construit une histoire pour justifier ses marques physiques, comment fait-il pour qu'elle corresponde à une réalité qui apparaît clairement dans la suite ? Et surtout, comment expliquer ces cicatrices inimitables que l'on découvre parfois... *après l'audition du récit*, comme une confirmation muette de ses épisodes ? Il y a de ces coïncidences... qui paraîtront fort suspectes à l'homme de bon sens.

Troisième partie

À LA RECHERCHE D'EXPLICATIONS DE RECHANGE

On ne peut pas taxer de crédulité naïve les enquêteurs comme Stevenson. Et les cas qui viennent d'être passés en revue ont été scrutés pour surprendre leurs faiblesses, et les aspects qu'on pourrait expliquer *sans* la réincarnation. Cependant, avec l'introduction au chapitre précédent, des explications théosophiques de rechange, des suggestions nouvelles ont été formulées qu'il me semble utile maintenant de reprendre et de développer.

Importante remarque préliminaire : les réflexions qui suivent n'engagent que la responsabilité de leur auteur – Mme Blavatsky n'ayant pas rendu compte elle-même, *noir sur blanc*, de toutes les anomalies énumérées – mais elles s'inspirent largement des indications que l'on rencontre dans toute la littérature théosophique originale. En examinant les choses avec l'éclairage qu'elle apporte, on dirait bien que, dans beaucoup de cas, l'apparition des stigmates et aptitudes insolites (ainsi que des souvenirs détaillés de « vies antérieures ») peut trouver, en dehors de la réincarnation, *une autre explication plausible*, qui s'articule sur les points suivants :

1. La personnalité de certains morts a tendance à envahir celle de certains vivants.

2. La connexion est possible de différentes façons.

3. La future mère du « réincarné » est le médium idéal.

4. Il n'est pas nécessaire qu'un lien ait existé avec le mort.

5. Un climat psychique particulier favorise ces phénomènes.

En invitant le lecteur à se reporter, si nécessaire, aux indications fournies précédemment, nous allons examiner tour à tour chacun de ces points.

Certaines personnalités ont tendance à se remanifester

Rappelons brièvement qu'il s'agit ici de restes psychiques, de vestiges *cohérents* de personnalités humaines, et non d'esprits, ou d'*âmes conscientes*. Les meilleures candidates parmi ces « coques astrales » sont celles de personnes qui meurent de *mort violente*, ou *prématurément*, avant l'achèvement de leur programme de vie – notamment de leurs projets d'êtres jeunes, pleins de dynamisme et de besoin de vivre.

Remarquons avec Stevenson que ces personnalités défuntes constituent le plus gros de son contingent de cas remarquables.

Dans les pays orientaux, on appelle *preta* (littéralement, *celui qui est parti*) l'entité désincarnée qui, dans certains cas, peut devenir un revenant, un *bhûta*. En Inde, entre le moment de la mort et l'achèvement des rites funéraires qui se poursuivent pendant des mois (grâce aux bons soins du fils aîné), l'entité est un *preta*, en instance de départ vers des sphères plus spirituelles. Dans les cas malheureux, il peut revenir inquiéter les vivants. Les masses populaires croiront volontiers qu'il s'agit de l'*âme* du défunt. Pour Mme Blavatsky, l'explication est différente.

Un jour, en Inde, on lui rapporta une histoire au-then-ti-que de possession par un *bhûta*. En voici les grandes lignes (9, vol III, p. 425) : À la veille de sa mort, une femme très malade est soudain prise d'une grande angoisse à la pensée que toutes les personnes qui sont mortes dans la chambre qu'elle occupe sont devenues des *bhûta* : ce même sort l'attend immanquablement si on ne la déménage pas ! Insouciants, ses proches la laissent mourir sans tenir compte de son vœu. Six mois plus tard, une belle-sœur est prise de violents tremblements et d'une terrible fièvre. On pense à une possession; de fait, la jeune femme fait savoir, au milieu de ses convulsions, que c'est l'âme en peine de la défunte qui s'exprime dans son corps. Que n'avait-on tenu compte de ses derniers désirs !

Les commentaires de Mme Blavatsky sont caractéristiques : les affirmations du « fantôme » par la bouche de son médium *ne prouvent rien* dans ce cas, même si des renseignements exacts ont été fournis par lui : n'importe quelle influence astrale a pu se faire passer pour la personne décédée et jouer son rôle, selon toute apparence. Mais les indications disponibles conduisent à suspecter l'influence des dernières pensées de la mourante : l'idée qui l'angoissait terriblement – devenir un *bhûta* – a certainement pu infecter le mental de la jeune femme, sa parente. On meurt bien d'une maladie contagieuse, en rencontrant un germe pathogène laissé n'importe où par un précédent malade; pourquoi la pensée « *qui n'est pas moins matérielle ni objective* que les mystérieux germes impondérables des diverses maladies infectieuses » ne pourrait-elle exercer une influence similaire dans un terrain trop faible pour y résister ? Il suffit qu'une personne prédisposée prête son cerveau et son système nerveux à une pensée morbide – dont la survie dans le temps dépend directement de l'énergie employée pour la produire – pour que le « sensitif » tombe dans une sorte de folie temporaire d'auto-illusion qui étouffe complètement le sens de sa propre individualité.

Il me semble que ces remarques s'appliquent parfaitement au problème qui nous intéresse. Mme Blavatsky ajoute (et je souligne les mots importants) : « *L'action morbide une fois déclenchée, toute la masse en suspension des pensées du décédé fait irruption dans le cerveau du sensitif, et il devient capable de fournir preuve sur preuve de la présence du décédé*, et de convaincre l'investigateur prédisposé de l'indiscutable réalité de l'individualité de l'"esprit-guide", ou de l'intelligence qui préside à cette communication. »

Retenons que, si un être se branche sans le savoir sur le courant des *dernières pensées* d'un mourant, il pourra fournir *preuve sur preuve* de l'authenticité de son message, si la contagion psychique est assez bien établie. Faut-il, d'ailleurs, que la personne meure dans un délire morbide pour qu'on la voie se remanifester chez un vivant ? L'ardent désir de demeurer auprès d'un être que l'on quitte ne permettrait-il pas tout aussi bien ce genre d'implantation des restes psychiques dans la sphère mentale de ce vivant – surtout s'il existe entre les deux des affinités mutuelles ? Il y a de ces personnes qui *croient* rester ainsi « en communication » avec leurs disparus pendant des années.

Je songe ici à un cas remarquable observé en Thaïlande (114) : celui de Nai Leng mort à 45 ans, en 1908, et « réincarné » dans l'enfant de sa sœur Nang Rien, né... *quelques heures avant ce décès*. Un cas hérétique, s'il en est, pour les bouddhistes. Il s'éclairerait peut-être un peu si on tenait compte de l'extrême attachement du frère pour sa sœur, l'un et l'autre mystiques et pratiquants convaincus. L'osmose psychique entre eux se manifestait déjà par des rêves, ou des visions, où ils ne se quittaient pas. Il se peut d'ailleurs que la méditation qu'ils pratiquaient n'ait pas été étrangère à ce genre de développement psychique. On n'est pas surpris que la mort ne les ait pas séparés – du moins en apparence. En tout cas, *toutes les conditions étaient réunies* pour l'implantation des restes psychiques de Nai Leng dans le bébé de sa sœur – si ce transfert devait avoir lieu.

En ce qui concerne *les enfants qui disparaissent en bas âge*, comme on l'a vu, ils renaissent sans délai avec leur personnalité antérieure dans un corps qui leur appartient en propre : leur retour est naturel et ne comporte aucune invasion illégitime du territoire d'un autre être. Les cas d'Alexandrina Sarmona, de Blanche Battista et des jumelles Pollock peuvent fort bien entrer dans cette catégorie de réincarnation authentique. On observe d'ailleurs la réactivation de leur personne, et même une ressemblance physique marquée avec leur prototype respectif.

Le transfert apparent de personnalité est possible de différentes façons

Dans ce problème, on doit songer à tous les modes possibles de contagion psychique. L'idéal est la promiscuité, le *contact direct au sein d'une famille*, d'un groupe social étroitement uni où les affinités entre individus sont plus grandes. Chez les Druzes, on « renaît » entre Druzes, à la manière druze – sans délai d'une vie à l'autre. Et Stevenson a noté (108) que c'est presque la règle chez les Tlingit de revenir dans la même famille (généralement par la branche *maternelle*). Cette situation se répète en Thaïlande : dans 69 % des cas, il existe des rapports familiaux; en Birmanie : 54 %. En Inde aussi, on revient volontiers à la famille, ce qui est, au contraire, très rare à Ceylan.

Moins heureux sont les soldats américains, anglais ou japonais tombés à la guerre dans ces contrées lointaines : ils doivent se contenter de ce qu'ils trouvent sur place, mais leur nombre n'est pas légion.

Un autre mode de contagion est... *la curiosité*. Il semble que les Birmans soient tout disposés à venir examiner le corps de personnes victimes de mort violente, ou emportées d'autre manière, de façon soudaine et inattendue (115). Excellente occasion pour établir une connexion qui pourra être durable entre les restes psychiques du défunt et un vivant tout prêt à s'en laisser envahir. On sait bien depuis toujours que « l'âme » d'un mort reste près de son cadavre : il ne faut pas tenter le diable ! Il arrive que, neuf mois après avoir été inspecter la dépouille d'un décédé, une femme mette au monde un enfant qui se souvient d'avoir été ce personnage. Parfois, il suffit que le mari soit allé seul faire cette visite : en revenant à la maison chargé de l'influence morbide, il la transmet à son épouse, et le désincarné n'a plus qu'à la pénétrer. C'est un peu ce que croient les Birmans. Est-ce que le mot *contagion* n'est pas le meilleur qui convienne ?

On peut encore envisager la contagion par un simple intermédiaire, ami ou inconnu. Un médium est la personne idéale pour attirer dans son voisinage des influences de ce genre – parfois moins anodines que ces coques astrales de braves paysans birmans[9] – et servir de vecteur de transmission. Quel que soit le mode de contagion, il semble en tout cas qu'il soit assez efficace pour que les « réincarnations » aient lieu dans un voisinage assez proche du lieu du décès – ou du foyer de la contagion, si on préfère. Quelques dizaines de kilomètres, dans beaucoup d'exemples, parfois bien moins – même quand les familles ne se connaissent pas. On peut renaître chez des étrangers, au coin de la rue, ou presque. On admettra sans doute facilement qu'il n'est même pas nécessaire à une personnalité voyageuse d'être portée sur les épaules (astrales) d'un vivant pour aller s'implanter ailleurs, beaucoup plus loin, au gré des attractions magnétiques; ces cas sont rares mais existent : témoin Shanti Devi « réapparue » à des centaines de kilomètres de son village antérieur.

Un exemple spectaculaire où le personnage antérieur n'a pas eu à quitter la famille s'est présenté dans une affaire authentique rapportée par Mme Blavatsky[10] : dans la Russie du siècle dernier, aux confins de la Sibérie, vivait un riche propriétaire entouré de ses domestiques et de son neveu – déclaré seul héritier des biens du vieil oncle. Tout allait pour le mieux, mais ne voilà-t-il pas que le cœur du noble vieillard s'enflamma pour une jolie créature aux yeux bleus. On parla mariage avec la belle Minchen ct... on s'apprêta à modifier le testament. Pressé d'agir, le neveu s'arrangea pour liquider incognito le fiancé chenu en le plongeant dans un lac de caverne, après lui avoir porté un coup mortel. La consternation générale apaisée, le beau jeune homme récupéra l'héritage, ainsi que la blonde Minchen. Un bébé ne tarda pas à naître.

---

9. Mme Blavatsky a signalé un cas intéressant (mais grave) de *possession par contagion psychique* dont était tombé victime un homme qui avait fréquenté des séances spirites avec matérialisation (9, vol. II, p. 395).
10. (9) vol. I, p. 338 (article : « The Cave of the Echoes »).

Hélas ! un bien triste spécimen d'enfant : petit, délicat, souffreteux, sa vie semblait suspendue à un fil. Au repos, ses traits ressemblaient tant à ceux du grand-oncle qu'il inspirait une sorte de terreur à la maisonnée. C'était le pâle visage tout ridé d'un sexagénaire sur les épaules d'un garçonnet de 9 ans; jamais on ne le voyait rire ni jouer, mais il passait des heures perché sur une grande chaise, à demi endormi et immobile, les bras croisés d'une manière particulière qui avait été celle du vieillard assassiné. L'histoire finit très mal, par l'intervention d'un chamane sibérien qui permit de démasquer le meurtrier. On découvrit ainsi que l'âme en peine du mort avait partie liée avec l'enfant : la haine et le désir de vengeance de l'oncle avaient établi un lien solide avec le neveu et, par son canal, avec la mère, en reportant sur l'enfant les traits et les caractéristiques de la personnalité défunte.

La future mère du « réincarné » est le médium idéal

C'est évidemment la femme qui va donner naissance à l'enfant porteur des stigmates du passé qu'il faut soupçonner comme le relais n° 1 de transmission des informations psychiques et physiques de la personnalité précédente. Parmi les médiums en exercice, beaucoup de sujets se recrutent parmi les femmes, mais cette sensibilité aux influences « astrales » est décuplée chez la future mère. Si on peut en croire un spécialiste, l'abbé Constant (*alias* Éliphas Lévi), « les femmes enceintes sont plus que d'autres sous l'influence de la lumière astrale qui concourt à la formation de leur enfant et qui leur présente sans cesse les réminiscences de formes dont elle est pleine. C'est ainsi que des femmes très vertueuses trompent par des ressemblances équivoques la malignité des observateurs. Elles impriment souvent à l'œuvre de leur mariage une image qui les a frappées en songe et c'est ainsi que les mêmes physionomies se perpétuent de siècle en siècle » (72, p. 88).

Notons ces mots au passage : ... une image qui les a frappées *en songe*. Nous verrons la fréquence des rêves « prémonitoires », annonçant à la femme le retour de tel ou tel décédé.

On trouve un curieux exemple de ce genre de réactivation d'une image ancestrale dans le premier ouvrage de Mme Blavatsky, *Isis dévoilée* (10, vol. I, p. 385), où elle fait ces étranges constatations : « Du fait que l'atmosphère de chaque personne dans la lumière astrale est peuplée d'images de sa famille directe, la surface sensible du fœtus (qu'on peut presque identifier à la plaque garnie de collodion d'une photographie) est susceptible d'être impressionnée par l'image d'un ancêtre proche ou lointain, que la mère n'a jamais vue mais qui, à un moment critique, arrive à se projeter avec précision dans la chambre noire de la nature. » Le témoignage d'un certain Dr Elam semble confirmer cette curieuse possibilité : « Près de moi est assise une visiteuse venue d'un continent lointain, où elle est née et a été élevée. Au mur est suspendu le portrait d'une ancêtre éloignée, dont l'existence remonte loin dans le siècle passé. Trait pour trait, l'une est l'exacte reproduction de l'autre, bien que la première n'ait jamais quitté l'Angleterre et que l'autre soit née aux États-Unis, de parents pour moitié américains[11]. »

Cet exemple est sans doute très exceptionnel, mais l'apparition des *marques de naissance* chez un nouveau-né l'est tout autant. Pourquoi une femme

11. Voilà qui donnerait du corps à la théorie génétique des pseudo-réincarnations, mais le transfert d'information se limite ici à des images *physiques*.

enceinte ne pourrait-elle les projeter sur son fœtus de la même façon ? Au chapitre des stigmates, comme on s'en est assuré avec un médium remarquable (cas Olga Kahl cité dans la revue *Renaître 2000*, de nov.-déc. 1983), l'influence sur le sujet sensible peut avoir lieu *à distance, par une suggestion non verbalisée* : des marques *lisibles* sont apparues sur le bras du médium sans que son imagination ait pu être consciemment stimulée. Constatation essentielle. Un pareil phénomène ne serait-il pas possible dans le climat particulier d'une grossesse ? Il reste encore bien des mystères dans ce domaine.

Notons d'ailleurs que l'influence de la mère ne se borne pas à modeler le corps du bébé : on dirait qu'elle l'imprègne *bien avant la naissance* d'une foule d'images psychiques, qui resteront plus ou moins dans le subconscient de l'individu. C'est du moins ce qu'on trouve suggéré dans la littérature théosophique : « Tout enfant émerge dans la vie en possession d'images provenant de la mère qui l'accompagnent et adhèrent à lui en quelque sorte; et c'est ainsi que vous pouvez remonter à une énorme distance dans le passé pour chercher l'origine de ces images et les voir transmises tout au long de votre lignée ancestrale. C'est un aspect particulier de l'action de cette même loi qui produit des effets sur le corps d'un enfant par le canal d'influences agissant sur la mère durant la gestation [12]. » Comme on le voit, en 1888, certains pensaient déjà qu'un nouveau-né venait au monde bourré d'impressions prénatales[13]. Ce transfert n'emprun-

12. W.Q. Judge, « Forms of Elementals », *Theosophical Articles by William Q. Judge* (61).

13. Au chapitre des impressions prénatales, on a montré tout récemment que l'enfant peut très bien *entendre*, quoique de façon déformée, les sons de l'extérieur, et naturellement, la voix de sa mère, qu'il *reconnaît* très bien aussitôt après la naissance. (Voir *Sciences et Avenir*, n° 441, novembre 1983.) Véritable éponge, aussi bien psychique que physique, le fœtus pourrait bien s'imprégner d'une foule d'autres « informations », sans que l'on s'en doute.

tait d'ailleurs pas la voie des chromosomes, et il se poursuivait *après* la naissance, par l'allaitement et le contact permanent entre la maman et le bébé.

On peut même soupçonner que si la mère a été un foyer de contagion psychique pour son fœtus au point de l'imprégner non seulement d'images physiques (marques, etc.) mais aussi d'informations psychiques, en provenance de l'« incarnation » précédente, elle est capable, inconsciemment, d'entretenir le climat particulier où vit l'enfant-qui-se-souvient, et peut-être de favoriser l'émergence de ces informations.

Pures suppositions, j'en conviens. Mais on se souviendra que les « souvenirs » commencent à s'effacer quand le sujet prend ses distances et échappe au confinement de la sphère maternelle. En tout cas, dans l'exemple (admissible selon les théosophes) de la réincarnation d'un précédent enfant mort au sein d'une même famille, on ne peut écarter le rôle de la mère dans la stimulation de ces « souvenirs » : ce rôle est peut-être même très considérable – sans que la mère évoque jamais directement les détails de la vie du prédécesseur.

Faut-il, maintenant, dans les cas de contagion psychique, que la mère soit infectée par les restes d'une personnalité décédée, *à une époque donnée de la gestation* ? À cette question je ne connais pas de réponse documentée, mais les annales de la tératologie montrent que le fœtus peut être impressionné par l'imagination maternelle à des périodes très variables.

Il suffit qu'une femme enceinte ait une « envie », dans les toutes dernières semaines de sa grossesse pour que la marque s'en trouve imprimée sur le nouveau-né. Exemple : cette future mère qui, à trois semaines de son accouchement, se vit refuser un bol de framboises malgré l'envie irrésistible qu'elle en avait. Surexcitée, elle avait porté la main droite à son cou et déclaré qu'on *devait* lui en donner. À la naissance, l'enfant portait au cou l'image parfaitement tracée d'une framboise. Plus curieusement encore, on vit cette marque de naissance rougir nettement à l'époque des framboises et redevenir pâle en hiver.

Plus malchanceux, un juge de la Cour impériale de Saratov, en Russie, était obligé de dissimuler sous un bandage l'image en relief (et en couleurs) d'une... souris grise qui lui barrait la joue, et allongeait sa queue à travers la tempe jusque sous les cheveux. Sa mère avait eu toujours une insurmontable répugnance pour les souris, et avait accouché prématurément en voyant l'un de ces rongeurs sortir comme un diablotin de sa boîte à ouvrage (9, vol. I, p. 391). On raconte aussi le cas horrible, cité par Van Helmont, d'une dame qui était venue assister à la décollation de treize condamnés – quel spectacle pour une femme enceinte ! – et qui, horrifiée, fut prise des douleurs de l'enfantement pour donner naissance à un mort-né, décapité, le cou sanglant. Le plus curieux de cette histoire c'est qu'on n'a jamais retrouvé la tête.

Peu importe en l'occurrence. On dirait bien qu'une marque de naissance peut s'imprimer *n'importe quand*, même jusqu'au dernier jour de la grossesse : tant que l'enfant est enfermé dans le sein de sa mère, l'imprégnation semble physiologiquement possible.

Il est des cas où *peu de temps avant leur accouchement* des femmes sont mises au courant, un peu par hasard, de la fin tragique d'une personnalité inconnue, qui... reprendra vie dans le rejeton qu'elles portent. J'ai noté que cela s'est produit pour la mère des jumeaux Bhimsen et Bhishm Pitamah. Y aurait-il une signification ou des conséquences tangibles à cette prise de conscience de la mère ? Nous y reviendrons.

Il n'est pas nécessaire qu'un lien ait existé avec le mort

Dans les exemples de marques de naissance consécutives à des envies ou des émotions clairement ressenties, l'imagination de la mère est sollicitée : c'est elle qui est l'agent moteur principal, mais il existe, bien sûr, des mécanismes inconnus qui se saisissent de l'image mentale et la traduisent en effets visibles dans la chair. On peut encore évoquer des *programmes* psychophysiologiques qui réalisent ce travail. Si ces programmes existent – ce qu'on ne saurait nier – d'autres images, non conscientes pour la mère, pourraient aussi bien être proposées à cette complexe machine et produire des effets identiques : il y a de grandes chances pour que les informations transportées par une coque astrale d'homme décédé de mort violente contiennent en elles-mêmes un dynamisme suffisant pour s'imposer à l'organisme plus ou moins médiumnique de la femme enceinte, sans que son imagination consciente entre en jeu.

Il n'est donc pas nécessaire *a priori* qu'il existe un lien conscient entre cette femme et la personnalité décédée. S'il existe, cela n'en vaut que mieux, et le désir du mourant, même peu intense, pourra servir d'impulsion motrice. Si, au contraire, il s'agit d'un étranger, on doit compter sur *l'intensité de ses émotions au moment de mourir* pour lui permettre de se diriger jusqu'à une cible convenable, à la manière d'une mine magnétique dérivant dans des courants, en attendant de sentir la présence d'un navire. Et il faut avouer que ces émotions ont dû être particulièrement fortes dans nombre de cas cités. Avec les jumeaux évoqués plus haut, la mort n'a pas été immédiate et les détails horribles donnent froid dans le dos (usage de produits corrosifs, chasse à l'homme, strangulation des victimes maintenues dans l'impuissance, etc.). La dérive dans les courants astraux n'a pas duré très longtemps : à peine quatre mois, pour parcourir moins de 16 km d'un village à l'autre.

Un climat psychique particulier favorise ces phénomènes

Malgré des années de travail sur ses enquêtes, Ian Stevenson est encore bien loin d'avoir réuni suffisamment de résultats, en particulier dans les pays occidentaux, pour faire des comparaisons chiffrées d'une région à l'autre sur la fréquence des cas de réincarnation, en précisant la proportion de ceux où apparaissent des marques de naissance.

Le moins qu'on puisse dire c'est que l'Europe a été depuis un siècle le théâtre de morts violentes en grande série. On peut s'étonner de ne pas rencontrer ici plus d'exemples d'enfants qui se disent « réincarnés ». On en trouve, il est vrai, et peut-être en trouvera-t-on de plus en plus... à mesure que se répandra la *croyance* en la réincarnation en Occident. Mais une chose est frappante : on dirait bien que, dans les récits occidentaux, il n'est guère question de marques de naissance – ces témoignages que l'on ne peut ni inventer ni dissimuler. Il est vrai qu'à Ceylan aussi ces marques sont réticentes à se manifester (5 % des cas cingalais).

N'empêche. En Birmanie, le nombre d'enfants qui se souviennent de leur vie passée est assez grand, relativement, pour qu'on ne soit pas surpris d'en voir des exemples autour de soi. On leur a même donné un nom particulier : *luwinza*, ce qui signifie (en gros) « humain réincarné » (115, p. 224).

En 1983, Stevenson a fait état de 230 cas birmans. Chez les Tlingit d'Alaska, même fréquence. En réalité, partout où la réincarnation fait partie des mœurs, on en observe des traces; et plus on en observe, plus on s'attend à en voir d'autres manifestations, etc. En somme, une véritable réaction en chaîne.

La *croyance*, de bonne foi, favoriserait-elle l'apparition de témoignages de la réincarnation, et le *rejet* en inhiberait-il les effets visibles ? Épineuse question. Il est difficile d'apprécier dans quelle mesure exactement l'incrédulité des parents empêche l'enfant français de dire au moins quelque chose de ses impressions : ces petits Orientaux seraient-ils plus acharnés à faire connaître leur situation de « réincarnés », même si cela déplaît à leur milieu familial ? En lisant les récits relatant leurs cas, on voit qu'ils ont souvent *une obstination certaine*, malgré les sévices dont ils sont quelquefois l'objet – même en pays bouddhiste. Mais s'ils ont des choses à raconter, ces enfants, c'est peut-être... que le nœud de la question est ailleurs.

Le climat psychique de ces régions géographiques est incontestablement différent de celui de l'Île-de-France ou de la Côte d'Azur : des peuples y vivent dans leurs traditions millénaires, avec leurs coutumes, leurs religions, *leurs superstitions* aussi. Les croyances sont profondément enracinées. Dans l'hypothèse où un certain nombre des cas découverts ne seraient que des pseudo-réincarnations, il me semble précisément que ces croyances pourraient jouer *un rôle décisif* dans le genre de contagion psychique évoqué plus haut : question d'ouverture intérieure des individus à ces phénomènes, *autorisant leur production*.

On entend dire et répéter que les phénomènes paranormaux « marchent » d'autant mieux qu'on y croit, que les « esprits » ne viennent pas s'il y a des sceptiques dans l'assistance; et on a vu des « médiums » virtuoses dans la torsion des petites cuillers échouer lamentablement devant les caméras de télévision, ou en présence de physiciens pénétrés d'une foi robuste dans leur science.

Il n'y a rien de tel que le scepticisme pour barrer la route à de nombreuses manifestations un peu exceptionnelles, et rien de tel que la foi pour produire des phénomènes qu'on interprète (à tort) comme des miracles, ou... pour stimuler des hallucinations. Mme Blavatsky a même déclaré formellement que les états de conscience que nous vivons après la mort sont directement liés à la *croyance* que nous pouvons avoir en la survivance de l'âme.

En résumé : il ne serait pas surprenant que dans un climat où le psychisme collectif est ouvert à la possibilité de retours *tangibles* de personnes désincarnées, les individus pris dans cette croyance laissent passivement leur propre sphère psychique ouverte aux influences astrales qui ne demandent qu'à se manifester. En somme, des groupes ethniques pourraient, sans le savoir, tomber dans une sorte de médiumnité, ou de porosité psychique, les exposant à des phénomènes que l'on n'observe pas ailleurs.

Il y a des régions d'Afrique où l'on croit à la possession, au mauvais sort. Et ces sortilèges existent *assurément* là-bas *d'autant plus qu'on y croit*.

Dans l'affaire des marques de naissance, ce ne seraient donc pas les enfants qui seraient responsables de ces traces mais leurs parents (particulièrement leurs mères) et la société elle-même, à laquelle ils appartiennent, qui, par leurs attitudes, permettraient que ces stigmates apparaissent dans leur chair.

Cette hypothèse, qui devrait être discutée plus à fond, ne saurait être écartée *a priori*. Sans doute ne peut-elle pas *tout* expliquer, mais elle pourrait contribuer à éclairer un certain nombre d'exemples où la réincarnation paraît plus ou moins suspecte.

Dans le cadre des explications de rechange inspirées par la théosophie, il faudrait encore prendre en compte le témoignage des rêves annonçant le retour des personnes décédées, ou l'arrivée d'un nouvel enfant, mais... n'anticipons pas. C'est justement l'un des sujets du chapitre suivant.

5

Annonces de retour et lectures de vie

MESSAGES ET VISIONS EN TOUT GENRE

« Maman, ne pleure plus, je ne t'ai pas quittée : je n'ai fait que m'éloigner de toi. Vois plutôt : je reviendrai, petite comme cela. » Ainsi s'exprimait la petite Alexandrina, apparaissant en rêve à sa mère folle de douleur, trois jours après son décès à l'âge de 5 ans. Et elle lui faisait voir comme un petit embryon complet, en ajoutant : « Tu vas donc devoir commencer à souffrir de nouveau pour moi. » Cette sorte d'avertissement, dont on trouve de multiples variantes dans l'ouvrage de G. Delanne (29) peut emprunter divers canaux (rêves, visions, communications médiumniques), mais il s'agit toujours de prévenir des vivants, plus ou moins directement intéressés, de la réincarnation d'une entité décédée. Objectivement, l'information est communiquée au monde extérieur – aux enquêteurs – par une personne différente du réincarné futur, un tiers doué d'une sensibilité particulière. Il s'agit de phénomènes de *précognition* qui, en se confirmant dans les faits, militent en faveur de la réincarnation. Les visions d'un tiers peuvent au contraire remonter le temps, dans une sorte de *rétrocognition*, et découvrir à l'œil du clairvoyant les épisodes de vie passée d'un sujet mis en rapport avec le sensitif : ce sont les *lectures de vie* que nous examinerons après l'analyse des messages annonciateurs.

Première partie

Le constat des faits

Des récits troublants

L'avertissement d'Alexandrina fait à sa mère allait s'accompagner de bien d'autres prédictions, qui toutes finirent par se réaliser. La jeune femme qui s'était crue hallucinée (et appréhendait d'être stérile, à la suite de troubles sérieux) fut bientôt témoin avec ses proches de phénomènes de *poltergeist* (coups frappés, en pleine crise de dépression du sujet); on se mit alors à faire des séances médiumniques en famille. Alexandrina se présenta, avec une autre entité. Elle put ainsi tenir ses parents au courant de l'évolution des choses; à la maman devenue enceinte, elle précisa : « En toi, s'en trouve encore une autre. » Cette annonce précoce de grossesse gémellaire allait se confirmer bien plus tard (en 1910, on ne connaissait pas l'échographie). Mais avant même que la dame eût conscience d'être enceinte, la fillette désincarnée avait assuré : « Ma petite maman, ne pleure plus, parce que je renaîtrai par ton intermédiaire et qu'avant Noël je serai avec vous. » Et la famille était chargée de ce message : « Dites aux autres parents... qu'avant Noël je serai revenue. » Plus de surprise : on savait des mois ou des semaines à l'avance que *deux* bébés, du *même* sexe, allaient naître *avant Noël* et que l'un d'eux serait le portrait craché de l'ancienne Alexandrina. Noël, c'était bien tôt pour les neuf mois d'une grossesse, mais on ne désobéit pas aux rêves et communications médiumniques : tout se passa comme prévu.

« Maman, je reviens », avait également déclaré la petite Blanche Battista à sa mère enceinte de trois mois. Une autre mère, privée de son fils tombé au champ d'honneur, rêva de lui pour s'entendre dire : « Maman, ne pleure pas, je vais revenir; pas chez toi, mais chez ma sœur... » Plusieurs autres rêves se succédèrent, et le dernier donna à la future grand-mère la vision précise d'un nouveau-né, aux cheveux noirs et aux traits tout à fait distincts : le jour même la dame prenait l'enfant dans ses mains, qu'elle reconnut sans doute possible.

Dans les annales du spiritisme, on trouve des histoires du même genre où, cette fois, la réincarnation future d'un individu connu du médium est annoncée par l'« esprit » au moyen de la planchette. C'est ainsi qu'un certain Félix annonça au Dr Delarrey, spirite convaincu, et à sa femme (qui avait connu jadis le personnage comme domestique) qu'il allait renaître chez un parent, *en fixant la date* et en donnant d'autres précisions troublantes (que n'ignorait cependant pas le couple spirite). On le reconnaîtrait d'ailleurs à son oreille fortement décollée – comme il l'avait eue autrefois. Au jour dit, l'enfant naquit, avec la disgrâce physique annoncée.

On pourrait multiplier ces récits convaincants : ils ne font que suggérer mieux encore l'authenticité de ces annonces de retour *comme des faits*. Nous verrons plus tard à tester leur valeur de preuves de la réincarnation. Les dossiers Stevenson renferment, on s'en doute, un grand nombre d'exemples de ces rêves.

La fréquence avec laquelle une ancienne personnalité avertit de sa réincarnation dépend beaucoup – comme pour les marques de naissance – des groupes ethniques et des cultures. À Ceylan, on a peu de rêves annonciateurs, ou alors ils sont symboliques, avec des images d'animaux. En Inde, on a plus volontiers de ces visions mais bien moins que chez les Tlingit, les Birmans et les Turcs *alevi*, ou encore en Thaïlande, où 34 % des cas sont assortis de rêves de ce type.

Peut-on préciser *quelle personne* reçoit le message et *à quel moment* ?

Les dossiers birmans peuvent donner des éléments de réponse – variables d'une culture à l'autre (115).

Sur 230 cas, 107 (47 %) comportent des rêves, et la personne qui a rêvé est *généralement la mère* (70 % des cas attestés) ou le père (11 %), voire les deux parents (7 %), éventuellement, un membre de la famille antérieure (6 %). En Thaïlande aussi, c'est essentiellement la future mère qui fait les rêves. Quant à la *date* de ces annonces, sur 84 cas birmans où elle est connue, elle se place généralement *avant* la conception (54 %), moins souvent *pendant* la grossesse, et très rarement après la naissance (un cas attesté). Observation analogue en Thaïlande : en pays bouddhiste, on ne doit pas entendre parler de l'ancienne personnalité *après* la conception. Ce genre d'interdit religieux ne trouble pas les Tlingit qui rêvent volontiers de réincarnation pendant les derniers temps de la grossesse et rarement avant la conception, à l'inverse des Asiatiques.

Comme toujours, il y a des exceptions. Il est rare que les Druzes reçoivent de tels avertissements, mais on observe chez eux des cas bizarres où le rêve annonciateur a lieu *avant la mort* de la personnalité précédente : il indique qu'un homme encore vivant renaîtra comme l'enfant d'une femme enceinte. Le « transfert de personnalité » se fait quand (à peu près simultanément) l'individu meurt à un bout du village et le bébé naît à l'autre bout. Les Druzes n'aiment pas perdre de temps d'une incarnation à l'autre[1].

Dans l'un des cas cités, l'homme est encore jeune et bien valide; la femme fait le rêve et, quelques jours après, l'homme est assassiné, de façon inattendue. Dans un autre exemple, une personne (en bonne santé, dirait-on) rêve qu'elle va renaître comme l'enfant d'une femme déjà enceinte. Ce qui ne manque pas de se vérifier, en apparence du moins. On a là affaire à des manifestations de précognition.

L'énumération un peu sèche de ces statistiques ne donne guère une idée correcte du contenu de ces rêves, de la manière dont ils émergent et de l'impact qu'ils peuvent avoir sur les rêveurs. La place manque pour développer ces points intéressants. Quoi qu'il en soit, ces visions oniriques diversement reçues par les sujets – qui peuvent ne pas en tenir compte sur le moment ou en être profondément affectés – sont régulièrement rappelées après la naissance qui vient confirmer leur contenu : l'entité qui revenait avait prévenu l'entourage. Parfois l'ancienne personnalité se rappelle au bon souvenir de la mère... au moment de l'accouchement. Témoin cette femme tlingit qui avait été prévenue par son beau-père, William George, qu'il reviendrait comme son fils « si toutefois il y avait quelque

---

1. Stevenson a signalé un cas de ce genre chez les Turcs : un père rêve qu'un habitant de son village lui annonce qu'il va venir demeurer chez lui; cela tombe bien, sa femme est sur le point d'accoucher; il fait le serment à l'homme de son rêve de donner à son fils le nom de cet obligeant visiteur (qui était en train de mourir, *à l'insu du rêveur*). L'enfant naît : c'est bien lui ! Du moins on s'en rendra compte plus tard. [Cas Nasir Toksöz (115).]

chose de vrai dans cette histoire de renaissance... »

Anesthésiée pendant qu'elle donnait naissance à son enfant, elle vit cet homme lui apparaître et lui déclarer... qu'il attendait de voir son fils. Était-ce pour vérifier sur le corps du nouveau-né la présence des deux nævi caractéristiques de l'anatomie de feu William George ? (108).

Discussion

Dans leur majorité, les cas envisagés semblent pouvoir s'expliquer par les théories spirites, et militer dans le sens de la réincarnation : des « esprits » parfaitement conscients, et au fait des détails de leur prochaine renaissance, communiqueraient aux vivants des précisions sur ce retour (date et circonstances). Toutefois, objectivement, les faits se réduisent à ceci : des êtres incarnés, de chair et d'os, sont les instruments de la transmission de ces messages qu'ils *attribuent* – peut-être un peu vite – à des personnalités désincarnées. Dans le cas des rêves, toute la machinerie psychique inconsciente est sollicitée, de quelque manière, pour faire émerger les images oniriques : l'information vient-elle directement d'un « esprit »[2], est-elle collectée par télépathie, ou clairvoyance, à des sources où elle existe – par exemple dans le mental des proches parents du décédé qui s'apprête à « revenir » – ou a-t-elle une autre origine ?

On ne peut pas exclure d'emblée l'hypothèse que la pensée de la mère puisse *imaginer entièrement* un rêve détaillé qui s'imprimera ensuite dans la

2. Comme le note Stevenson, pour la plupart des parapsychologues, les données les plus authentiques tendant à prouver la survivance sont susceptibles d'autres explications. « Selon la plus importante de ces interprétations, les témoignages qui paraissent objectivement provenir de personnalités désincarnées pourraient en fait résulter de perceptions extra-sensorielles entre des personnes vivantes... » (111.)

réalité, en modelant le fœtus en conséquence, ou en le chargeant d'impressions invisibles qui émergeront plus tard dans le comportement ou le langage de l'enfant : le rêve que l'on interprétera alors comme « prophétique » ne sera rien de tel. Et le fait que des dates soient « prévues » pourrait s'attribuer au même genre de phénomène : des événements qui étaient possibles, voire probables, se précipiteront justement le jour prévu, *par l'effet de la pensée*. Cette hypothèse peut ne pas satisfaire certaines personnes qui préféreront voir à l'œuvre, dans ces prévisions confirmées, le pouvoir de prognostication des « esprits »; mais on leur objectera que *les vivants aussi ont ce pouvoir*. On se souvient des performances de clairvoyants comme Gérard Croiset dans les « chair-tests » (épreuve consistant à prédire vingt ou trente jours à l'avance quelle personne viendrait s'asseoir à un siège donné dans une salle de réunion[3]). Et les rêves prémonitoires réalisés ne se comptent plus : certains sont d'un symbolisme obscur qui s'éclaire *immédiatement* quand l'événement se produit. Quelque chose au fond de l'inconscient de l'individu avait mystérieusement prévenu la personnalité consciente de l'imminence d'un fait important, et celle-ci n'avait pas toujours su interpréter le message.

Si le pouvoir de précognition existe chez tout un chacun, même à l'état latent, faut-il faire intervenir des « esprits » dans ces rêves annonciateurs ? Le retour d'une personnalité désincarnée sur la terre n'est peut-être pas *aléatoire* : s'il répond à un programme (karmique, ou autre), les grandes lignes de ce programme sont éventuellement tracées (dans la lumière astrale, la psychosphère, ou le champ mental universel où interagissent toutes les énergies psychiques des êtres...) et il ne serait pas étonnant

3. Voir *PSI-International*, n° 3, janvier-février 1978.

que les péripéties d'une grossesse, avec son achèvement, naturel ou tragique, soient réellement perceptibles, longtemps à l'avance à « l'œil » du clairvoyant.

Il n'est pas nécessaire de postuler l'intervention directe de l'« esprit » d'Alexandrina pour rendre compte des avertissements reçus par sa mère. En supposant un cas de *réelle réincarnation*, la psyché de la mère a bien pu recevoir des couches profondes de son être (l'Ego des théosophes[4]) – ou par quelque autre voie – l'information du retour programmé de l'enfant, et traduire le message dans des termes intelligibles, en particulier en utilisant la voix et le vocabulaire propres à l'ancienne Alexandrina, que la mémoire avait sûrement conservés de façon indélébile.

De même, dans le cas de contagion psychique par des restes de personnalités, on peut bien concevoir que des informations détaillées de la coque astrale envahissent en rêve la psyché de la mère, et que le « désincarné » arrive même à se présenter à l'œil de la rêveuse au besoin *avec ses marques caractéristiques*.

Cette vision, traduisant en clair dans le champ mental l'image à reproduire sur le corps de l'enfant, pourrait encore, dans certains cas, contribuer à l'apparition des malformations et autres stigmates. Quoi qu'il en soit, dans l'exemple de la « réincarnation » de William George, l'apparition de ce personnage sous anesthésie rappelait peut-être à la mère – même si, consciemment, elle l'avait oublié – que l'image de ce parent était restée présente (trop présente sans doute) dans sa sphère mentale,

4. Sur le plan du Soi profond, ou de l'Ego permanent, les liens d'amour entre les êtres demeurent et ne sont pas rompus par la mort. *À ce niveau spirituel* n'existent plus les obstacles à la télépathie qui, au contraire, limitent sa manifestation, d'un psychisme à l'autre, pendant la vie incarnée.

et qu'on allait bientôt en voir les traces dans le rejeton.

Il n'est guère nécessaire d'insister sur la contribution active de la psyché du rêveur dans les visions : comme on l'a vu au début, les « revenants » birmans ont coutume de demander *poliment* l'hospitalité à leur future mère pendant son sommeil. Un vivant ne concevrait sans doute pas qu'il en fût autrement.

On a noté, par ailleurs, que, dans les diverses cultures étudiées par Stevenson, les annonces de retour répondent bien, en général, à ce que les gens attendent, *compte tenu de leurs croyances sur les modalités de la réincarnation*. Toutes ces observations font soupçonner une participation non négligeable du subconscient des vivants dans ces « messages » des morts.

Deuxième partie

LES LECTURES DE VIE

Le constat des faits

C'est ici que nous allons quitter le banal et le quotidien chez les Druzes du Liban, la renaissance à court terme chez les Tlingit, pour rencontrer le fantastique, dans un grand survol d'époques révolues où les vies se sont succédé depuis les temps de la mystérieuse Atlantide jusqu'à... la grisaille du XXe siècle. On dirait bien que chacun porte en lui-même le film complet de toutes ses incarnations antérieures et que ces images n'attendent que l'occasion de se projeter sur un écran convenable. Mais si l'homme de la rue n'est pas capable d'assister à cette projection, d'autres vous assureront qu'ils peuvent le faire à sa place. Edgar Cayce, le célèbre voyant de Virginie, avait ce don et il l'a exercé sans décorum et sans tricherie. On ne peut pas en dire autant de ses successeurs improvisés, qui font profession de « lire les vies passées » : moyennant l'indispensable poignée de dollars (sans doute pour entretenir les facultés de clairvoyance), de nombreux filous font recette aux États-Unis en révélant aux gogos abusés les péripéties de leurs incarnations oubliées. Un bon conseil en passant : si le récit qu'on vous fait vous déplaît, adressez-vous ailleurs. Cela peut vous sauver la vie[5]. Mais ces brebis galeuses n'entachent pas la vérité des purs. Voyons d'abord quelques témoignages, avant de tester leur validité.

Edgar Cayce (1877-1945)

L'homme jeta un coup d'œil à sa montre : c'était l'heure convenue. Il desserra sa cravate, ôta ses souliers et s'étendit confortablement sur un divan, les yeux fermés. Dans une sorte de geste rituel, il réunit ses mains au-dessus du front, les paumes en l'air, pendant quelques moments – le temps qu'un mystérieux signal intérieur l'invite à poursuivre son étrange manège – puis, les mains croisées sur le plexus solaire, il se mit à respirer lentement et profondément. Assis autour de lui, et attentifs à la scène, quelques amis étaient là, surveillant le visage du mystérieux dormeur. Bientôt les yeux se mirent à cligner, l'homme entrait en transe. Alors, s'adressant à lui, l'un des témoins lut à haute voix

5. Histoire authentique : un jeune homme en pleine déprime s'apprêtait au suicide car une « lettre de vie » lui avait révélé un odieux passé (il avait fait périr d'innombrables juifs sous Hitler). Dans un sursaut de lucidité, il s'adressa à un autre voyant « extra-lucide »... qui lui conta un tout autre récit, bien plus riche en couleur. Il suffisait de trouver la bonne adresse.

un document où il était question d'une personne qu'on désignait par son nom, en indiquant la date et le lieu de sa naissance ainsi que son domicile; ces précisions étaient aussitôt suivies d'une curieuse formule sacramentelle : « Vous indiquerez les rapports de cette entité avec l'univers et les forces universelles, en donnant les tendances qui sont comme des personnalités latentes ou apparentes dans la présente vie; vous donnerez aussi les personnalités antérieures sur le plan terrestre (...) et vous direz ce qui, dans chacune, a contribué à avancer ou retarder le développement de l'entité » (5, 19).

Quelques instants après, les révélations commençaient. À des centaines de lieues de là, l'inconnu, dont on venait de décliner l'identité, était localisé par le pouvoir de vision de l'homme en transe et lui livrait les secrets de ses lointaines existences.

Edgar Cayce, « l'homme du mystère » (77) qui réalisait ces prouesses n'avait pas commencé sa carrière dans la voyance extra-lucide. Humble fils de fermier du Kentucky, il avait quitté l'école à 15 ans, sans grand bagage, et était entré dans la vie active, comme on dit... pour gagner son pain; mais son désir aurait été d'être prédicateur, tant était profonde sa foi religieuse et grand son attachement à son Église. Par bonheur, si on peut s'exprimer ainsi, à l'âge de 21 ans, une laryngite le priva de la voix mais en même temps l'amena à découvrir sa vocation : placé une première fois sous hypnose par un praticien ambulant, il se remit à parler – le temps de sa transe. Mieux inspiré, un autre expérimentateur, du nom de Layne, invita le jeune homme sous hypnose à décrire la nature de son mal, ce que fit le patient en précisant même le remède adéquat. Cette fois, grâce aux soins appliqués, ce fut la guérison.

En somme, Edgar Cayce répétait à son profit

une vieille découverte... du marquis de Puységur. Né en France en 1751, ce digne émule de Mesmer avait noté qu'un sujet en transe somnambulique pouvait diagnostiquer son mal, ainsi que celui des autres personnes qu'il touchait (88, pp. 19 et 144). Il se montrait même capable d'« indiquer les moyens qui peuvent aider la nature au travail de sa guérison ». C'est très exactement ce que fit notre muet et le second patient à profiter de ce don fut Layne lui-même. Persuadé que ce pouvoir lui venait de Dieu pour soulager l'humanité souffrante, Edgar Cayce se mit à l'œuvre sans tarder : ses diagnostics et ses prescriptions, donnés sous hypnose dans plus de vingt-cinq mille « lectures de santé », ont fait l'étonnement du monde médical. Nous avons ici encore un exemple de ces extraordinaires capacités que ne permettent d'expliquer ni l'hérédité, ni le milieu, ni aucune forme d'entraînement connu. Il suffisait à Cayce d'entrer en transe comme on l'a vu pour se mettre en rapport avec n'importe quelle personne désignée avec précision, à une heure convenue avec elle, pour *voir* cette personne vivant dans son milieu et... faire sa consultation. Redevenu conscient, il restait stupéfait de ses ordonnances, ignorant qu'il était de la médecine et de ses remèdes. Des guérisons spectaculaires de cas quasi désespérés valurent au pauvre homme – toujours prêt à rendre service – d'être accablé de milliers de demandes de secours et de s'épuiser à la tâche : il mourut à 68 ans.

Edgar Cayce avait environ 46 ans quand l'une de ses connaissances, un certain Lammers, pensa à utiliser cette clairvoyance pour résoudre des questions plus philosophiques et répondre aux grands problèmes de l'existence. Un beau jour d'octobre 1923, invité à faire sous hypnose l'horoscope de Lammers, Cayce répondit, comme à l'accoutumée, dans son curieux style impersonnel, en phrases

lapidaires et conclut par ces mots surprenants :
« Autrefois, il a été moine. » Le personnage
concerné croyait fermement à la réincarnation et
était au fait des théories occultistes et des philoso-
phies orientales : la révélation du voyant fit l'effet
d'une bombe. Il fallait poursuivre l'enquête dans
cette voie. Ce qui fut fait; non sans mal car, bon
chrétien, Cayce avait de sérieux problèmes de conscience avec cette doctrine des renaissances qui sen-
tait le soufre. Il faut croire qu'avec les explications
de l'ami persuasif et compétent tout rentra dans
l'ordre. En moins d'un quart de siècle, Edgar Cayce
donna deux mille cinq cents *life-readings*, ou lectures de vie. Et ces explorations tous azimuts, dans
le temps et l'espace, lui permirent même d'élaborer
une sorte de vision complexe de l'univers et du
devenir des êtres vivants, qu'il n'est pas utile d'approfondir ici[6]. Il fit même des apports substantiels
à l'astrologie. Nous verrons plus loin (Appendice)
que ses visions sont prises en compte dans les
élaborations modernes de l'« astrologie karmique ».

Le don nouvellement révélé du voyant servit
sans retard à explorer... ses propres vies et celles
de ses proches. Merveille ! Tous ces êtres bien unis
n'avaient cessé de jouer à cache-cache tout au long
des siècles, et de se retrouver, au fil de péripéties
dignes du meilleur roman d'aventures. Cayce lui-
même s'était revu grand prêtre égyptien (déjà marié
à sa présente femme !), médecin persan, chef mystique d'une tribu du désert, compagnon de certains
apôtres, et finalement aventurier en Amérique,
victime des Peaux-Rouges. Sa propre secrétaire
(actuelle) l'avait plus d'une fois côtoyé, comme sa
fille en Égypte, et proche parente en Perse, avant
d'être marquée par un cruel destin sous Louis XIV.

6. David Christie-Murray en a tracé un large tableau fort intéressant
dans son livre (22).

Des réincarnations en groupe furent également détectées, permettant à des compagnons du grand pèlerinage de se retrouver tous ensemble, comme à des sortes de rendez-vous périodiques.

Quant aux lectures qu'il fit pour les autres, il est bien difficile d'en dégager ne serait-ce que les grandes lignes. En simplifiant beaucoup :

a) Les existences décrites remontent généralement loin dans le passé, et s'égrènent dans le film de l'histoire en suivant certaines filières assez constantes : l'Atlantide, l'Égypte, Rome, le temps des croisades et la période coloniale en Amérique, avec parfois une bifurcation après Rome : la France sous Louis XIV, Louis XV et Louis XVI, puis la guerre de Sécession.

b) Tous les récits ont un caractère *moralisateur*, et karma est présent partout; Gina Cerminara a répertorié, dans son livre, *De nombreuses demeures* (19), toutes les différentes modalités de manifestation de cette loi universelle de justice qui corrige l'erreur et permet le progrès : on a là des exemples convaincants, illustrant les répercussions sur la vie actuelle des bonnes et mauvaises actions de jadis. On ne se joue pas de Dieu : ce que l'homme sème il le récoltera aussi.

c) En dehors de cette exceptionnelle capacité qu'avait Cayce de se mettre infailliblement en rapport avec la personnalité cible qu'on lui proposait, en la décrivant correctement dans son milieu (avec sa psychologie), ces lectures témoignent plus d'une fois d'une aptitude à *saisir des détails vérifiables* – que le voyant ne connaissait vraisemblablement pas – comme le véritable nom de Molière, ou certains épisodes de la vie d'obscurs personnages[7]; dans ses

---

7. C'est ainsi qu'il révéla son ancienne vie à un musicien aveugle, passionné de la guerre de Sécession : l'homme avait été soldat sudiste, comme porte-drapeau dans l'armée du général Lee. Son nom : Barnett A. Seay. Cayce précisa qu'on pourrait retrouver la trace historique de ce récit, ce qui fut fait, en explorant les archives de l'État de Virginie.

transes, il est arrivé plus d'une fois que Cayce s'exprime dans une langue étrangère inconnue de lui, et son pouvoir lui permettait de détecter à distance des vocations, des aptitudes latentes que les sujets développaient ensuite avec un plein succès; il a pu également annoncer une grossesse jugée impossible par un médecin, prévoir les futures caractéristiques d'un enfant à naître, etc.

d) On trouve aussi des bizarreries et des affirmations qui sont à la limite du crédible; les prévisions données sur les « séjours planétaires » des âmes, voire leur périple vers la lointaine étoile Arcturus, laissent beaucoup de gens sceptiques; il y a des prénoms comme Neil qui ne sonnent pas français, sous le règne de Louis XIII; et puis, on peut s'étonner que, sur deux mille cinq cents cas, si peu de gens se soient incarnés du côté de Sumer, de Babylone, ou de la Chine. Et où ont bien pu passer les hordes mouvantes des confins de l'Asie et les populations des empires africains, dont on ne retrouve plus la trace dans les lectures de vie ? En attente, sur quelque autre planète ?

Edgar Cayce, prophète génial ou imposteur ? Que faut-il croire de ses relations ? Il faut sans tarder écarter l'hypothèse de la fraude consciente. Le voyant a donné des preuves indiscutables de son désintéressement. C'est Lammers qui l'a poussé à explorer les réincarnations : il a été le premier surpris des résultats. Mais doit-on conclure de la *quasi*-perfection de ses diagnostics médicaux (il y a pourtant toujours un pourcentage d'erreurs dans ce genre de manifestations psychiques) que ses lectures de vie sont *aussi fiables* ? C'est une grande tentation à laquelle s'abandonnent bien des gens, *à tort*, me semble-t-il. La détection d'une maladie se fait sur le plan physique – en examinant les symptômes – ou sur le plan qui est immédiatement au-delà (quel que soit le nom adopté : prânique, vital, etc.) où le voyant explore l'état *interne* du patient. Les existences antérieures – si elles ont une réalité – ne se trouvent *sûrement pas* à ce niveau, à portée de la main d'un sujet en état d'hypnose. Il y a des catégories à ne pas confondre...

Mais le nom de Molière, et les détails qui sont vérifiables ? Peut-être, mais un homme aussi doué que Cayce n'était-il pas capable d'utiliser sa perception extra-sensorielle pour aller cueillir, dans le mental d'un connaisseur vivant le nom de Jean-Baptiste Poquelin et relever les précisions utiles sur la vie du soldat sudiste dans le registre où dormaient ces renseignements historiques ? Ou n'a-t-il pas tout bonnement puisé dans quelque tiroir des *archives akashiques*, dont il prônait l'existence et d'où il tirait sa connaissance sur les péripéties de l'évolution humaine ? Pour sa part, Cayce était persuadé d'avoir décrit *réellement* une existence antérieure. Disons plutôt que ses assistants en étaient persuadés et lui ont finalement communiqué leur certitude. Plongé en hypnose et occupé à décrire ce qu'il percevait, il n'avait guère le recul nécessaire pour déterminer la source réelle de l'information qu'il transmettait. Un médium peut toujours prendre ses hallucinations pour des vérités absolues, et entraîner l'enthousiasme des témoins.

Nous ne saurons jamais quel crédit accorder à ces étranges récits. On ne peut guère les retenir comme preuves de la réincarnation. On dirait bien d'ailleurs que Cayce est tombé, sans le savoir, sous l'influence contagieuse d'une sorte de folie qui ravageait les milieux théosophiques de son temps : la course aux vies passées.

Charles Webster Leadbeater (1855-1934)[8].

Rien ne semblait destiner ce fils d'une humble famille du Cheshire, respectueuse de l'ordre conservateur et de la religion anglicane, à devenir, pendant de longues années, l'homme le plus influent de la *Theosophical Society* que Mme Blavatsky avait fondée, avec plusieurs autres, en 1875. D'abord vicaire d'une petite paroisse, il se découvrit peu à peu, à côté de ses talents de propagateur de la foi, un intérêt croissant pour le spiritisme, avec d'indéniables pouvoirs psychiques. À 29 ans, il prit feu et flamme pour la théosophie et tout le merveilleux que contenaient pour lui ses idées nouvelles et, le 21 février 1884, il était admis comme membre de la fameuse société, en même temps que le célèbre savant William Crookes. En quelques années, le timide débutant sur la voie spirituelle allait trouver sa vocation et se ménager une place de choix au milieu d'une foule d'admirateurs : en 1894, peu de temps après la mort de Mme Blavatsky (qui, de son vivant, aurait sans doute vertement rappelé le « voyant » à plus de discrétion), il commença à exercer au grand jour ses talents occultes, en explorant le « monde astral » et en déchiffrant les fameuses... *archives akashiques*[9] pour sonder le passé de son entourage. On peut deviner l'effet prodigieux qu'a pu avoir sur l'imagination enfiévrée des théosophes de l'époque la publication des seize existences antérieures d'un proche de Leadbeater, John Varley. Le style était alerte et les récits fascinants : les gens ne demandaient qu'à croire. Créateur du genre, Charles Webster, grand mage

8. Pour l'étude du cas Leadbeater, voir l'excellent ouvrage de l'Australien Gregory Tillett, *The Elder Brother* (121) paru en 1982.
9. On voit où Edgar Cayce a trouvé son inspiration – par l'intermédiaire de Lammers, qui était au fait des élucubrations théosophiques (?) des successeurs de Mme Blavatsky.

de séduction, n'allait pas s'arrêter en si bon chemin. Attribuant un nom d'étoile, de muse ou de héros, à chacun de ses intimes, il eut l'obligeance de révéler ainsi les vies successives des célébrités du moment : Erato, Spica, Orion, Ursa, Véga, et d'autres que je passe. En gros, tout le *Who's who* du monde théosophique finit par trouver sa place dans ces grandes fresques saisissantes. Et ce n'était pas sans une secrète émotion que l'on apprenait sur la liste confidentielle, qui révélait l'identité *actuelle* de ces fabuleuses étoiles voyageuses, qu'on avait été jadis le fils ou le cousin de l'un des grands Maîtres spirituels de l'humanité, sous le pseudonyme occulte d'Ulysse, Persée ou Osiris.

Ces aimables passe-temps n'auraient pas tiré à conséquence si Leadbeater n'avait exploité ses talents psychiques pour donner partout l'impression qu'il était en rapport direct avec les grands gurus. Il prit ainsi un dangereux ascendant sur Annie Besant dont l'étoile montait irrésistiblement au firmament de l'étrange société qui oubliait progressivement l'hermétique philosophie de la théosophie pour foncer dans l'occulte, sous la conduite éclairée du nouvel Initié. Déjà, en 1896, il avait annoncé à Annie Besant la réincarnation récente de Mme Blavatsky dans une fillette de 3 ans. Le temps d'une courte éclipse (où une affaire de mœurs l'obligea à démissionner), il rentra vite en grâce et bientôt son inexplicable penchant pour les jeunes garçons lui fit découvrir sur la plage, à l'heure du bain, deux enfants dont l'aura (?) lui parut des plus prometteuses. L'un d'eux n'était autre que le jeune Krishnamurti. C'était en avril 1909. Leadbeater prédit que le garçonnet deviendrait un grand instructeur spirituel. On fit des recherches dans l'*akasha*, et on s'arrangea pour recevoir les enfants surdoués le samedi et le dimanche, hors de l'influence de leur père... et les années d'intoxication commencèrent. Plaçant ses mains sur la tête du futur Messie, le mage lui décrivait à chaque séance l'une de ses vies passées; et la nuit, pendant le sommeil des deux jeunes frères, il emmenait leur corps astral à l'ashram du grand Maître afin qu'Il les éveille progressivement aux réalités spirituelles. Comment s'étonner que les étapes aient été brûlées sous la direction d'un pareil mentor et que l'adolescent de 13 ans (auquel on allait finir par vouer un culte) ait franchi victorieusement – en un temps record – les épreuves de l'Initiation? Un nom d'étoile lui fut naturellement attribué *(Alcyone)* ainsi qu'à son frère Nityânanda *(Mizar)*. En 1910 paraissait sa première œuvre, « dictée » par son *guru* de l'Himâlaya : *Aux pieds du Maître*; et déjà les *archives akashiques* fiévreusement compulsées rendaient leur verdict : on avait vu juste, et Alcyone était bien l'être d'élite qui allait servir de canal physique au retour du *Messie-Maitreya* (le nouveau Bouddha). Par une bizarrerie mal élucidée, ce parangon de toutes les vertus, que les bouddhistes attendent sagement, pour le revoir dans de très lointains siècles futurs, avait décidé de revenir plus tôt parmi les hommes : il était temps de s'y préparer. La grande annonce officielle au monde médusé (des théosophes) eut lieu plus tard par la bouche d'Annie Besant, en 1925, à un congrès tenu à Ommen, en Hollande. Dieu merci ! le nouveau sauveur arrivait entouré de douze apôtres, initiés du 4e degré *(Arhat)*[10]. Par bonheur pour lui, devenu adulte, Krishnamurti sut échapper à la drogue psychique, en abolissant son culte et en reprenant sa liberté. En 1929, par cette regrettable défection,

10. Dans la liste de ces saints (et modestes) leaders spirituels se trouvaient, bien sûr, Mme Besant et Leadbeater, et bien d'autres, dont un second ecclésiastique, J. Wedgwood, homosexuel notoire qui allait perdre la raison, atteint d'une syphilis non soignée. Encore une de ces épreuves placées sur le Sentier de l'Initiation ! En somme, Maitreya était bien entouré.

l'office de Sauveur du Monde devenait vacant[11].

J'ai entre les mains le précieux recueil des trente vies d'Alcyone, poétiquement intitulé *Déchirures dans le voile du Temps*. Armé des clefs indispensables pour identifier les personnages (Mars et Mercure sont deux des instructeurs spirituels de Mme Blavatsky, Pallas et Lyra sont Platon et Lao-Tseu, Brihaspati est Jésus et Corona Jules César, tandis que Sirius est... devinez qui ? Leadbeater – et Aries représente sir William Crookes...) on peut s'enfoncer dans le dédale des lignes karmiques, mariages, intrigues, hauts faits d'armes et révélations spirituelles.

Comme dans tout bon roman-feuilleton, la distribution des rôles prévoit les jeunes premiers, les bons, les médiocres, et les pervers. De mauvaises langues eurent tôt fait de constater que le rôle du traître, aventurier, obsédé sexuel, faux ami, conspirateur, expert en chantage était toujours confié aux mêmes dévoyés – Castor, Thétis, Alastor, etc. – le pire de tous étant l'ignoble Scorpion, inlassable « méchant », empoisonnant à lui tout seul une dizaine de vies de l'angélique Alcyone. Par un curieux hasard, tous les « bons » s'étaient réincarnés pour former le cercle actuel des fidèles de Leadbeater – du moins au moment de ces récits – et les perfides étaient les ignobles théosophes qui se liguaient contre lui, ou l'avaient forcé à démissionner pour cause d'immoralité.

11. Toutefois, n'ayons pas d'inquiétude : un Messie fait faux bond, un autre le remplace. À peu près à la même (folle) époque, une théosophe au moins aussi « clairvoyante » que Leadbeater, Alice Bailey – autre soi-disant disciple des Maîtres de Mme Blavatsky –, a fait de mirobolantes prédictions similaires. Plus prudente cependant, elle a promis son Maitreya... pour un peu plus tard. D'ailleurs, on dirait qu'elle s'est un peu trompée dans ses calculs : des milieux anglais bien informés nous font savoir, par la bouche d'un voyant plus moderne (encore un !), Benjamin Creme, que le candidat Sauveur du Monde est arrivé. Petit détail contrariant : Maitreya réincarné parmi nous attendrait pour se manifester... qu'on le laisse parler sur toutes les chaînes de télévision du monde. (Voir la revue *Share International*, mai 1983.)

Avec le temps, les « fidèles » s'aperçurent que d'autres fidèles, nouveaux venus, ne figuraient pas dans les Vies. On dut se replonger dans l'*akasha*, pour découvrir à ces « oubliés » des places, comme fils supplémentaires des bonnes familles, ou parents éloignés, selon le mérite. Et, quand Leadbeater partit en Australie, force fut de constater qu'on manquait de noms d'étoiles pour désigner tous les nouveaux postulants à la gloire d'avoir appartenu depuis toujours à la phalange des Serviteurs de la Grande Loge Blanche.

Et le mage avait un tel ascendant sur ses admirateurs, une telle conviction naïve de *sa* vérité que l'on ne se risquait guère à émettre des doutes. Drapé dans sa dignité, ou affectant l'attitude du martyr incompris, il taxait de « grossière impertinence » toute tentative de critique malveillante. Ses proches avaient beau savoir qu'il ne manquait pas de se documenter dans des encyclopédies, et autres sources d'information, pour « se mettre dans le bain » d'une époque, les Vies qui émergeaient en leur présence, avec tous-les-détails-qu'on-n'invente-pas (... en dehors de ceux qu'on a puisés dans les livres) leur paraissaient criantes de vérité. Et même s'ils savaient que leur leader était un fervent de H.G. Wells et de Jules Verne, ils ne soupçonnaient rien quand les héros de jadis s'embarquaient dans un... voyage au centre de la terre (comme dans la 17e vie d'Alcyone).

Que prouvent tous ces récits de réincarnations, fabriqués sur mesure, sinon l'incroyable crédulité de *centaines de gens* intoxiqués par une propagande utilisant habilement leur croyance au merveilleux ainsi que leur désir profond d'avoir des preuves *expérimentales* (?) de la renaissance, avec l'évidente confirmation du prochain retour du Messie ? Ces mêmes besoins existent de nos jours, et d'autres ténors de la réincarnation en profitent pour se faire un nom, ou se garnir le gousset – tout en régalant les naïfs.

Il faut dire que, dans le cas Leadbeater, le doute finit par envahir certains de ses proches; Ernest Wood, le premier (qui avait été chargé de dresser la liste des « oubliés »), se mit à s'interroger sérieusement sur des incongruités qui lui sautaient aux yeux. Puis des rumeurs circulèrent : les *Vies* étaient « truquées », et même on pouvait « s'acheter » des existences exaltées[12].

Un beau jour, en rangeant les affaires en désordre du mage, Ernest Wood mit la main sur la preuve absolue de la tromperie, qu'il présenta à une autre personne proche de Leadbeater; et tous deux vinrent consulter B.P. Wadia, un collaborateur d'Annie Besant. Celui-ci sourit et assura qu'il était certain depuis longtemps que les *Vies* n'étaient qu'une fiction. Or, une édition de ces *Lives of Alcyone* était sous presse. Qu'allait-on faire ? Mise au courant de la fraude, Annie Besant finit par accepter l'évidence. Les exemplaires du livre prêts à la distribution furent entassés dans un coin, pour être soldés bien plus tard, en 1924. Bien sûr, on trouva un bon prétexte pour suspendre la vente et l'affaire fut étouffée : le fidèle continua de croire que Leadbeater était le plus grand clairvoyant du siècle. Et les silences d'Annie Besant équivalaient à une caution. Hélas !

Face aux irréductibles, il se trouva pourtant de ces frondeurs qui osèrent ridiculiser toute l'affaire avec un long poème dont voici les premiers vers (librement traduits) :

12. Il ne faut pas non plus être grand clerc pour se rendre compte que le fameux livre *Aux pieds du Maître*, avec son langage lénifiant et ses allusions au plan de Dieu, à la main de Dieu, et aux Seigneurs du Karma, n'est qu'un canular, effrontément attribué au Maître en question... avec l'imprimatur du Seigneur Maitreya Lui-même, par-dessus le marché (121, p. 164).

Dans les Vies, jadis, dans les Vies
J'eus mainte femme et maint mari.
On m'a tué, je suis re-né
Et de nombreux corps j'ai usés.
Mais ma plus haute anatomie
En a tiré un bon profit...[13]

Discussion

Il ne faut pas confondre les deux exemples que nous venons de voir : là où Leadbeater se taille magistralement une réputation de grand initié et règle ses comptes avec ses ennemis, tout en donnant du crédit à ses rêves messianiques, Edgar Cayce travaille laborieusement à éclairer son prochain... Mais il est difficile de ne pas soupçonner une influence du premier sur le second. Les *Vies* d'Alcyone remontaient à 22662 av. J.-C. et passaient quatre fois par l'Atlantide, sans manquer deux inévitables séjours en Égypte avec, ici et là, un atterrissage en Asie centrale... On voyait maints exemples de *réincarnations en groupe*, et le karma était le guide suprême de cette excursion, avec ses trente escales. En somme, le *modèle se trouvait là*, à la portée du subconscient de Cayce, aidé de Lammers. Cependant, si on en discerne bien les grandes lignes dans les lectures de vie, les *détails* des récits portent l'empreinte de la personnalité de Cayce : plus occidental que son prédécesseur amoureux de l'Orient mystérieux, ce n'est pas en Inde qu'il voit s'incarner ses sujets mais, finalement, en Amérique, après un passage par la France; et ce ne sont pas les maîtres du Tibet ni le Bouddha que les gens côtoient, mais le Christ, ou ses apôtres.

13. F.T. Brooks, *Neo-Theosophy Exposed*, Ed. Vyasashrama Bookshop, Madras, 1914, p. 283.

Car Cayce est et reste chrétien sincère, avec sa nostalgie de la prédication. Cela se sent dans ses messages *tous moralisateurs* : il invite fermement les sujets à s'amender, en comprenant leurs erreurs du passé. C'est sa façon à lui d'inclure karma dans son discours sous hypnose. Et il faut avouer qu'il est bien plus convaincant que le très curieux théosophe Leadbeater.

Il existe de par le monde bien d'autres médiums et clairvoyants qui déchiffrent le passé des autres[14] et dont on ne peut soupçonner *a priori* la bonne foi – comme Joan Grant (43, 44). Mais que penser de leurs révélations sur les vies de leur prochain ? À un moment où il ne se doutait pas encore de la fraude de son aîné, un spécialiste du zoroastrisme, B.P. Wadia (cité plus haut), s'étonnait de la multitude et de l'exactitude des noms persans cités par Leadbeater dans la 28e « Vie », et croyait y voir une preuve de l'authenticité du récit. Après des recherches, il avait retrouvé ces fameux noms dans divers ouvrages d'érudits, dont les célèbres *Secret Books of the East*... où le mage n'avait pas dû manquer de puiser – ne serait-ce que par P.E.S. Tout cela me rappelle les remarques de Ian Stevenson concernant ces exercices de voyance sur la personne des autres. En résumé, le personnage d'une vie antérieure peut être :

1. Une figure très connue et, dans ce cas, le voyant a pu apprendre jadis beaucoup de détails sur sa vie et les exhumer de sa mémoire.

---

14. Dans son livre tout récent – vite devenu un best-seller (76) – l'actrice Shirley MacLaine met en scène un médium du genre Edgar Cayce qu'elle cite souvent d'ailleurs, avec toutes les autres autorités reconnues aujourd'hui dans la galerie des vedettes du New Age. Servant de canal à un « guide spirituel » (encore un !) le sensitif fait à la jeune femme des révélations mirifiques sur ses vies passées, en employant la formule désormais inévitable : « selon les Archives akashiques, vous vous êtes incarnée avec une âme sœur... » (p. 201). Ces archives, quelle aubaine pour certains !

2. Un homme historique moins en vue, dont la carrière est peut-être retracée dans quelque livre obscur : le sensitif peut alors exercer son don de voyance pour retrouver ce document et en extraire son récit.

3. Un personnage ignoré : il est extrêmement improbable qu'on en retrouve une trace matérielle. Ici encore la révélation est sans valeur probante.

Tout compte fait, notre bilan est bien maigre : si un récit est *vérifiable*, son auteur a pu s'approprier l'information là même où on finira par la trouver. Sinon, on reste dans le doute et l'histoire peut très bien être un pur roman – même s'il fait plaisir à celui qui croit en avoir été le héros.

Pour ceux qui s'imaginent que les vies antérieures sont à portée de la main du premier sensitif venu, et qui se plaisent à citer les performances de tel ou tel médium, dans les cercles à la mode, il faut signaler que Mme Blavatsky a été d'une extrême discrétion sur ce sujet, à l'inverse de ses bavards successeurs.

Elle n'a jamais dit un mot sur *ses* existences antérieures, alors que, plus tard, les fidèles d'Annie Besant allaient être instruits des incarnations de leur leader en la personne d'Hypathie, la dernière des grandes figures néo-platoniciennes, puis de l'hérétique Giordano Bruno. Et, dans tous les écrits blavatskiens publiés, on n'arrive pas à trouver plus de *deux lignes* faisant allusion à la vie passée d'un individu (dans une lettre confidentielle à A.P. Sinnett) si on met à part l'article intitulé *Visions karmiques*[15] où elle relie la personnalité de Clovis et celle de Frédéric III de Prusse, dans un texte romancé qui prend surtout prétexte de cette réincarnation pour rendre sensible la position de l'être intérieur dans ses tribulations.

---

15. *Les Cahiers théosophiques*, n° 71, Ed. Textes théosophiques.

Quant à ses maîtres spirituels – qui ont été revendiqués dans la suite comme guides complaisants par une véritable armée d'illuminés, voire de mouvements « occultes » –, leur discrétion n'est pas moins grande, si l'on en juge par la correspondance qu'ils ont échangée avec certains théosophes, il y a environ cent ans[16]. À une question écrite posée par A.P. Sinnett : « Avez-vous le pouvoir de lire dans le passé les vies antérieures de personnes actuellement vivantes et de les identifier ? », la réponse donnée a été simplement : « Malheureusement, certains de nous ont ce pouvoir; mais, quant à moi, il me déplaît de l'exercer. » Dans ce cas, poursuivait Sinnett, « serait-ce une curiosité personnelle inconvenante que de demander des détails sur les miennes ? ».

On aurait pu s'attendre quand même à un beau récit, troublant de vraisemblance. Rien de tout cela; la lettre continue. « Homme, connais-toi toi-même, a dit l'oracle de Delphes. Il n'y a certainement rien d'"inconvenant" dans cette curiosité. Mais ne serait-il pas encore plus convenable d'étudier notre propre personnalité d'aujourd'hui, avant d'essayer d'apprendre quoi que ce soit de son *créateur* – le personnage qui l'a précédée et l'a façonnée –, l'homme qui fut jadis ? » Combien de gens, qui paieraient n'importe quel prix pour retrouver au moins *une* petite vie passée, tiendront compte de ce sage conseil... qui date de 1882 ?

Un peu plus tard, Sinnett obtint satisfaction – si l'on peut dire. Six ou sept lignes d'information renvoyant à une époque lointaine, et proposées « comme une simple esquisse, avec une suggestion

16. Les originaux de ces *Mâhâtma Letters* sont déposés au British Museum. Leur parution en librairie, en 1923, a démontré à quel point les prétendants à la « succession apostolique » de Mme Blavatsky s'étaient fourvoyés en répandant des informations en contradiction formelle avec le contenu de ces lettres.

ou deux pour tester votre pouvoir d'intuition... »
Nous sommes loin des trois cents pages des trente
vies d'Alcyone. Il faut croire que les clairvoyants
du XXe siècle ont fait d'énormes progrès sur leurs
prédécesseurs : ils n'ont plus aucun scrupule à
exercer leur don, et tous les mystères se découvrent
à leurs yeux. Heureuse époque !

6

Les témoignages personnels spontanés suggérant la réincarnation

UN DOMAINE DE FAITS VÉRIFIABLES

Nous allons maintenant découvrir l'immense éventail des souvenirs que les sujets retrouvent eux-mêmes, *d'une manière spontanée*, c'est-à-dire sans chercher particulièrement à sonder leur passé. Généralement, c'est en pleine conscience de veille, ou pendant un sommeil naturel, que l'information détaillée sur une existence antérieure émerge dans le champ mental. Les précisions fournies sont souvent suffisantes pour que l'on écarte l'hypothèse d'une divagation de l'esprit : on est en présence de récits cohérents, renvoyant à des faits apparemment très réels vécus jadis. De plus, nous sommes dans un domaine de *vécu* où les vérifications historiques deviennent possibles, ce qui fait tout son intérêt. Dans la recherche des preuves de la réincarnation, il ne sert à rien en effet d'accumuler des témoignages de rêves de « vies passées » ou d'expériences de *déjà vu* dans des cadres inconnus antérieurement, s'il n'y a pas dans les visions oniriques des éléments normalement ignorés du rêveur qu'il puisse vérifier dans la suite, ou si le sujet ne sait pas reconnaître en arrivant dans ces lieux les changements qu'ils ont subis au cours du temps depuis son « incarnation » précédente.

On peut diviser la masse des faits à rapporter

en deux catégories, selon que les souvenirs sont *occasionnels* – même s'ils se répartissent sur une longue période, par épisodes successifs – ou *durables*, c'est-à-dire toujours actuels, vivaces dans la vie journalière. Nous distinguerons ainsi les *expériences ponctuelles* (rêves, etc.) que l'on n'oublie pas (en gardant en mémoire ces images évocatrices où l'on était tel personnage du passé), de *l'expérience prolongée* dans laquelle le sujet se sent incarné, ici et maintenant, dans la peau de ce personnage – comme dans le cas des enfants étudiés par Ian Stevenson.

Première partie

LES SOUVENIRS OCCASIONNELS

Le constat des faits

Souvenirs stimulés par un facteur inductif

Si nous supposons que notre mémoire lointaine dort dans les replis de l'inconscient, une image sensorielle qui serait directement liée à une existence antérieure pourrait bien rappeler de cet inconscient, par un phénomène classique d'association, tout un ensemble de souvenirs en rapport avec cette image. Dans ce domaine, *tous* les sens devraient pouvoir être stimulés mais, en pratique, ce sont surtout les impressions *visuelles* et *auditives* qui semblent efficaces – sans parler de signaux discrets, mais bien réels, que l'on a des chances de saisir par perception extra-sensorielle, au contact d'une ambiance chargée d'imprégnations du passé. Les expériences déclenchées par ce genre d'induction sont extrêmement variables : elles vont de la vague réminiscence (avec le sentiment inexplicable de familiarité avec un lieu ou une personne) jusqu'au flash de conscience transcendante déchirant les voiles de l'oubli.

Les expériences de *déjà vu* sont littéralement innombrables. Certaines sont spectaculaires. En arrivant dans un endroit jamais visité, les sujets prétendent s'y retrouver parfaitement « chez eux ». Ils guident « les yeux fermés » ceux qui les accompagnent, en décrivant à l'avance les particularités des lieux qu'ils s'apprêtent à découvrir; ils se montrent surpris que telle porte, qu'ils s'attendaient à trouver, ait été murée, ou qu'un arbre centenaire ait disparu d'une place familière. S'ils visitent un monument, ils étonnent le guide par leur connaissance de passages et de salles qu'on ne mentionne pas aux visiteurs ordinaires. Un cas des plus énigmatiques de ce genre est décrit dans l'ouvrage de G. Delanne (29, chap. X) : obsédée par des images du XVIIIe siècle, une dame élevée à Saint-Pétersbourg se retrouvait tout à fait en pays de connaissance au Trianon et au château de Versailles, où elle alla droit à une petite porte peu visible, dans une chambre particulière, en déclarant : « Il y a des chambres plus loin, je dois y aller. » Il s'agissait des petits appartements de Marie-Antoinette. La porte ouverte par un guide, l'étrangère pilota ses amis sans hésiter dans ces lieux pratiquement ignorés de tous, en dehors des spécialistes [1]. Déjà, au siècle dernier, Lamartine avait surpris ses compagnons de voyage en Palestine en reconnaissant, sans aucun document, tous les sites rencontrés sur sa route : la vallée du Térébinthe, le champ de bataille de Saül, le tombeau des Maccchabées... Comme il l'a écrit : « ... Je n'ai presque jamais rencontré en Judée un lieu ou une chose qui ne fût pour moi comme un souvenir. » (6, chap. IV.)

---

1. C'est ce même sujet, extrêmement attaché à Marie-Antoinette, qui fit le rêve relaté plus haut, avec la vision de la reine conduite à l'échafaud.

Parfois, cette singulière familiarité avec un paysage, ou une ville, s'accompagne d'une brusque révélation d'une vie passée. C'est ainsi qu'en arrivant dans une localité perdue dans la campagne allemande, une jeune femme en vacances fit une découverte sensationnelle : « Mais c'est ici que j'ai vécu dans le temps ! Je sais exactement où tout se trouve ! » Jadis, petite paysanne, vivant entre ses parents et deux frères, elle était morte, tuée d'un coup de pied de cheval. La voyageuse reconnut sentiers, rues et maisons du village, avec sa vieille taverne. Blanchi par l'âge, l'aubergiste questionné confirma tout le récit. Seul survivant de la famille, l'un des frères vivait encore. Il portait bien le nom que la dame avait spécifié, spontanément. Et celle-ci, en entendant le tavernier mentionner l'accident mortel, avait revu en un flash dramatique toute la scène de sa « mort précédente » (35). Dans son étude des cas de réincarnation en Thaïlande (115, p. 181) Stevenson rapporte également des expériences de ce type : en retournant à des lieux qu'il avait fréquentés dans une vie antérieure, un sujet revoit avec maints détails des scènes oubliées : ici, sur une route, dans une charrette couverte, une femme qui vient d'accoucher se repose, tandis que le mari cuisine et que les bœufs, attachés plus loin, font tinter leurs clochettes; ailleurs, c'est un campement de marchands qui se préparent pour le repas, au milieu du bruit des bêtes de trait et des marmites de riz en train de bouillir.

Un exemple encore plus convaincant est fourni par le cas de Najib Abn Faray (22, p. 141) qui aurait pu figurer dans les dossiers de Stevenson. Ayant quitté sa région natale, le jeune homme partit un jour vers le Djebel druze... où tout lui sembla plus familier. Dans un village il retrouva bientôt « sa » maison : à l'intérieur, il révéla l'existence d'une cachette (que personne ne connaissait) où, affirma-t-il, il avait dissimulé un sac d'argent. Le magot était là ! Plus de doute : le garçon était bien l'ancien propriétaire – lequel avait été tué à peu près à l'époque de la naissance du « revenant », bien vivant.

Ailleurs le simple fait de se trouver sur la plage d'Acapulco induit chez un jeune sujet tout un train de souvenirs où il se revoit officier de marine mourant sur une grève, pendant la guerre contre le Japon – épisode historique qui fut ensuite dûment vérifié, grâce aux précisions fournies par l'enfant (70, p. 172). Dans d'autres exemples, la présence dans un lieu particulier oriente les expériences oniriques qu'on peut y avoir : si la rue Saint-Honoré fait rêver à Marie-Antoinette, les alignements des menhirs bretons auront peut-être le pouvoir de vous ramener au temps où vous étiez druide, comme les lacs de Killarney, en Irlande, ont pu induire chez un voyageur des visions d'un passé reculé, où il entretenait un feu sacré au sommet d'une tour.

À titre de variante, il arrive que le sujet ait des rêves le familiarisant à l'avance avec un endroit bien défini... qu'il finit par découvrir un jour, avec toutes les certitudes que cette expérience peut apporter. Il y a de ces cas très troublants.

Il suffit parfois d'une simple photo, d'un tableau, pour déclencher des souvenirs. Ce fut le cas d'un artiste, intéressé par un projet lié à l'art japonais : la photographie d'un temple au Japon précipita dans sa pensée une foule d'images, un sentiment de *déjà vu*. Plus tard, les hasards de la guerre l'envoyèrent là-bas comme soldat et lui firent découvrir le saint édifice : il étonna le guide par sa connaissance parfaite des lieux (70, p. 33).

Parfois, le facteur inductif peut être un objet évocateur, une peinture, un morceau de musique. Une Canadienne, Elizabeth Lok, a raconté comment l'écoute d'un disque, dans une atmosphère relaxée, l'avait projetée, en un éclair, dans l'ambiance d'un salon espagnol du XVIIIᵉ siècle (70, p. 32). Pour d'autres, il suffit de saisir un objet chargé d'effluves du passé pour que les souvenirs déferlent en abondance; c'est ce qui est arrivé à Joan Grant : il a suffi qu'elle prenne en main un scarabée sculpté, remontant à l'antiquité égyptienne, pour être submergée par un flot de visions rappelant sa vie comme Sekira (35, p.121).

Il arrive également que la rencontre inopinée avec une personne inconnue éveille le sentiment indiscutable d'une connaissance ancienne et stimule, plus ou moins vite, le rappel d'une foule de souvenirs. Frederik Lenz a décrit un cas de ce genre avec vérification à l'appui (70, p. 175). Un autre exemple remarquable est fourni par le couple Joan Grant-Denys Kelsey (35).

Pour en finir avec ce rapide tour d'horizon, citons encore l'étrange histoire de Sam, étudiant américain qui, un peu désœuvré, un soir d'été, trouve un piano dans un local de l'université et commence à égrener quelques notes, pour passer le temps... Mais voici que bientôt ses mains (qui n'avaient jamais touché un clavier) prennent la direction des opérations, comme si elles savaient ce qu'elles avaient à faire, sans aide. Ce n'est plus maintenant l'air d'Elton John (que Sam avait d'abord essayé de jouer maladroitement) mais de la musique de Bach, Beethoven, Vivaldi... En même temps, des images se précipitent devant les yeux du jeune homme; c'est un virtuose qui joue, en habit devant une salle pleine, puis les applaudissements, les saluts à la foule, la loge de l'artiste. Affluent ensuite les images d'autres concerts en Europe. Petit à petit, identifié au pianiste (possédé par lui ?), Sam joue sans cesse des pièces classiques. Quand la vision s'arrête, deux heures se sont écoulées. Revenu à lui, l'étudiant constate que ses mains, ses doigts lui font terriblement mal (70, p. 185)[2].

2. Des années avant ce garçon, le petit Blind Tom s'était lui aussi installé au piano pour jouer avec virtuosité. Plus tard, une petite Chinoise de 5 ans a fait preuve des mêmes talents. Mais ces enfants n'ont pas livré de confidences sur la vie d'un autre pianiste qui aurait guidé leurs mains. Dommage.

Souvenirs émergeant sans cause apparente

Frederik Lenz rapporte l'histoire de Tom, médecin de petite ville, qui pendant une séance de ramassage de feuilles en automne s'octroie une pause sous un érable : progressivement détendu, son corps commence à s'agiter violemment, et la conscience plonge dans le noir. Cette chute dans une sorte de tunnel donne la nausée mais elle se termine enfin, et Tom débouche sur une vision claire et lucide qui le ramène dans un lointain pays d'Orient, avec chameaux, scènes de rencontres en ville avec d'autres personnages, etc. L'affaire finit mal : un incendie éclate, et l'homme est tué dans la panique. En empruntant le même chemin ténébreux, le médecin revient au jour, sain et sauf (70, p. 40). Une pareille aventure est arrivée à bien d'autres sujets, comme nous le verrons plus loin.

Le souvenir peut s'imposer brusquement pendant que l'individu vaque à ses occupations et l'expérience prendre toutes les nuances d'intensité, depuis la simple vision passagère que l'on saisit au vol jusqu'à l'identification complète avec l'« autre » personnalité, dans un cadre subitement transformé. Pendant ces instants de changement de conscience, l'homme qui passe devant une glace contemple celui qu'il a été, avec un visage et un costume tout différents. L'altération de la conscience peut conduire à une sorte de transe, riche en visions concernant une existence passée. Certains sujets décrits par le Dr Guirdham et Frederik Lenz fournissent des exemples éloquents dans ce domaine.

Bien entendu, le monde du rêve, intermédiaire entre le plan physique et le domaine inexploré de l'inconscient, peut être facilement envahi par des images suggérant la réincarnation. Dans l'enquête menée par Lenz sur ces témoignages spontanés, sur 127 cas répertoriés, 19 renvoient à des visions oniriques. À noter que, pour ces sujets, le contenu du rêve, les sensations éprouvées, avec la participation intense de la conscience, donnent à la personne la certitude au réveil d'avoir vécu une expérience unique : à la différence de la plupart des rêves qui s'évanouissent rapidement, les souvenirs retrouvés sont parfois si vivants qu'on peut encore les décrire, dans les plus petits détails, des années plus tard. Et souvent, après une telle expérience, l'attitude du sujet change, vis-à-vis de la mort et de ses menaces. Il arrive que le rêve débouche sur une sorte d'extase laissant une trace impérissable dans la conscience. En tout cas, les informations découvertes en rêve aident généralement la personne à surmonter des problèmes personnels, ou certaines aversions inexplicables. On observe aussi ce genre de soulagement dans les anamnèses dirigées, comme nous le verrons.

Dans certains exemples, le rêveur communique à son entourage quelque chose de son expérience. C'est ainsi que la petite fille de Lynn et Roger (70, p. 37) réveilla une nuit ses parents en parlant tout haut, d'une voix très étrange. Perplexes, ils cherchèrent à comprendre le message de l'enfant. En vain : elle s'exprimait en français, avec beaucoup d'émotion. Le père enregistra la voix au magnétophone – plusieurs nuits de suite. Un professeur de français révéla aux parents ignorants de notre langue que leur fillette décrivait des scènes dramatiques où elle cherchait sa mère, perdue lors d'une attaque de son village par les Allemands, probablement pendant la dernière guerre. Inutile de dire que la petite rêveuse était aussi peu polyglotte que ses parents.

Dans la catégorie des cauchemars récurrents qui témoignent d'incarnations passées, il faut accorder la palme au Dr Guirdham et à l'une de ses patientes, Mrs. Smith.

Deux dossiers importants

L'étrange aventure du Dr Guirdham

C'est un véritable roman d'aventures, à épisodes toujours rebondissants, qu'a vécu ce psychiatre anglais, pendant *des années* de sa vie, jusqu'à ce que ce saint Thomas, rationaliste et scientifique, finisse par accepter l'évidence : il avait été jadis Roger Isarn de Grisolles, fils de Bec de Fanjeaux, et mort en prison vers 1243, victime de la croisade contre les Albigeois. Bien plus, ce personnage *historique*, membre de la communauté cathare des XIIe et XIIIe siècles en France, s'était réincarné avec une bonne demi-douzaine de ses compagnons de misère dans l'Angleterre moderne. Dans la révélation progressive de ces faits, Guirdham fut même conduit – aussi inévitablement – à admettre que ce genre de réincarnation en groupe avait réuni les mêmes âmes voyageuses d'abord à Rome au IVe siècle, puis dans le nord de l'Angleterre (où existait une Église celtique) au VIIe siècle, pour souffrir de l'oppression qui écrasa l'hérésie au XIIe, et atteindre finalement le XXe, par une étape intermédiaire au XIXe, où il fallut subir la loi des Anglais, comme prisonniers de guerre français.

Point capital : il n'y a rien d'arbitraire, rien d'inventé dans tout cela. Tout repose sur des expériences troublantes, *spontanées*, même si, au cours des péripéties de l'histoire, les divers sujets intéressés par cette réincarnation en groupe ont eu des impressions de *déjà vu* induites en visitant (individuellement) les grands sites du catharisme : Foix, Toulouse, Montségur...

On ne peut décrire en quelques pages toute la matière des livres de Guirdham. Pour résumer l'*essentiel*, en bannissant l'anecdotique – qui a son importance – nous pouvons dire ce qui suit.

1. Une certaine Mrs. Smith[3] née au début des années 1930 est envahie, vers l'âge de la puberté, par des souvenirs de vies passées. Les images prennent du corps, elle les note sur des cahiers d'écolière : on y retrouvera des noms, des dates, des symboles. Tout évoque la vie des cathares. Des poèmes en vieux français et en langue d'oc griffonnés par la fillette témoignent de ces étranges expériences de clairaudience et de vision. Plus tard, des voyages en France (le premier en 1957) semblent réveiller une complète familiarité avec Saint-Jean-Pied-de-Port, en déclenchant ailleurs un sentiment de panique (à la cathédrale de Toulouse, lieu où des cathares avaient été jugés par l'Inquisition). Détail navrant : depuis ces réminiscences, Mrs. Smith subit un cauchemar récurrent qui lui arrache des cris de terreur; dans une période de crise aiguë, elle finit par se décider à consulter un médecin.

2. Le Dr Guirdham n'est pas un mage versé dans l'occulte. Praticien diplômé, il reçoit Mrs. Smith à sa consultation, en 1962 : c'est le début de l'aventure. Rien à signaler de son côté... si ce n'est qu'il a un cauchemar récurrent depuis trente ans : le même que celui de sa patiente. À un détail près : l'individu terrifiant qui fait irruption dans la pièce où le sujet se sent étendu sur le sol pénètre pour l'un par la droite, pour l'autre par la gauche[4]. À peine la dame a-t-elle raconté son rêve au docteur qu'elle en est débarrassée pour toujours. Quant à lui, Guirdham devra attendre encore quelques mois. La cliente, très normale à part cela, finit par faire ses révélations. L'affaire est épineuse : le bon docteur est celui qu'elle a aimé jadis, quand elle était

3. Il s'agit, bien entendu, d'un pseudonyme.

4. Cet inquiétant personnage a été identifié à Pierre de Grisolles : il revenait d'Avignonet où il s'était trouvé mêlé au massacre de deux inquisiteurs.

Puerilia, fille du Languedoc. L'exploration minutieuse des cahiers d'écolière, des notes rédigées à la hâte et des souvenirs permet de dégager une foule de faits historiques – certains patents, d'autres encore tout à fait inconnus des meilleurs spécialistes. Guirdham entre en rapport avec René Nelli, Jean Duvernoy : il y a des choses qu'on ne vérifiera qu'en fouillant des documents poussiéreux, conservés à la Bibliothèque nationale. Et pendant tout ce temps, Guirdham fait lui-même d'étranges expériences qui l'ébranlent : un jour de grosse chute de neige, il « revit » son arrivée, comme Roger Isarn, chez la jeune Puerilia, comme sept cents ans auparavant. Et de divers côtés les cathares font parler d'eux, inopinément.

3. Sur ces entrefaites, une autre revenante du XIIIe siècle fait irruption dans la vie du psychiatre : Miss Clare Mills – *alias* Esclarmonde de Perella, parfaite cathare et guérisseuse, fille de Raimon, maître du château de Montségur. Signe distinctif, cette personne, équilibrée et extravertie, était née avec une marque de naissance dans le dos, simulant une longue brûlure avec des cloques durcies; en outre, depuis l'âge de 5 ans – à la suite d'une diphtérie – elle avait régulièrement *deux* cauchemars, où elle se voyait fuir d'un château, pleine de frayeur, et marcher vers un bûcher, accompagnée d'un moine la frappant dans le dos avec une torche enflammée. Détail remarquable : ces cauchemars prirent fin le jour où le docteur examina la cicatrice. Sujet *psi* « contagieux », Miss Mills établit avec Guirdham et d'autres personnes des relations télépathiques puissantes, permettant une curieuse circulation d'informations de l'un à l'autre : le 16 mars 1972 – jour anniversaire du bûcher de Montségur – le docteur se mit à suffoquer, et Miss Mills eut de violentes nausées pendant qu'un autre sujet, Jane (ex-cathare du nom de Bruma),

voyait ses jambes douloureusement enflammées et couvertes d'ampoules.

4. Vers la même époque, une pléiade d'autres étoiles du catharisme surgirent de l'ombre : toutes des amies d'enfance ou des connaissances de Miss Mills. La fille de Jane-Bruma, Betty, avait eu la scarlatine à 7 ans; elle en avait profité pour... retrouver des souvenirs de sa vie passée qu'elle confia à des cahiers de dessin. Ici encore, des noms, des symboles, des dates : Montréal, 1204, en tête de deux pages. Pénélope, quant à elle, rêva des années durant d'un château sur une hauteur, avec des hommes en bleu[5]; elle était terrifiée par des pierres qu'on lui lançait. De son côté, son mari faisait deux rêves répétés : une cérémonie avec des hommes et des femmes en bleu et une lutte dans un château, sur une hauteur. Autre amie d'enfance, Kathleen finit par voir en rêve Betty, en robe bleu foncé, et d'autres avec elle. Tout ce monde qui, indépendamment, baignait dans l'atmosphère cathare sans bien s'en rendre compte, finit par en prendre conscience et se réunir autour de Miss Mills. Sujet également très psychique, Jane eut des visions récurrentes d'un moine en bleu : l'évêque Raimon Agulher. Passons sur les manifestations paranormales dont Miss Mills fut le foyer : voix intérieures, visions[6], écriture automatique (avec informations détaillées relatives à l'extension du catharisme, par la Yougoslavie et l'Italie), hallucinations (apparitions de personnages dialoguant avec Miss Mills), transes, etc. Une foule extravagante de détails et de noms fut ainsi retrouvée par ces

5. Mrs. Smith avait « vu » les cathares habillés de bleu, contrairement à ce que croyaient les spécialistes qui confirmèrent le *fait plus tard* : le bleu fut préféré au noir pour donner le change, à l'époque de la persécution.

6. Plus d'une fois, Miss Mills eut des « souvenirs » frappants, le jour anniversaire des événements qu'elle revoyait : prise de Carcassonne (août 1209), capitulation de Termes (23 novembre 1209), pendaison de 400 cathares à Lavaur (en 1211), etc.

sujets qui n'étaient pas des érudits en la matière. Fait curieux, au moins quatre d'entre eux avaient péri sur le bûcher de Montségur.

5. Malgré le rôle de vedette de Miss Mills[7], *Arthur Guirdham occupe une position centrale* dans toute cette aventure : son intervention a permis d'une part de dénouer les fils du mystère entourant Mrs. Smith et sans doute aussi de stimuler Miss Mills, avec les conséquences que l'on a vues dans le cercle de ses amis. Notons que Betty n'était autre que Hélis, sœur de Roger Isarn – en termes clairs : sœur de Guirdham au XIIIe siècle. Quelle avalanche de coïncidences ! Il convient aussi de ne pas oublier que l'incarnation du groupe dans le Cumberland au VIIe siècle avait pour cadre *un site bien connu du psychiatre*; la région avait d'ailleurs attiré spontanément l'intérêt de divers membres de ce groupe.

On conviendra que tous ces faits ajoutés, avec les confirmations historiques qui vinrent témoigner de leur authenticité, ont pu avoir une valeur de preuve écrasante pour les sujets qui ont *vécu* les péripéties de cette étrange aventure. Le Dr Guirdham ne craint pas de dire ouvertement : « *Je crois à la réincarnation* » (p. 49). Objectivement, cependant, un critique sceptique pourra toujours objecter que, même si on exclut l'hypothèse d'une sorte d'hallucination collective, éventuellement induite par un sujet sur les autres, tous les détails vérifiables de l'histoire n'ont pu être authentifiés qu'en se reportant à des archives réelles, auxquelles avaient pu puiser précisément ces sujets, par un moyen quelconque de clairvoyance (P.E.S. ou super-P.E.S). Cet argument évoqué au chapitre précédent a la même force dans le présent contexte. Et il

7. Elle allait encore s'illustrer en facilitant par ses pouvoirs l'exploration des vies celtiques de ce groupe d'âmes unies... dans le meilleur et (trop souvent) dans le pire.

n'est pas sans valeur si on considère les capacités psychiques de tous les compagnons de Guirdham.

L'enquête de Frederik Lenz

Intéressé par la réincarnation en 1969, Frederik Lenz (qui enseigne la philosophie orientale et la méditation à la New School for Social Research, aux États-Unis) exposa en 1975 les résultats de ses recherches à la radio et à la télévision; du coup, il reçut lettres et coups de téléphone de nombreuses personnes désirant lui communiquer ce qu'elles avaient vécu dans ce domaine. De manière surprenante, en comparant toute la masse d'informations collectées, Lenz crut retrouver dans ces récits les mêmes types de phénomènes : en somme, une sorte de scénario type suivi, dans ses grandes lignes, par toutes ces revues spontanées d'existences antérieures. En gros, les sujets entrent dans une espèce de transe qui les élève à un état de conscience ne ressemblant en rien à celui qu'on éprouve en rêve ou pendant la veille. Les étapes de l'expérience s'ordonnent comme il suit (70, p. 48-49).

1. Sans que rien le laisse prévoir, le sujet est déconnecté de son plan d'activité normale et perd de vue son environnement physique : ce déplacement de la conscience est généralement précédé par l'audition d'un son insolite qui croît en intensité et finit par étouffer tous les autres bruits, tandis que le corps semble devenir léger, comme s'il flottait dans l'air. Des phénomènes lumineux sont aussi perçus et tout semble se mettre à vibrer. Ce curieux passage à un plan de vibrations possède un effet apaisant sur l'individu qui ne se pose pas de questions sur ce qui lui arrive, mais se laisse pénétrer par la sensation d'harmonie de couleurs et de sons qu'il perçoit.

2. Dans cette ambiance très particulière de bien-

être, voire d'inexprimable joie intérieure, le sujet finit par se sentir *totalement conscient* et *complet*, comme si, pour la première fois de sa vie, chaque partie de son être, corps, mental, sentiments, âme, tout avait l'impression d'être *réuni*, en un tout harmonieux. Détail important : il a cessé de penser avec son cerveau et découvre qu'il peut *comprendre sans avoir à penser*, avec la certitude que la connaissance perçue est complètement correcte. Et, de ce niveau élevé, bien des témoins découvrent la nature de l'existence et le but de leur vie.

3. Voici maintenant qu'apparaissent des scènes, des événements, qui défilent, rapidement, comme des séquences de film. Le sujet comprend petit à petit que ce sont des flashes de l'une de ses existences antérieures. Il se met à observer plus intensément, il reconnaît un personnage comme étant lui-même. Bientôt sa conscience se modifie, il s'absorbe totalement dans la vie du personnage. Parfois, cependant, il redevient observateur; mais toute l'expérience est faite avec *tous* les sens actifs, et la vie présente est complètement oubliée.

Particularité importante : le sujet contemple tout ce spectacle *sans en être affecté*, comme un scientifique observant un objet au microscope. Les émotions ne sont pas au rendez-vous. Notons que la succession des images peut être rapide, mais chacune est bien vue et enregistrée. Parfois, le sujet a l'impression que cette vision plus ou moins hachée, ou sélectionnée, vise à l'édifier, ou à l'éduquer.

4. Au bout d'un temps variable, les visions s'estompent et finissent par cesser, tandis que le sujet se met à redevenir progressivement conscient de son corps. Il se retrouve « incarné », comme précédemment, mais cette expérience extraordinaire lui laisse une impression inoubliable, qui modifie toutes ses idées de la vie et de la mort. Cette

exploration insolite des plans intérieurs de l'être peut durer dix à vingt minutes.

Les sujets interrogés par Lenz décrivent leur expérience avec plus ou moins de précision. Certains ajoutent au schéma d'ensemble des détails significatifs qui méritent d'être notés. Par exemple, dans 32 cas sur 127, l'individu entend une voix qui le guide dans les étapes essentielles de sa vision. Fait remarquable, certaines personnes parlent de cette présence comme de *la voix de leur âme*, qui semble s'exprimer d'une manière forte et sûre. En réalité, d'ailleurs, cette voix n'a pas de son : elle vient du fond de la conscience, mais le sujet la comprend parfaitement.

Ce mystérieux guide qui s'exprime dans l'ambiance de lumière et de joie évoquée plus haut remplit une fonction d'instructeur bienveillant : dans son aura, le sujet comprend *pourquoi* il revoit des moments spécifiques des existences passées et *comment* les actions commises ont influencé son développement, de vie en vie. Le guide peut être ressenti comme « commentant » les images du film, mais ce jugement est toujours impartial : il ne condamne pas les fautes ni ne loue les succès méritoires. En définitive, il ressort que la finalité de toute cette expérience guidée est d'aider à réaliser pourquoi il faut affronter tels ou tels obstacles dans l'incarnation actuelle, tout en donnant une idée globale de la manière dont l'être progresse au fil des renaissances. Parfois, le guide encourage à l'amour des autres et souligne l'effet favorable d'une action de bonté parmi toutes les erreurs qui ont pu être commises.

Dans des cas très particuliers, qui n'en sont pas moins très frappants, certains sujets revoient « toutes » leurs vies passées, ou du moins un très grand nombre. Deux détails me semblent dignes d'être relevés (pp. 64.67).

1. La chaîne ininterrompue des existences est

comparée à une sorte de collier, ou de rosaire. Par exemple, l'un des sujets fit ce commentaire : « Des perles sur un fil : voilà à quoi elles ressemblaient. Chacune était comme un petit globe... » Un autre les a décrites comme « des bulles claires, des globes transparents... »; un troisième ajouta : « Elles me firent penser aux perles du rosaire que ma mère avait toujours à l'église. Je les vis là, suspendues dans l'air...[8] »

2. La vision révèle l'essentiel des expériences traversées, sans restituer chaque *petit détail* : « Je n'avais pas besoin de savoir le détail, et ne m'en souciais guère. J'avais juste la perception de ce qu'il y avait d'important dans chacune de ces existences... » D'ailleurs, il arrive que le sujet puisse focaliser sa conscience pour voir de plus près l'intérieur de ces « perles ». Mais c'est le bilan global qui ressort clairement après l'inspection de cette masse inimaginable d'expériences *intégrées* au niveau du Soi profond, et le sujet en vient parfois à conclure : « J'ai fait les mêmes choses stupides pendant tant de vies – quand apprendrai-je ? »

Dans un certain nombre de cas (voir plus haut le récit de Tom), les changements de plan de conscience sont marqués par le passage dans une sorte de long tunnel obscur, aussi bien au départ qu'au retour : au bout du tunnel luit la lumière de la conscience du plan que le sujet va atteindre. Bien entendu, la perception du temps au cours de ces expériences est généralement très altérée : des siècles sont revécus en quelques minutes; dans certains exemples, le sujet a eu le sentiment d'être allé *au-delà du temps* – au milieu de l'éternité – avec cette certitude : « Je sentis qu'une partie de moi-même avait toujours été là... J'avais à ma

---

8. Cette curieuse comparaison est à rapprocher de l'idée hindoue de l'âme-fil *(sutrâtma)*. Dans *La Clef de la théosophie*, Mme Blavatsky assimilait déjà les vies successives de l'Ego qui se réincarne à des perles enfilées sur un fil et formant un collier (178).

disposition tout le temps de l'éternité. Au même moment, j'eus un autre sentiment : le temps était une chose qu'il fallait utiliser... » (p. 44).

Lenz a également noté que dans quinze cas – une minorité – les personnes ont rapporté des souvenirs de vie *post mortem* qui, selon lui, semblent coïncider (plus ou moins) avec ce qu'on trouve dans le *Livre des Morts* tibétain. Si on en croit les témoins, l'âme passerait par différents mondes, depuis une sorte de purgatoire, plein d'êtres horribles et de violentes énergies déchaînées, jusqu'à un niveau céleste où l'âme accéderait finalement, après s'être dépouillée des divers vêtements utilisés pour l'expérience terrestre. Ces témoins avaient-ils lu Plutarque ou Mme Blavatsky ? Illusion ou réalité, le témoignage d'un des sujets (Joan) mériterait – me semble-t-il – d'être cité intégralement. En voici des extraits (p.101) :

« Je sentis que toute ma vie, j'avais été revêtue d'un costume mais je ne l'avais pas su. Un jour, le costume s'évanouit et je découvris ce que j'avais été réellement pendant tout ce temps-là. Je n'étais pas ce que je croyais. Toute ma vie j'avais pensé à moi-même comme à une personne, un corps (...). En fait, j'étais une âme, non un corps. Je ne pouvais pas mourir. Je ne pouvais pas naître. Je vivais à jamais. Je n'étais pas un être féminin, ni masculin. C'était comme si je me réveillais après une amnésie. J'étais transportée de joie d'être "moi" à nouveau... »

En lisant ces lignes, on a bien le sentiment que cette personne fait une description vécue de la situation réelle de l'âme – ou de l'Ego supérieur des théosophes – qui va, de vie en vie, en se « revêtant d'un costume », pour entrer sur la scène terrestre.

Selon un autre témoignage, très peu « orthodoxe » sans doute pour beaucoup d'Occidentaux, les âmes dans leur monde céleste n'ont plus rien de l'apparence humaine. Elles sont perçues comme des sphères lumineuses, des *globes de lumière* (p. 103). On se prend à songer à Platon[9].

En analysant les données de son enquête, Lenz fait encore diverses constatations : la loi de karma est bien visible et rend compte aux sujets des particularités (agréables ou tragiques) de leur existence actuelle; de plus, les liens karmiques tissés entre les individus sont très variables : on pourrait ainsi distinguer des « âmes jumelles » *(twin souls)* qui restent proches et se retrouveront tôt ou tard, les « couples d'âmes » inséparables *(soul mates)* qui ne se sentent « complètes » que réunies, et les âmes qui ont des comptes en commun – pas toujours très bons. On trouve encore dans le livre de Lenz divers enseignements qui prennent un tour un peu discutable (sinon très louche) comme ceux qui concernent les cas de « bons suicides » (p. 122). Intéressé par la philosophie orientale, l'auteur se plaît à noter les détails qui rappellent l'Inde ou le Tibet – même ceux qui relèvent parfois des superstitions qui ont cours là-bas, voire ici même. Ainsi – à l'en croire – si Dieu constate qu'un individu est vraiment contrit d'avoir mal fait et qu'il ne répétera pas son erreur, Il peut annuler le mauvais karma de cette personne. On se demande dans quelle Écriture orientale on trouve ces réconfortantes déclarations.

Le travail de Lenz apporte des éléments très intéressants, mais il prête le flanc à diverses critiques.

---

9. ...Et à la théosophie. Dans la revue américaine *The Path* (juillet 1893), une disciple de Mme Blavatsky, connue sous le pseudonyme de Jasper Niemand, a publié un article (« The Sleeping Spheres »), décrivant plus ou moins symboliquement les Egos dans l'état céleste de repos et d'assimilation des expériences de la vie passée où ils sont plongés après la mort et avant l'incarnation suivante, comme *des sphères lumineuses palpitantes de vie*, en constante vibration dans un océan de lumière d'or.

1. Dans son introduction, l'auteur donne des informations sur l'échantillon de population étudié (58 % de femmes, une grande majorité d'adultes de plus de 25 ans, répartis dans toutes les classes sociales, etc.) en précisant que près de 94 % des sujets ne croyaient pas à la réincarnation *avant* leur expérience. Il analyse aussi la fréquence des souvenirs selon les circonstances où ils ont émergé : cas spontanés (7,9 %), visions en prière ou méditation (13,4 %), en rêve (15 %), en présence d'un lieu « connu » (19,9 %) ou d'une personne (environ 33 %), plus les autres cas non répertoriés (environ 10 %). Malheureusement, ces résultats mathématiques indiscutables ne garantissent pas la valeur des conclusions qu'on peut tirer de cette enquête : dans ce domaine, où l'on doit se fier à des récits d'expériences *subjectives* tout à fait insolites, l'accumulation des données ne suffit pas à elle seule à prouver quoi que ce soit. On risque de prendre en compte des témoignages qui, pour ressembler aux autres, ne sont pas forcément significatifs ni comparables. Pour dire les choses de façon triviale : dans une statistique du volume des oranges, il ne faudrait pas inclure étourdiment des mesures faites sur des pamplemousses et des citrons. Il y a tellement d'éléments qui peuvent intervenir dans la psyché des sujets pour faire émerger des pseudo-souvenirs de « vie passée » qu'on ne devrait retenir aucun témoignage sans une analyse préalable *sérieuse* du passé psychologique de la personne, une appréciation de ses pouvoirs parapsychologiques, etc. Par exemple, si elle est naturellement psychomètre, il peut bien arriver, dans certaines circonstances, qu'un lieu lui « rappelle » quelque chose, sans qu'il s'agisse d'une véritable vie antérieure. Il faut ici noter toutes les précautions prises par Ian Stevenson dans ses propres recherches avant de retenir un dossier comme suggérant vraiment la réincarnation. Méfions-nous des grands

nombres et des pourcentages qui ne veulent rien dire.

2. L'auteur a bien remarqué que la majorité des souvenirs ne se prêtent pas à vérification historique (le passé évoqué étant trop lointain, ou les détails utiles manquant de précision); mais il est frappé de voir que les phénomènes et leur succession au cours des expériences sont identiques, ce qui lui suggère que tous les récits sont de même nature – et sont donc *crédibles*. Ainsi Lenz a cru retrouver un scénario type assez constant – tout comme le Dr Moody en avait dégagé un pour l'approche de la mort par les patients ranimés *in extremis* (78, 79). Malheureusement, malgré l'envie qu'on en aurait, on ne vérifie pas cette constance dans les exemples précis donnés pour illustrer les différents cas. Ainsi, l'audition du son annonçant le début du transfert de conscience ne paraît pas si générale que ça, pas plus que l'impression d'harmonie intérieure. Ce qui semble constant, par contre, c'est l'altération plus ou moins rapide et prononcée de la conscience – ce qui est aussi le fait des hallucinations, comme chacun sait. Cette observation n'enlève rien de leur intérêt aux récits : elle invite à la prudence.

3. En réalité, on dirait bien que la *qualité* de l'expérience vécue est très variable d'un témoin à l'autre. Certains, comme Joan, donnent l'impression d'avoir un genre de *transe mystique* d'une grande élévation. D'autres n'atteignent pas ce niveau et sont pris dans un réseau d'images *détaillées*, où ils sont identifiés au personnage « antérieur » et souffrent avec lui : c'est le cas de l'enfant qui revit sur la plage d'Acapulco son épuisement physique et son agonie sur une autre grève; c'est aussi celui d'Alexis, grand amateur de l'histoire de la guerre civile américaine qui, en visitant le site de la bataille de Gettysburg (juillet 1863), se retrouve brusquement plongé dans l'action, blessé à la

jambe, avec un compagnon tué par quatre soldats gouvernementaux (p. 28).

Une fois de plus, *ne confondons pas les catégories* : certaines visions ont un parfum *spirituel* indiscutable, elles paraissent situées hors du temps, dans une atmosphère de sérénité, de lumière et de connaissance certaine – avec tout le recul nécessaire par rapport aux événements –, d'autres appartiennent au domaine *psychique*, s'accrochent au vécu *personnel*, dans le détail de l'action et de l'émotion où le sujet se sent pleinement engagé. Il me paraît qu'on ne peut inclure dans la même statistique ces deux types de témoignages.

4. Cette importante distinction nous permet d'ouvrir largement l'éventail de ces expériences spontanées. La catégorie des visions *psychiques* est sans doute très vaste : on y rangerait la majorité des cas signalés par d'autres auteurs – à commencer par le Dr Guirdham, avec sa petite cohorte de dames psychiques (ou médiums) qui, à intervalles, se sont replongées brutalement dans *leur* passé *personnel*, ou celui des autres. La catégorie des visions de type *spirituel* est probablement bien moins représentée; mais c'est, je crois, justement le mérite de Lenz d'en avoir collecté des exemples assez significatifs. Cette importante constatation ne préjuge pas de l'authenticité des récits rapportés : même si un plan réellement spirituel a été atteint, c'est encore une psyché qui en a rapporté des impressions à la conscience de veille, avec tous les risques possibles de dénaturation inhérents à l'intervention de ce genre de témoin. Un mystique voit souvent son Dieu *comme il se l'imaginait*.

Ces remarques sont l'occasion pour moi d'une petite mise au point. Je n'ai rien contre *l'akasha* ni les *archives akashiques* sinon contre l'usage abusif qu'on en fait, depuis des décennies. En évoquant la source des souvenirs antérieurs, c'est généralement de *sphère psychique collective* que l'on devrait parler – ou de « lumière astrale » – en réservant le terme *akasha* aux couches les plus spirituelles de cette sphère, conformément aux indications de Mme Blavatsky qui a popularisé ces notions. Confondre les deux ce serait confondre de même la partie spirituelle et immortelle de l'homme et sa partie psychique, constamment mouvante et liée à son contexte historique terrestre. Alors que le premier voyant venu peut arriver à pêcher dans la lumière astrale le tissu complet des événements vécus jadis par un parfait inconnu, et s'identifier à lui, éventuellement, il lui est aussi difficile d'atteindre l'*akasha* que de s'élever consciemment au niveau de son propre Soi spirituel, s'il n'y est pas préparé. La distinction est assez aisée à comprendre, si on accepte l'existence d'un monde spirituel distinct du psychique. On répugne à imaginer que l'*akasha* soit encombré des petites histoires mesquines des myriades d'individus de la Terre, avec les émotions, les désirs ou les haines qui les ont accompagnés. En tout cas ce n'est pas à ce niveau qu'on devrait les rechercher.

Observons pour terminer que la conscience d'un sujet qui se déconnecte du monde physique peut, dans certains cas, traverser un moment la sphère psychique du « plan astral », en y faisant des expériences détaillées, pour s'élever ensuite à un niveau spirituel, intemporel, où la mémoire de ce plan conserve *l'essence intégrée* de la succession complète des pensées et actions des personnalités terrestres de ce sujet, depuis des âges.

Ainsi, même si l'enquête de Lenz ne donne pas de preuves scientifiques (vérifiables) de la réincarnation, elle apporte une contribution assez unique à notre étude, en mettant en lumière des vérités essentielles, trop facilement oubliées.

Deuxième partie

Nous distinguerons, pour simplifier, deux grandes catégories de témoins : les sujets des dossiers Stevenson et les *tulku* tibétains.

L'enquête du professeur Stevenson

Comme nous l'avons vu, Ian Stevenson n'est pas le premier à avoir fait des observations sur des cas vérifiables de réincarnation, puisque déjà, en 1840, un prêtre russe, du nom de Veniaminov, parlait des croyances des Tlingit et des marques de naissance qu'on relevait sur le corps de leurs nouveau-nés (108). Cependant, par le travail considérable qu'il a fourni avec ses collaborateurs, le psychiatre américain offre au monde des chercheurs une collection unique de faits authentifiés réunis à la suite d'enquêtes scientifiquement conduites. Nous n'avons plus affaire à une centaine de cas, plus ou moins fiables, mais à quelque deux mille dossiers dont un tiers ont été étudiés de très près, un autre tiers moins extensivement, le reste étant également tenu pour authentique mais provenant en partie de rapports d'autres chercheurs ou témoins dignes de confiance. Dans tout ce qui précède, nous avons déjà maintes fois rencontré les résultats de ces enquêtes, avec les commentaires de Stevenson. Il convient maintenant d'ajouter quelques points en réponse à des questions que l'on peut se poser légitimement.

Pourquoi les sujets étudiés sont-ils en majorité des enfants ?

Il existe quelques exemples remarquables d'adultes qui ont des souvenirs vivaces d'une réincarnation passée, comme Edward Ryall qui en a rendu compte dans un livre, *Born Twice* (94). Dans l'introduction à cet ouvrage, Stevenson s'est déclaré convaincu de la bonne foi de l'auteur, sans pouvoir écarter les critiques légitimes que l'on doit faire à de tels témoignages : un adulte a eu tellement d'occasions de s'instruire – même sans le savoir – de détails historiques (surtout par la voie de médias) qu'on ne peut écarter l'hypothèse de la cryptomnésie. Au contraire, il est impensable que de telles informations atteignent de jeunes enfants de 2 à 4 ans, surtout au sein de familles vivant dans des villages assez isolés de la « civilisation ». De plus, Stevenson partage l'avis du psychologue allemand W. Stern : c'est un mythe de croire qu'on ne peut pas se fier au témoignage des enfants. En tout cas, dans leur grande majorité, les sujets observés s'expriment spontanément, souvent seuls, et de toute évidence sans chercher à tirer un bénéfice quelconque de leurs révélations. L'hypothèse de la fraude est ici invraisemblable. Un autre avantage de l'étude d'enfants très jeunes tient à la possibilité de suivre leur cas pendant des années, en observant l'évolution des souvenirs détaillés et des aptitudes innées avec le temps.

Quelles sont les étapes d'une enquête ?

Lorsqu'un cas est signalé au réseau d'informateurs de Stevenson, la démarche la plus urgente est la collecte des faits *à la source*, avec un rapport écrit de ce que le sujet lui-même peut dire de sa vie précédente. Les déclarations des parents et des proches sont aussi enregistrées. L'idéal est d'arriver assez tôt pour que la rencontre avec la famille « précédente » n'ait pas encore eu lieu. Le nombre de dossiers qui remplissent cette condition est malheureusement très restreint (une quinzaine en 1980). L'un des cas les plus forts rencontrés par Stevenson est ainsi celui d'un jeune Libanais, Imad Elawar, interrogé par le chercheur américain *avant* les retrouvailles avec le cadre de sa précédente incarnation (108). Ce cas est d'autant plus intéressant que la famille de l'enfant était parvenue à une fausse conclusion sur l'identité du « prédécesseur », alors que le sujet avait un tout autre personnage en tête – que l'on finit par retrouver, effectivement.

L'interrogatoire de tous les témoins des deux familles doit se poursuivre avec constance… et patience (généralement avec l'aide d'interprètes), en réunissant tous les indices susceptibles de donner du corps aux interprétations de rechange. Et les rencontres avec sujets et témoins se poursuivent encore pendant plusieurs années (si possible) pour préciser des points de l'enquête, ou constater l'évolution du sujet – ou des témoignages.

La publication détaillée des résultats comprend un exposé résumé du cas et de l'histoire de l'enquête, une analyse des possibilités locales de communication des informations entre les deux familles (proximité géographique des villages, publicité éventuelle faite sur la mort du « prédécesseur », etc.), les détails de l'enquête avec le nom de tous les informateurs et leur degré de parenté avec le sujet, les déclarations initiales recueillies sur la vie antérieure et leurs vérifications. Un tableau récapitulatif résume généralement les données fournies par l'enfant, le nom des informateurs qui les ont recueillies ou transmises, les vérifications apportées par d'autres informateurs, et les commentaires qui s'imposent pour chacun des points énumérés. On n'est pas surpris de constater qu'un seul rapport peut couvrir vingt ou trente pages d'un livre. Et les précisions apportées par certains sujets sont parfois remarquables : la « déposition » d'Imad Elawar ne comptait pas moins de 57 points caractéristiques relatifs à sa vie passée, dont la très grande majorité s'est révélée parfaitement correcte.

S'agit-il toujours d'enfants « réincarnés » en Asie ?

Non, Stevenson possède des dossiers provenant d'un peu toutes les régions du globe : selon lui, le petit nombre des cas connus dans un pays donné tiendrait plus à la difficulté de circulation de l'information qu'à une effective rareté de ces cas. Ainsi le contraste entre l'Inde du Nord (plus de 150 cas en 1980) et l'Inde du Sud (1 seul cas) ne serait qu'apparent. Et le nombre des exemples trouvés en Occident ne fait que croître. Stevenson possède un nombre appréciable de dossiers américains non encore publiés. Le phénomène étudié paraît universel. Il est vrai que certaines contrées (où l'on croit à la réincarnation) sont particulièrement riches en cas assez spectaculaires : chez les Tlingit d'Alaska, au moins une personne sur mille a des souvenirs de vie antérieure; dans un village particulier, la proportion atteindrait même plus de quinze pour mille. Cette fréquence est également élevée dans le Sud-Est asiatique.

Les cas observés répondent-ils tous à un même modèle ?

Comme nous l'avons vu déjà, on trouve de grandes constantes d'un témoignage à l'autre, et des traits spécifiques communs au milieu propre au sujet.

□ Les traits universels

En dehors de l'âge où l'enfant commence à donner des informations (de 2 à 5 ans) et s'arrête de parler spontanément (entre 5 et 8 ans), on constate de grandes similitudes en ce qui concerne la mort de la personnalité antérieure.

● *L'âge moyen au moment du décès* oscille entre 27, 5 ans en Turquie et 35 ans en Birmanie (115) : il est donc de l'ordre de la trentaine; l'espérance de vie normale des individus n'est pas toujours connue; à Ceylan, elle est en tout cas supérieure à l'âge moyen des sujets à leur mort (28 ans). Il y a de bonnes raisons de croire que ceux qui feront parler d'eux dans l'incarnation suivante sont morts trop tôt.

● *Les circonstances du décès :* on constate partout une proportion anormalement grande de *morts violentes* qui bien souvent dépasse de loin celle des statistiques officielles. Par exemple : en Inde 46,8 % (contre 6,7 % en moyenne, sur toute la population), à Ceylan 40 % (contre 3,4 %), en Turquie 73,7 % (contre 4,5 %). Chez les Tlingit 36,2 % (contre 24,9 % des statistiques connues).

Pour information, il faut savoir qu'on trouve parfois une corrélation entre le sexe et le genre de décès. Chez les Druzes ou en Birmanie, la vie qu'on a le plus de chances de se remémorer semble être... celle d'un individu masculin victime de mort violente (114, 115).

Si on échappe à ce genre de sort, de quoi meurt-on en général et à quelles conditions a-t-on des souvenirs dans l'incarnation suivante ? Les statistiques de Stevenson le montrent : on meurt *trop tôt*, dans l'enfance ou la jeunesse. On part avec le sentiment d'une vie inachevée, ou bien d'une mission à terminer (cas d'une mère laissant un enfant en bas âge). Certains sujets sont arrachés à la vie au milieu de leurs préoccupations matérielles (poursuite de la fortune) ou spirituelles (fortes inclinations religieuses). Dans tous les cas, le sujet plein de vitalité quitte la scène terrestre où tous ses désirs le tenaient fortement attaché, pour la réalisation de quelque projet.

Nous avons vu au chapitre V l'importance de cet élément passionnel.

☐ Les traits liés à la culture

Rêves annonciateurs et marques de naissance ne se signalent pas – nous l'avons vu – avec la même fréquence d'un groupe à l'autre. D'une façon tout aussi curieuse, on trouve des fluctuations analogues dans le report du sexe d'une existence à l'autre, et la durée de l'intervalle qui les sépare.

Chez les Tlingit, les Druzes et les Turcs alevi, la réincarnation *exclut* tout changement de sexe, alors que les Kutchin du nord-ouest du Canada n'y répugnent pas (50 % des cas observés par Slobodin). Dans les autres cultures, le pourcentage des changements de sexe oscille largement, entre 5,7 % en Inde, 13 % en Thaïlande et environ 32 % en Birmanie. Dans les 65 cas birmans attestés, 47 (soit 72 %) sont passés du masculin au féminin, soit près de 3 cas sur 4. On peut bien sûr s'interroger sur ces résultats. Pour des raisons de prestige (?), une fille peut être plus disposée à dire qu'elle était un homme auparavant, bien que ce changement soit parfois considéré comme une certaine déchéance, en particulier en Birmanie. Il n'est pas toujours facile de mettre en évidence des corrélations entre changement de sexe, sexe initial, type de mort, etc., mais Stevenson s'y est déjà exercé (115, pp. 230-232).

L'intervalle d'une vie à l'autre et les événements qui s'y déroulent varient fortement avec la culture. Chez les Haïda d'Alaska et de Colombie britannique, quatre mois suffisent, *en moyenne*, pour ramener un défunt sur la terre, alors qu'il en faut six au Liban, neuf en Turquie (le temps d'une grossesse), seize en Inde et en Thaïlande, vingt et un en Birmanie et quarante-huit chez les Tlingit. Notons que dans chaque groupe cet intervalle est très extensible : de neuf mois à plus de huit ans en Birmanie, selon les individus. Nous avons observé au passage certains exemples anormaux de réincarnation avec la mort du prédécesseur *après* la conception et même longtemps après la naissance de la nouvelle personnalité. Cette situation très rare en pays bouddhiste est acceptée comme possible en Inde, où existe le mot hindi *prakâyapravesh* pour les cas où la personne précédente meurt *après* la naissance du sujet (115, p. 210, note).

C'est surtout en Thaïlande et en Birmanie que l'on se souvient (un peu) de l'existence *post mortem*. En général, le retour à la naissance se fait sous la conduite d'un « homme en blanc », sorte de sage avenant qui fait absorber au défunt une espèce de « fruit de l'oubli » (dont l'effet est comparable au Léthé des Grecs), avant de le diriger vers sa nouvelle famille. À signaler des exemples (très rares) de passage intermédiaire par une incarnation animale.

On peut se demander si toutes ces particularités ne sont pas directement liées (encore une fois !) aux *croyances* des populations concernées. Là où l'on n'observe pas de changement de sexe, les gens tiennent qu'un tel changement est impossible. (On ne serait d'ailleurs pas surpris qu'ils passent sous silence les exemples contraires – ce que Stevenson a observé dans certains cas « choquants » pour les doctrines théologiques, en Birmanie par exemple.) On observerait ici encore l'influence de la croyance du sujet sur ce qui se déroule effectivement après la mort et lors de sa renaissance.

Les mystérieux tulku tibétains

Chacun sait que le quatorzième Dalaï Lama qui vit actuellement est la réincarnation du treizième qui, lui-même, était celle du douzième, etc. Et on raconte avec force détails les circonstances dans lesquelles, en 1936, une petite troupe de moines, munis seulement de quelques instructions un peu sibyllines, réussit à dénicher dans une lointaine province le petit garçon qui était destiné à devenir à son tour le chef temporel du pays des Neiges. Les indications qu'avaient fournies les augures, ainsi que les rêves et visions du régent du Tibet furent entièrement confirmés, et le jeune enfant de 2 ans, à la vue des moines enquêteurs, entra dans une grande excitation, identifia les personnes, en s'exprimant dans la langue de Lhassa (inusitée dans son village) et supplia, le lendemain, de partir avec les voyageurs. Plus tard, on lui fit subir (avec succès) tous les tests de connaissance des objets ayant appartenu à son prédécesseur et, à l'auscultation physique, on découvrit sur son corps les huit marques distinctives des Dalaï Lamas (3).

Il existe de nombreux autres récits de révélation soudaine d'un *tulku*, « réincarnation » d'une personnalité antérieure, généralement d'une haute stature spirituelle. Pour l'entourage, c'est toujours un événement spectaculaire, dont le Tibet n'a d'ailleurs pas l'exclusivité.

Le Lama Anagarika Govinda en donne un exemple... en Birmanie, pays de religion bien différente du *Mahâyâna* tibétain (1). Un jour, un bambin de 4 ans, du nom de Maung Tun Kyaing, fils d'un pauvre tisserand de nattes illettré, fut emmené par son père au village voisin, accompagné de son jeune frère. En chemin, un brave homme fit cadeau aux enfants d'un bout de canne à sucre mais, alors que le benjamin portait la friandise à sa bouche pour s'en régaler, son aîné l'invita à remercier d'abord le donateur... par une formule de bénédiction utilisée par les moines. Aussitôt, une révolution intérieure bouleversa notre garçonnet qui retrouva d'un coup tout un passé; il pria son père de le prendre sur ses épaules et se mit à faire, devant les villageois médusés, un magnifique sermon digne d'un grand maître, sur la vertu de charité. Puis l'enfant, sûr de lui, pria fermement son père de l'emmener... à *son* monastère, situé à quelque distance, sur la hauteur. On s'y rendit et, là, le père et les moines du saint lieu allèrent d'étonnement en étonnement : l'enfant reconnaissait tout, en particulier ce qui avait appartenu à l'abbé du monastère, décédé quelques années avant. Se souvenant des grandes lignes de sa vie antérieure, il en avait aussi gardé les connaissances; ignorant le pâli et n'ayant jamais été à l'école, il n'eut pas de peine à lire et à comprendre des anciens textes dans la langue classique du bouddhisme. Un peu plus tard, le gouverneur de Birmanie, sir Henry Butler, s'assura lui-même de l'authenticité des récits extraordinaires qui lui parvenaient : avec un étonnant mélange de gravité, de profondeur et de sûreté de propos qu'on attribuerait à un sage vieillard, et de grâce souriante et de spontanéité propres à un très jeune enfant, Maung Tung Kyaing impressionna tellement le grand personnage que celui-ci l'encouragea à porter son message à tout le peuple de Birmanie. Ce qu'il fit. Même dans les prisons, où on le laissa pénétrer.

Au Tibet, les gens avertis considèrent les « réincarnations » des grands Lamas comme des sortes d'*avatars* d'êtres divins (26, p. 9). En quelque sorte, le Dalaï Lama serait possédé de l'esprit, ou de l'influence spirituelle du Bodhisattva Avalokiteshvara (*Chenresi* en tibétain).

Arrivé au *nirvâna*, le Bouddha ne s'incarne plus, bien entendu, mais son aura pourrait pénétrer de ses effluves certains individus, capables dès lors de manifester quelque chose de ses pouvoirs suprêmes. On parle même de plusieurs lignées d'avatars d'un Bodhisattva particulier, qui maintiennent vivante son influence bienfaisante dans l'humanité.

Objectivement (et sans entrer dans la théologie) les *tulku* se manifestent *très tôt*, comme des enfants qui se souviennent d'une vie passée et qui étonnent par leur savoir et leur puissance spirituelle. On ne sait pas si le Bouddha y est pour quelque chose, mais le garçonnet se présente clairement comme la réincarnation de son prédécesseur, et il se met généralement en devoir de *poursuivre son œuvre*. Dans un sens, les *tulku* rappellent les cas Stevenson mais, dans un autre, ils en diffèrent complètement : dès qu'ils ont réalisé ce qu'ils sont en réalité, les *tulku* n'hésitent plus sur leur mission et le milieu social les aide à l'assumer de nouveau. En dehors de certains exemples de *tulku* « laïcs », il s'agit généralement de responsables religieux, très éveillés spirituellement, qui, dans leur vie antérieure, ne sont pas morts jeunes, victimes d'une mort violente, comme c'est, au contraire, presque la règle dans les cas Stevenson (dont, par ailleurs, le rôle social est habituellement tout à fait quelconque). Il y a peut-être un point commun à remarquer : au moment de la mort de la personnalité antérieure, le sujet Stevenson s'en va avec un *ardent désir de vivre encore*, d'obtenir un sursis pour prolonger cette vie qui lui est arrachée, tandis que le futur *tulku* meurt avec la *volonté de revivre*, par compassion. Dans les deux cas, l'impulsion des derniers instants peut assurer le retour rapide de l'entité. Cependant le Lama agit avec science et méthode : il annonce sa future réincarnation, en donnant parfois des indications utiles pour le retrouver. Qui sait s'il n'a pas aussi quelque connaissance magique lui permettant d'assurer le transfert de sa conscience de son corps vieilli à celui d'un futur nouveau-né ?

Blanche ou noire, la magie fleurit au Tibet depuis des siècles. Alexandra David-Neel en a donné bien des exemples (27). Dans son premier livre[10], Mme Blavatsky a relaté un phénomène d'« incarnation » – une sorte de *tulku* produit à volonté par un Lama dans la personne d'un bébé de 3 à 4 mois. Au cours d'une scène impressionnante, pendant laquelle le moine resta plongé dans une profonde méditation, on put voir l'enfant se dresser comme un automate sur ses petites jambes, droit comme un homme, faire quelques pas et s'asseoir, pour prononcer, en tibétain, les paroles sacramentelles : « Je suis le Bouddha, je suis le vieux Lama, je suis son esprit dans un corps nouveau... » Rivé sur place, un spectateur européen, qui avait émis des doutes avant l'expérience, nota plus tard dans son journal de bord : « ... j'eus l'impression que c'était le visage du Lama lui-même, ses yeux, son regard que je contemplais (...) comme s'il me fixait à travers le masque transparent du bébé. » L'instant d'après, la petite créature était retournée à sa couche et le moine revenait à la conscience normale.

Dans un autre cas, l'« incarnation » demeura permanente. Le chef du monastère Ky-Rong venait de mourir. Pour remplacer le vénérable Lama, on choisit un gamin de 8 ans un peu hébété, que l'on plaça sur une litière, sur les genoux du corps embaumé du décédé, et on recouvrit d'un voile le mort et l'enfant. On entendit bientôt un cri; le garçonnet apparut au public, avec ces mots : « Je suis le Lama Me Thon Tsampo. » Les yeux étincelant d'une lumière insolite, il se mit à parler avec autorité, en discutant de la doctrine et prophétisant. Inutile de dire qu'il reconnut des objets ayant appartenu au vieux moine (22, p. 119).

Ces deux exemples font songer à une *possession*, par l'« esprit » actif d'un vivant, ou d'un homme

10. *Isis Unveiled* (10), vol. II, p. 600.

récemment décédé. Faut-il d'ailleurs se fier aux apparences ? Dans le deuxième cas, l'enfant avait-il *perdu* complètement sa personnalité précédente pour se trouver envahi par celle du Lama (comme dans un cas réel de possession) ? Ou bien s'était-il ouvert soudain – *par un effet de brutale contagion psychique* au contact du mort – à l'influence directrice des pensées encore vivantes du vieux moine, pour devenir un canal docile transmettant ses dernières volontés spirituelles – tout en gardant sa personnalité d'enfant ? Il ne faudrait pas généraliser ces hypothèses au cas de tous les *tulku*, qui se comportent cependant comme cet étrange garçonnet une fois éveillés à leur identité.

Malgré leur célébrité, tous ces exemples sont *exceptionnels* et troublants par les vérifications minutieuses qu'ils permettent. Toutefois, comme le note Stevenson, du fait que les conditions de la future incarnation sont annoncées à la mort du prédécesseur, on ne peut écarter l'hypothèse d'une intervention de pouvoirs parapsychologiques. Par une sorte de clairvoyance précognitive, on peut être informé d'avance du lieu où se fera la « reconnaissance » du *tulku*, et l'enfant, par télépathie, peut deviner les objets « lui » ayant appartenu, en tirant l'information du mental des enquêteurs. Simples conjectures qui n'expliquent pas tout, loin de là – ne seraient-ce que les connaissances et aptitudes innées des *tulku* nés dans des familles d'illettrés.

Troisième partie

DISCUSSION DES TÉMOIGNAGES
SPONTANÉS VÉRIFIABLES

En principe, toutes les explications de rechange du chapitre 3 sont susceptibles de jouer, selon les exemples. Même si les ingénieuses hypothèses élaborées (par Bergson et d'autres) pour rendre compte du sentiment de *déjà vu* échouent quand le sujet a des souvenirs *vérifiables*, il ne faut pas se hâter de conclure à la réincarnation. Il y a des cas notoires de *cryptomnésie* où des personnes ont cru reconnaître un paysage qui, en réalité, leur rappelait une photo, ou un tableau qu'elles avaient oublié. Il convient d'ailleurs de ne pas confondre la reconnaissance de lieux *anciens* (qui ont pu subir des modifications dans le temps) avec la simple impression de familiarité qu'inspire un cadre donné. Dans ce dernier cas, les images contemporaines ont pu être saisies, à l'insu du sujet, par clairvoyance, au moment où il s'approchait de l'endroit. On peut songer aussi à un rêve prémonitoire dont le contenu a été oublié mais qui se réveille au moment... où le rêve se réalise. Bien entendu également, on pourra évoquer la télépathie permettant à un sujet *psi* de tirer du mental du guide les informations utiles sur un monument visité. Et, en se rendant sensible aux imprégnations accumulées au cours de l'histoire dans un lieu particulier, un psychomètre pourra aussi revoir, dans un flash saisissant, une foule d'événements où il se *croira* partie prenante. Un simple objet pourra remplir le même office (songer au cas Joan Grant) : cette fois on reverra les scènes *dans leur cadre de jadis*, et on pourra s'étonner de ses transformations.

En 1877, Mme Blavatsky a fait de curieuses remarques *au sujet du déjà vu*[11] : « Ceux qui croient à la réincarnation l'invoquent comme preuve supplémentaire de notre existence antérieure dans un autre corps (...) en l'attribuant à des flashes de mémoire de l'âme (...). » Mais, en réalité, il ne s'agit pas d'une *preuve* indiscutable. Comme l'avait signalé Eliphas Lévi, pendant le sommeil de l'homme, le corps astral s'exhale de sa prison terrestre et peut parcourir les mondes visibles et invi-

11. *Isis Unveiled* (10), vol. I, p. 179-180.

sibles. Au réveil, il est possible que rien ne transparaisse; cependant « les impressions des scènes et des paysages que le corps astral a perçues dans ses pérégrinations sont toujours présentes : elles peuvent être réveillées à n'importe quel moment... » La reconnaissance d'un endroit jamais visité physiquement serait ainsi une sorte de cryptomnésie « astrale ». Cette idée a été reprise par des commentateurs modernes.

On ne peut écarter non plus un genre de *contagion psychique* que subirait un sensitif en arrivant sur des lieux où ont pu se produire des événements tragiques pour une personnalité donnée dont les restes psychiques (chargés encore d'émotions et de passions violentes) demeureraient liés à ces lieux, de quelque manière. En visitant les villes du catharisme, les membres du groupe Guirdham n'ont pu que renouer des liens avec un passé déjà bien encombrant. Le psychiatre lui-même, ou Miss Mills, a même pu servir de vecteur de contagion, sans le savoir. On l'a vu, ces deux personnages ont eu un rôle de foyer actif dans l'évolution de leur histoire.

Si, maintenant, nous acceptons l'hypothèse d'une *sphère psychique collective*, gardant la trace fidèle de la vie de tous les individus, il n'est même plus nécessaire d'invoquer une imprégnation par une « coque astrale » bien définie d'une personnalité antérieure, dès lors qu'un médium serait capable de se mettre en rapport avec un registre particulier de mémoire contenant tous les faits et gestes d'une lointaine personnalité. On concevra que la distance ne soit pas un grand obstacle et qu'une dame anglaise puisse être obsédée par les souvenirs tragiques d'un parfait cathare. On pourra objecter ici que ces explications sont un peu... extraordinaires. Sans doute, mais l'affaire Guirdham ne l'est pas moins.

Des cas *exceptionnels* comme celui-ci appellent peut-être des hypothèses exceptionnelles. Rappelons que toutes les personnes impliquées sont des sujets psychiques, certainement bien plus sensibles que le commun des mortels aux influences de la « lumière astrale »[12]. Et, après tout, les images de cette sphère qui sont les plus faciles à capter sont probablement celles qui sont *porteuses des plus grandes charges émotives*, imprimées dans cette « lumière » *par les êtres qui ont le plus souffert*. Cela expliquerait la fréquence des (pseudo- ?) souvenirs de réincarnation où le drame et la violence – voire le supplice – sont presque toujours au rendez-vous. Comme par enchantement.

Pour interpréter les dossiers Stevenson, j'ai déjà développé certaines hypothèses théosophiques auxquelles peu de gens ont encore songé. Ici également nous sommes face à des cas tout à fait exceptionnels, à examiner individuellement.

Curieusement, j'ai retrouvé un commentaire de Mme Blavatsky datant de mai 1881, sur une histoire de réincarnation, qui aurait pu figurer dans la collection de Stevenson[13]. Un jour, en Inde, un serpent mordit un fils de brâhmane (du nom de Tej Râm) qui en perdit la vie. Peu de temps après la mort du jeune homme, deux oiseaux moururent près d'un arbre *pipal* planté au voisinage de la maison : un corbeau fut tué et un moineau, frappant de son bec le front d'une femme de basse caste qui passait par là, tomba raide mort. Neuf mois après, la femme donnait le jour à un enfant qui, à l'âge de 4 ans, renia sa caste et prétendit être un brâhmane. Plus tard, retrouvant « sa » maison, il déclara s'appeler Tej Râm, et raconta l'histoire de sa mort et celle des deux oiseaux.

Au narrateur qui demandait s'il s'agissait d'un cas de réincarnation, Mme Blavatsky, loin de sauter sur l'occasion pour illustrer une thèse théosophique,

---

12. On a pu noter aussi le rôle d'exorciste joué sans le savoir par le psychiatre avec Mrs Smith (en lui faisant verbaliser son cauchemar) et avec Miss Mills (en inspectant la cicatrice de son dos).

13. *The Theosophist*, 2 (8), mai 1881, p.177.

répondit avec beaucoup de prudence, sinon de scepticisme. D'abord, le récit lui parvenait par ouï-dire – en quatrième main. On ne pouvait donc être sûr de son authenticité : « Des faits de ce genre s'altèrent toujours, en circulant de l'un à l'autre. » En second lieu, « comment se fait-il que Tej Râm *réincarné* n'ait pas prouvé son identité assez clairement pour amener ses pairs brâhmanes à le reconnaître et l'adopter ? » Malgré toutes les preuves accumulées : *découverte de sommes d'argent cachées jadis par Tej Râm, récit détaillé de sa mort et de ses transmigrations, et cicatrice de la morsure de serpent* (qui l'avait suivi à travers ses vies de corbeau, puis de moineau). En somme, on tenait là un très bon cas, en apparence. On sent que Mme Blavatsky ne l'accepte pas. Si les brâhmanes, qui savent à quoi s'en tenir sur la réincarnation, n'y ont pas cru c'était peut-être que... quelque chose ne tournait pas rond dans cette affaire[14].

On peut comprendre ce scepticisme, si seuls se réincarnent rapidement les enfants morts en bas âge, comme Alexandrina Sarmona, Blanche Battista, ou encore Katsugoro (cas célèbre de garçon japonais victime de la variole à 6 ans et revenu sur terre trois ans après, en 1815[15]). Bien sûr, à chaque règle, il y a des exceptions. Et même des exceptions aux exceptions. Ce qui expliquerait la réserve de Mme Blavatsky, faute d'informations complètes. Mais la règle voudrait qu'un adulte mourant de mort violente ne se réincarne pas dans les six mois, comme au Liban, ou même dans les vingt et un mois, comme en Birmanie. Et justement les cas de mort violente évoquent assez d'explications de rechange pour qu'on ne se hâte pas de conclure à la réincarnation, malgré l'envie qu'on en aurait.

L'exemple des *tulku*, mourant vieux et instruits

14. En anglais : « Was a screw loose somewhere, after all ? »
15. L'histoire de l'enquête faite sur ce cas par des autorités locales au Japon a été rapportée par Lafcadio Hearn (54).

des secrets magiques du transfert volontaire de la conscience d'un plan à l'autre, serait plus acceptable en apparence, bien que les coulisses du psychisme (inférieur et supérieur) renferment probablement bien des ressources que l'on ignore. Après tout, une lignée de *tulku* n'est peut-être qu'une chaîne d'individus *différents* qui se passent un relais sous forme d'instruments psychiques et spirituels immédiatement utilisables, sous la direction d'une volonté spirituelle centrale se servant d'eux pour assurer une continuité de présence dans le monde des hommes.

Ou peut-être a-t-on parfois réellement des cas de réincarnation authentique...

7

La recherche active des vies antérieures

LES ÉTRANGES RETOMBÉES DU MESMÉRISME

En publiant, en 1775, sa *Lettre à un médecin étranger*, le Dr Anton Mesmer n'avait pas d'autre ambition que de révéler l'efficacité de ses cures utilisant ce qui fut connu plus tard en France comme le *magnétisme animal*. Venu à Paris, où il connut un grand (mais bref) succès à la cour de Louis XVI, Mesmer eut maints disciples qui continuèrent son œuvre, avec un bonheur inégal. Un peu par hasard, deux d'entre eux allaient ouvrir la voie à l'hypnotisme et... à l'exploration des vies passées. Le premier, le marquis de Puységur, découvrit en mai 1784 que ses passes magnétiques avaient de bien curieux effets sur un jeune paysan : en moins de dix minutes le sujet était tombé dans une transe somnambulique. Et, un peu plus tard, Jean-Philippe Deleuze constatait qu'une somnambule, préalablement mesmérisée, oubliait sa personnalité actuelle pour se replonger dans son enfance à Saint-Domingue, où elle n'avait parlé que le patois créole (30, p. 151, note). Tout au long du XIXe siècle, l'hypnotisme eut le développement que l'on sait et reçut droit de cité dans le monde médical. Il fallut cependant attendre 1887 pour qu'un spirite kardéciste (*donc* partisan de la réincarnation), magnétiseur de surcroît, Fernàndez Colavida, réussisse les premières régressions aux vies antérieures. Ignorant cette antériorité espagnole, le colonel de Rochas redécouvrit cette voie prometteuse au tournant de notre siècle. Après des années d'enquête sérieuse, utilisant, selon le cas, des passes magnétiques transversales ou longitudinales, pour induire l'hypnose ou en libérer le sujet, projeter ce dernier vers le passé, ou l'envoyer au besoin dans le futur, l'éminent chercheur publia le résultat de ses travaux en 1911 (91). D'autres poursuivirent cette exploration, comme Charles Lancelin qui mit au point une curieuse méthode de recoupement entre les informations fournies par plusieurs sujets sur les vies passées... de l'hypnotiseur lui-même (67). Après la Première Guerre mondiale, la situation se retournera et ce sera le célèbre Edgar Cayce qui se mettra à ce travail pour éclairer des milliers de consultants.

Disparu à la fin de la Seconde Guerre, Cayce va laisser une empreinte sensible sur toutes les générations suivantes. La plupart des hypnotiseurs qui ont été amenés sur la voie de l'anamnèse profonde le citent comme une autorité dans leurs ouvrages : Edith Fiore, Helen Wambach... et, bien entendu, Morey Bernstein qui finit par se convaincre de la réincarnation en visitant le centre de Virginia Beach où sont conservées les fameuses « lectures de vie ». Au début des années 1950, il y avait déjà des hypnotiseurs – et non des moindres – qui exploraient les vies antérieures. C'est en tombant, un peu par hasard, sur le livre[1] d'un psychiatre anglais réputé, sir Alexander Cannon, que Bernstein eut l'idée de passer à l'action, en particulier après avoir lu le chapitre XVI intitulé : « Freud est battu en brèche par la réincarnation ». L'affaire Bridey allait bientôt commencer.

Les choses prenaient maintenant des dimensions considérables, à ce tournant du demi-siècle. Alors

---

1. Traduit en français sous le titre : *L'Influence invisible*, Éditions du Prieuré, 1935.

que le bon colonel de Rochas avait mis dix-sept ans pour opérer avec 19 personnes et décrire ses « expériences magnétiques » en 235 pages, on abordait le temps des grandes performances : déjà sir Cannon parlait de 1 382 sujets traités; en 1979, Joe Keeton avait à son actif plus de 8 000 régressions. Et le grand public allait aussi être le témoin direct de ces sensationnelles plongées dans le passé. Vers les années 1956-1957, Emile Franckel faisait les premières régressions hypnotiques sous l'œil des caméras de télévision, à Los Angeles. Plus tard, en Angleterre, Arnall Bloxham allait réussir à son tour ce genre de démonstration pour la BBC.

Il faut dire que l'idée était passée à la mode et que les techniques avaient considérablement progressé depuis le temps des pionniers. Plus de magnétisation, ni de rituel magique : on vous envoyait en transe somnambulique en un tournemain. Et pour gagner du temps, on se mettrait bientôt à hypnotiser des groupes. Histoire de faire des statistiques.

Bien vite, à côté des experts qui opéraient « pour voir », pour découvrir le secret des existences multiples et prouver la réincarnation, les *thérapeutes* firent leur apparition, avec un succès au moins aussi grand.

Là où la psychanalyse avait échoué en cherchant dans la vie présente des causes de névrose qui n'y étaient pas, on se mit en devoir de les retrouver dans une existence antérieure. Et ça marchait ! Dès 1950, une psychiatre (le Dr Blanche Baker) avait commencé la longue série de cures hypnotiques, ou parahypnotiques, qui se poursuit encore de nos jours. Fait remarquable, elle n'utilisait pas la transe somnambulique mais une hypnose légère, combinée à une libre association d'images. Bien plus, elle ne commandait pas à ses patients de retourner à une existence passée; malgré cela plus d'un d'entre eux se revoyait à des époques historiques, en donnant une profusion de détails *(vérifiables)*.

À la même époque, L. Ron Hubbard lançait la « dianétique », autre formule de thérapie qui, tout en utilisant pas mal de recettes de psychologie et de psychanalyse, finit par s'intéresser aux vies antérieures, afin d'y dépister, elle aussi, la trace d'insaisissables traumas[2].

C'est en 1960 que le Dr Caycedo annonça la naissance de la *sophrologie*, autre nouveauté annexant dans son territoire l'étude scientifique de tous les états de conscience et, bien entendu, l'hypnose, sous ses formes variées. L'affinement des techniques de « sophronisation » – passage à un champ restreint de conscience, intermédiaire entre veille et sommeil –, avec l'exploration méthodique de toutes les caractéristiques des divers états accessibles, permet aujourd'hui maintes applications en pratique médicale et psychothérapie. Avec un peu de doigté vous pouvez profiter d'un état « sophronique » pour faire avec votre patient un saut du côté des souvenirs douloureux enfouis et, bien sûr, tenter de repêcher une vie passée. Précisons toutefois que la sophrologie est, à l'origine, une affaire de médecins qui ne s'occupent pas de réincarnation; rien n'empêche cependant d'utiliser leurs méthodes : certains psychothérapeutes ne s'en privent pas de nos jours.

En 1958, la rencontre sur le plan professionnel entre un sujet super-*psi* Joan Grant (une trentaine de vies antérieures retrouvées par clairvoyance, avec des ouvertures semi-permanentes sur l'« invisible ») et un psychiatre anglais, adepte de l'hypnose, le Dr Denys Kelsey, inaugurait en Angleterre

---

2. Par une bizarrerie inexplicable, Ron Hubbard attribue à sa « dianétique » le mérite d'avoir « inspiré et suscité l'épisode de Bridey Murphy ». Comme nous l'avons vu, Morey Bernstein a eu assez de Cayce et de sir Cannon pour trouver sa voie. Dans son livre (5) il ne souffle pas mot de Hubbard (qui d'ailleurs n'utilisa pas l'hypnose). Ingrat Bernstein !

une collaboration assez exceptionnelle entre deux êtres complémentaires, dévoués au soulagement de leurs semblables. Isola Pisani a décrit l'une de leurs cures couronnées de succès, dans un livre paru en 1978 (86). Plus novice dans le métier, Edith Fiore publiait, la même année, un compte rendu de deux ans de travail : venue à la réincarnation en 1976, elle y raconte comment, sans chercher à prouver cette doctrine, elle en a trouvé de multiples confirmations dans les troublantes expériences de ses malades. Il existe d'ailleurs des analystes, comme Peter Blythe (13), qui ne s'affichent pas comme de farouches réincarnationnistes mais parlent à leurs clients de la régression au passé lointain comme d'une possibilité à explorer : si tout a échoué jusqu'à présent pour les soulager, pourquoi ne pas explorer cette voie ? En effet, pourquoi pas ? Un malade n'a pas toujours beaucoup de choix.

Les années 1970 ont vu aux États-Unis le grand essor du « biofeedback », avec toutes les retombées possibles au plan de la thérapie. À l'aide de machines très sophistiquées, on peut suivre ses rythmes physiologiques et même les réguler avec un peu d'exercice. De là à surprendre les caractéristiques de l'électro-encéphalogramme des yogis et autres champions de la méditation (zen, etc.) il n'y a qu'un pas. Demain, avec le matériel *ad hoc* chacun se mettra en rythme alpha à volonté : l'extase sur commande. Et les existences passées à portée de la main... Chaque jour, il y a du nouveau : j'ai sous les yeux un petit prospectus bien alléchant, promettant « Exploration et intégration des vies antérieures ». À l'aide de trois cassettes, d'un prix modique, il me suffit d'apprendre à maintenir ma conscience dans le champ des ondes Thêta, pour accéder à un vaste réservoir mnésique. Parbleu ! Que n'y avais-je pensé plus tôt ?

Pourquoi faut-il, à l'heure de ces surprenants progrès, recourir aux pénibles disciplines de l'Orient millénaire ? Parce que, comme le dirait sans doute Denise Desjardins, rien ne les remplace. C'est au contact d'un vrai Swâmi indien, rencontré sur place en 1965, qu'elle s'est soumise elle-même à la difficile anamnèse par le *lying* qui lui a fait retrouver en Inde une vie d'orpheline bien tourmentée – un cauchemar qu'on ne souhaiterait pas à son pire ennemi de revivre (31). Bien que cette technique ne recoure pas à l'hypnose, et se dise *sui generis*, elle se rattache par plus d'un trait à toutes celles que nous étudierons dans la suite.

Il y a environ deux cents ans, avec son magnétisme animal, Anton Mesmer soignait le Tout-Paris mondain, mais aussi les indigents accourus des quatre coins de la France. Il était loin de se douter des étranges retombées de sa découverte.

L'abondante matière du présent chapitre sera maintenant examinée en quatre parties successives.

Première partie

CONDITIONS DE LA RECHERCHE DES VIES ANTÉRIEURES

La technique de régression et ses variantes

Bien que chaque praticien de l'anamnèse tienne à l'originalité de *sa* méthode mise au point à son propre usage, il y a de grandes constantes qui sautent aux yeux dans toutes les techniques décrites.

Nous sommes loin du temps où l'on considérait l'hypnotiseur comme une sorte de mage mystérieux, qui enveloppait de son regard étincelant sa victime fascinée, avec les mots rituels : « Dormez, je le veux ! » Dans la majorité des cas, les procédés sont bien plus doux et reposent sur la collaboration entre les deux personnes en présence : le meneur de jeu et son sujet. En résumant très brièvement, voici les points sur lesquels insistent *tous* les auteurs, ou qu'ils exploitent diversement.

Nécessité d'un guide expérimenté

On ne peut pratiquer seul ce retour au passé même en autohypnose. L'expérience présente des dangers : le guide doit les connaître et disposer d'une batterie de techniques *efficaces* et bien rodées pour mener à bien sa mission, *sans risques et sans séquelles* pour son sujet. De plus, il doit avoir une sensibilité et une culture étendues pour suivre les phases de l'exploration, savoir faire le point et poser les questions utiles dans les développements historiques. En thérapie, il doit être un praticien confirmé. Psychologue averti, il doit non seulement avoir confiance dans la réussite mais *donner confiance* à son sujet. Ce dernier n'est pas un cobaye que l'on dissèque, mais un être humain, qui mérite respect et sympathie. Les régressions ont souvent des passages terriblement dramatiques (comme en psychanalyse) où le patient se retourne avec violence contre le praticien, pour assouvir une rage folle : il convient de savoir assumer ces agressions... sans abandonner le client à son sort.

L'acceptation du sujet

Quels que soient ses motifs (curiosité, recherche d'un soulagement), le sujet arrive avec des blocages; il refuse de se livrer sans garantie aux mains d'un inconnu, même si sa réputation est grande. C'est le rôle des premiers contacts de minimiser les résistances, *tout en stimulant l'envie d'essayer*. Dans les milieux où l'individu s'insère dans un groupe (yoga, scientologie...) l'écoute de causeries, la pratique de relaxation ou de méditation, ainsi que le contact avec d'autres qui-ont-essayé-et-ont-revécu-le-passé, sous la conduite vigilante d'un guide que l'on apprécie pour sa sagesse, tout cela facilite la préparation psychologique, on finit par accepter d'« y aller » à son tour. On marche vers la situation de transfert propre à la psychanalyse.

Choix d'un cadre isolé des stimulations sensorielles

Pour l'expérience, le lieu choisi peut être familier, agréable mais, comme il s'agit de se retirer du monde pour l'exploration de l'inconscient, on doit éviter tout ce qui accroche les sens : lumière vive, bruits, etc. Une pièce neutre, avec une lumière douce, fait l'affaire. Certains ajoutent une musique apaisante. Tout doit inviter à se laisser aller sans peur, à *calmer le mental* prompt à réagir, à ratiociner, à garder ses distances.

La relation de dépendance qui s'établit dans ce cadre isolé entre l'opérateur et son patient est fondamentale : l'individu va s'y abandonner le plus complètement possible pour être libre d'exposer *son* passé, tandis que le guide restera *vigilant* et *protecteur* sur ce plan terrestre, avec la responsabilité de ce qui s'y déroule, tout en accompagnant les évolutions de son protégé dans les couches profondes de sa psyché. On songe à un maître nageur, assis au bord de la piscine, surveillant et guidant les efforts d'un débutant.

La relaxation physique et mentale

On profite des étroites relations entre la psyché et le soma (le corps) pour induire le relâchement du tonus mental par la *relaxation physique* : celle-ci est au programme de *toutes* les techniques. Confortablement assis, ou mieux, allongé, sans chaussures, cravate et ceinture desserrées, le patient bien à l'aise est invité à décontracter tous ses membres. Attention, il va faire froid tout à l'heure (vaso-constriction au niveau de la peau) : ne pas oublier la couverture. « On attrape des engelures sur le petit matelas du lying », a remarqué un sujet; chez le Dr Kelsey également.

La suggestion verbale

Dès le début, l'opérateur prend la direction des événements : la relation restera constante au niveau verbal, même dans l'hypnose profonde. Sans brusquerie, le guide impose sa volonté et obtient l'obéissance du sujet, tout en lui laissant une certaine liberté, dans le cadre circonscrit pour l'expérience. Toutes les instructions sont données selon un programme méticuleusement mis au point (voir la sophrologie).

Le grand art consiste à vaincre les résistances par l'encouragement, la persuasion, l'invitation à progresser, etc. Les sophrologues appellent *terpnos logos* ce langage à la fois apaisant et efficace pour entraîner le sujet dans la voie qu'on lui fait sentir comme bienfaisante[3].

L'état sophronique

Une fois le corps mis en veilleuse, les yeux se sont fermés, et le champ de conscience s'est réduit à une zone limitée, selon les suggestions du maître d'œuvre. Généralement on a atteint un état « sophronique » qui n'est plus la veille, mais n'est pas du tout le sommeil. Il peut être plus ou moins

---

3. Voir sur tout ce passage les précisions apportées par la sophrologie; je me réfère ici au livre du Dr Rager (88).

bien établi : *le sujet est toujours conscient*, mais l'opérateur a les moyens de le faire passer à des niveaux plus profonds, et de descendre jusqu'à la transe somnambulique – indispensable pour les régressions « historiques » visant à prouver la réincarnation. Il faut bien comprendre que toutes les méthodes « originales » préconisées par les divers auteurs mais qui suivent *invariablement* les phases que nous venons de passer en revue, à quelques variantes près, amènent les sujets à cet état sophronique – sinon, *il ne se passerait rien que du rêve ou du fantasme*. Dans cette situation où la volonté et l'intelligence du sujet ne sont plus en éveil pour participer à la vie de relation, et où le patient est tenu attentif à obéir à son maître, on peut profiter des pouvoirs particuliers propres à cet état sophronique : en particulier, l'extraordinaire réveil de la mémoire (dans le jargon des sophrologues : *l'hypermnésie sophronique*). Invité à retourner à son enfance, l'individu va revoir ses souvenirs avec une clarté et une précision incroyables.

La pêche aux vies passées

La psychanalyse a fait comprendre à quel point les traumatismes de l'enfance sont générateurs de troubles permanents de la personnalité. Les thérapeutes réincarnationnistes renverront volontiers leurs patients explorer leurs premières années en état sophronique, histoire de réactiver des émotions oubliées, pour passer ensuite à l'état fœtal (si chargé d'agressions, selon les théoriciens !) pour déboucher finalement dans l'existence précédente et revivre ses traumas. Il existe cependant tout plein d'autres trucs « originaux » pour obtenir les régressions : on fait appel à de puissantes images symboliques évoquant tantôt *la descente* dans des profondeurs (où chacun sait que le passé est enfoui), tantôt l'*exploration du temps*. Par exemple, on vous fait descendre du haut d'une montagne (le niveau conscient) par des chemins que vous suivez (en imagination) jusqu'à l'entrée d'une grotte (le subconscient); finalement à force de vous enfoncer dans des boyaux, vous trouvez un couloir bordé de portes (les vies passées!), vous en ouvrez une : c'est la vôtre! La première chose aperçue est une image surgie de cette vie! (66, p. 38). Le cadre peut être différent mais, toujours, on crée pour vous une atmosphère magique, familière, voire *scientifique* : tel ce laboratoire mental, où vous emmène un sophrologue[4] et où tout est prévu pour vous assister. Dans l'une des pièces, vous trouvez trois livres : celui des vies passées, celui de la vie actuelle et celui des vies futures. Invité à feuilleter le second, vous recevrez l'ordre de vous retrouver à une date donnée. Plus tard, vous prendrez le premier livre en main (dans votre imagination) et, tout en tournant les pages, vous commencerez à voir une image...

D'autres « trucs » pour remonter le temps : *l'horloge,* dont les aiguilles tournent à l'envers ou... *le tapis volant.* Avec ce dernier, en vous « détachant » de la terre, vous vous envolez au-dessus des contingences, et sur votre tapis (Helen Wambach préfère un petit nuage, bien moelleux) vous partez à l'aventure pour explorer les siècles, ou la géographie de la terre. Le technicien qui vous suit en orbite peut vous commander de vous arrêter à une date fixe (de votre enfance par exemple), ou vous laisser le choix (intuitif) de votre atterrissage dans le temps, ou dans l'espace : là vous reverrez une vie passée. Avec Helen Wambach, ça marche bien.

4. Jean-Marie Hurand.

L'assistance indispensable à l'explorateur

En progressant dans le terrain accidenté de ses existences antérieures, le sujet a besoin d'aide pour ne pas se bloquer au premier obstacle venu et pour poursuivre à fond son exploration. C'est là que joue toute l'expérience du guide. Parfois, aucun souvenir ne vient : il faut travailler le sujet (même pendant des heures) pour qu'il accouche d'un lambeau de souvenir. Je lis chez Denise Desjardins cet aveu concernant un disciple particulièrement inerte : « J'ai dû me battre avec lui longtemps, et même au sens propre du mot, pour qu'une peur puisse enfin remonter au grand jour. » (32, p. 337.) Naturellement, avec l'hypnose profonde, on n'a pas les soucis que connaissent les thérapeutes : ceux-ci doivent obliger leurs patients à revivre intégralement leurs traumatismes jusqu'à les assumer, en prenant les distances nécessaires : la guérison est à ce prix.

Un truc fréquemment employé pour obtenir une précision (noms, dates…) est de suggérer qu'elle émergera à un claquement de doigts de l'opérateur, ou au bout d'un intervalle défini : « Je vais compter jusqu'à trois et vous direz comment s'appelle cet homme : un ! deux ! trois ! »

Dans beaucoup de cas, on peut prescrire au sujet de conserver toute la mémoire de son expérience. C'est la suggestion posthypnotique, ou postsophronique. Avant de faire regagner, *progressivement*, l'état normal, beaucoup d'opérateurs ajoutent un *cadeau* en prime : « En revenant à vous, vous sentirez une joie profonde, un immense bien-être, etc. » Jusqu'au bout, *l'alliance* entre le guide et celui qu'il accompagne doit demeurer positive : dans les séances suivantes, le retour à l'état sophronique, ou à l'hypnose, s'en fera d'autant plus rapidement, ce qui facilitera beaucoup la tâche. Il y a aussi, malheureusement, un risque accru de *dépendance*.

Caractéristiques des états sophroniques

Quelles que soient les méthodes, et la douceur des procédés, le sujet est isolé avec son guide dans une relation dominé-dominant, exécutant-chef d'orchestre, ou explorateur-chef de mission, selon le cas. Extrêmement *suggestible*, il est attentif aux indications reçues et cherche à « bien faire » – contenter son maître – surtout après plusieurs séances. Il y a d'ailleurs des limites à cette disposition à faire plaisir – on trouve des cas de rébellion (en hypnose douce).

Dans cette situation, où les facultés de volonté et de réflexion sont mises en veilleuse, la censure de la conscience tend à s'abolir : les émotions montent à la surface, il n'y a plus de crainte de crier sa haine, de dévoiler ses sentiments – d'autant plus que l'opérateur encourage dans ce sens. « Ne pensez pas ! Ne faites pas de constructions mentales, de raisonnements sur l'événement : vivez-le, sentez-le ! » Et le pauvre bougre, en plein drame, est tenu de verbaliser tous les détails de ses visions, de ses sensations. Les conditions sont réunies pour que des effets psychosomatiques se produisent immédiatement, répercutant dans le corps les traces réalistes du cauchemar vécu : les « vies passées » deviennent tangibles. Du moins certains le croient.

Comme dans des crises observées en psychanalyse, le sujet peut déployer un pouvoir histrionique saisissant, jouer à la perfection de multiples rôles criants de vérité, que l'individu normal serait bien incapable d'imiter. De façon *classique*, il finira par se rouler sur le divan, dans la position du fœtus... *Ne pas s'étonner : on voit ça partout*. Et pendant qu'on navigue dans l'émotion, le crime passionnel n'est pas loin; c'est l'oreiller qui fera office de victime; sinon gare au psychanalyste, au thérapeute ou au conducteur du lying !

Tout cela est bien impressionnant pour le spectateur. Cependant, il ne faut pas se laisser prendre au piège des apparences. Entre la transe somnambulique et les états plus proches de la veille, existent de grandes différences. Il est possible, en hypnose profonde, de faire régresser un sujet à un âge donné, avec suppression temporaire de tout souvenir *postérieur* à cet âge : l'individu se métamorphose, en redevenant un enfant ayant l'âge mental correspondant. Dans *tous* les autres états, on n'atteint qu'une régression *partielle*. Point capital, selon des observateurs comme Erickson et Kubie (88, p. 148), le sujet renvoyé à un âge fixé retrouvera bien des souvenirs d'événements qu'il a vécus, disons, à l'âge de 6 ans, mais il les vivra et les comprendra *avec le point de vue d'un adulte*, en se comportant exactement *comme il s'imagine s'être comporté* à l'âge de 6 ans. S'il revit la naissance, il apitoiera tout le voisinage par ses cris, et sa terreur de petit être emprisonné, obligé de subir le traumatisme de l'écrasement de sa tête en passant par les voies maternelles. Comme si l'enfant à cet âge avait une conscience personnelle pleinement formée et une intelligence éveillée capable d'analyser des impressions et des angoisses... En d'autres termes, en revivifiant des sensations enfouies dans la mémoire lointaine, *le sujet y rajoute... son angoisse d'adulte*. Il y a des exemples très éloquents dans ce sens parmi les témoignages de Denise Desjardins.

Souvent dans ces états plus ou moins éloignés de la conscience normale émergent des pouvoirs parapsychologiques. Le plus courant est *la télépathie* entre l'opérateur et la personne en régression, surtout si le premier est lui-même un sensitif, comme Joan Grant et (à un moindre degré) Helen Wambach. *La clairvoyance* se manifeste également : les conditions sont justement réunies pour que des facultés latentes, ordinairement incapables de s'exprimer dans le brouhaha de la vie de veille, commencent à donner signe de vie. Aussi, ne soyons pas étonnés si un sujet, complètement déconnecté du réel et submergé par ses visions, se met à chanter une vieille complainte dans une langue inconnue, ou mimer à la perfection quelque mystérieuse danse rituelle. Plus la personnalité terrestre ordinaire est paralysée, plus ces pouvoirs ont des chances de se manifester. S'agit-il pour autant d'une preuve de réincarnation ?

Ajoutons que l'individu en transe somnambulique est facilement le jouet d'hallucinations; il peut percevoir des objets, des personnes, là où il n'y a rien. On dirait bien qu'il n'est pas besoin d'une hypnose aussi profonde pour en arriver là. Emportés par leur délire, les pauvres « régressés » *voient* le visage de la mère indigne, *entendent* les cris de la femme aimée qu'on viole sous leurs yeux, *étranglent* de leurs mains les méchants qui les ont bafoués, pour passer finalement à la torture où on leur *enfonce* des fers rouges un peu partout, pendant qu'ils hurlent de toutes leurs forces. Le Grand Guignol à domicile, plus vrai que nature. Drôles de vies passées !

Deuxième partie

LES RÉGRESSIONS HISTORIQUES

Exemple : Bridey Murphy, avec les précisions vérifiables sur la vie irlandaise au XIXe siècle.

Le constat des faits

Comme nous l'avons signalé – et de l'avis des hypnotiseurs de métier – c'est dans la transe somnambulique qu'on peut espérer retrouver une vie antérieure. Ce degré d'hypnose n'est accessible qu'à un nombre limité de personnes (de l'ordre de 10 sur 100). Il donne lieu aux phénomènes les plus spectaculaires. Le sujet peut avoir les yeux ouverts sans sortir de sa transe; il n'en rapportera aucun souvenir conscient, à moins que l'ordre ne lui en soit donné avant le réveil.

Depuis la magnétisation de la jeune Joséphine par Albert de Rochas, en 1904, avec la description (surchargée de détails sur les modes opératoires) de sa vie antérieure comme Jean-Claude Bourdon, trousseur de jupons et ancien militaire du 7e d'artillerie à Besançon, les témoignages de régression hypnotique se sont multipliés à l'envi : il faudrait leur consacrer des pages et des pages pour en donner un échantillonnage assez représentatif. Pour gagner de la place, essayons simplement d'extraire de toute cette matière ce qui est vraiment significatif.

1. Les récits donnent toute l'apparence de *l'authenticité*. Sauf cas rares, ils sont *cohérents* et *convaincants*. Identifié au personnage retrouvé, le sujet répond en général franchement aux questions qu'on lui pose, sans hésiter; on peut le ramener à différentes dates de cette existence; enfant, il parle comme un enfant, avec ce qu'il peut savoir à cet âge. Au cours des séances successives (qui peuvent totaliser des dizaines d'heures), c'est toujours la même figure qui s'exprime avec une remarquable constance.

2. Autre constatation tout aussi remarquable : si l'on suggère à la personne qu'elle a été autre chose que ce qu'elle révèle (A. Bloxham a tenté de persuader l'un de ses sujets qu'il avait été bandit de grand chemin), l'hypnotisé ne suit pas la suggestion (58, p. 14) ou bien joue le rôle commandé (sans doute pour faire quand même plaisir à l'hypnotiseur) mais de façon non convaincante.

3. Il arrive que le sujet exerce une sorte de contrôle sur ses réponses, lorsque celles-ci lui paraissent choquantes, erronées ou privées de bon sens. La moralité et la pudeur sont toujours actives dans les personnalités revécues.

4. Contrairement à ce que disent les mauvaises langues, ce ne sont pas des figures illustres – Napoléon ou Cléopâtre – qui reviennent le plus fréquemment, mais des gens ordinaires (souvent des classes moyennes ou inférieures) pris dans la routine d'une existence qu'émaillent, à de rares intervalles, des événements un peu plus intéressants, cocasses ou tragiques. Bien souvent, c'est une succession de petits faits sans relief qui ont dû pourtant rythmer la vie des humbles au cours des siècles.

5. Dans les cas les plus marquants, l'authenticité semble se vérifier non seulement par la multitude des *précisions* historiques (qui s'avéreront exactes dans la suite) mais aussi par le *comportement général* du personnage revécu, avec sa psychologie propre, compte tenu des lois du contexte. Un exemple très éloquent dans ce sens est la vie d'une certaine Sarah Williams, « incarnation » précédente d'une dame britannique hypnotisée par Joe Keeton (80, p. 47). On retrouve avec Sarah, d'une façon terriblement convaincante, ce qu'a pu être la vie des parias de la société victorienne du XIXe siècle. Au fil des jours, on voit la petite orpheline, trop tôt privée de son père, pauvre docker de Liverpool, traîner son existence dans la jungle des bas quartiers; les voisins qui accourent les uns après les autres, dès qu'ils la savent seule, pour piller le maigre mobilier du logis; l'hospice, d'où elle s'enfuit pour errer sans autre abri que le porche des maisons, ou la baraque d'un veilleur de nuit; le spectre perpétuel de la faim, avec le petit rayon de soleil d'un couple amical qui ouvre sa porte pour faire passer la nuit, dans le vestibule, à même le sol; la police qui surveille les rôdeurs, la neige

où les pieds nus s'enfoncent; la robe usagée reçue – cadeau somptueux ! – et le travail harassant payé d'un quignon de pain. Comme l'observe Peter Moss, le plus étonnant est peut-être, dans cette reconstitution de la vie des pauvres, « cette façon qu'ils ont d'accepter leur lot de froid, de faim et d'inconfort, non comme une injuste frustration, mais comme une des normes inévitables de la société ». La petite Sarah « reconnaît sans ombre de pitié de soi ou d'envie le gouffre qui la sépare des "gens de la haute"... » Autre trait remarquable : bien que la personne actuelle soit de souche irlandaise catholique, Sarah partage avec toute une tranche de la population de son temps une haine fanatique et primaire contre les catholiques romains d'Irlande. Faut-il aussi ajouter que le langage de Sarah trahit constamment son absence complète d'instruction ? Quant aux précisions historiques, elles ne manquent pas. Elles concernent des petits événements dont on avait perdu le souvenir : la venue à Liverpool, le 8 août 1850, de Jenny Lind, le « rossignol suédois », la visite d'un prince russe, de la reine et du prince Albert visitant les docks à bord de la *Fairy*, l'apparition de l'éclairage au gaz, sans parler des noms de personnes, avec leurs adresses, et plein d'autres détails que la dame anglaise n'avait jamais appris dans sa vie présente.

6. Il arrive souvent que certains faits très précis ne puissent être vérifiés par manque de documents officiels, ce qui est fréquent dans les régressions à des époques lointaines : les archives ont pu être détruites ou bien l'état civil des personnes n'était pas enregistré avec rigueur. Certains cas sont particulièrement intéressants s'ils apportent des informations concernant une période historique sur laquelle les spécialistes manquent de documentation. C'est ainsi qu'un excellent sujet de Bloxham, Jane Evans, revivant une existence comme femme romaine, put donner des indications inédites sur

une intrigue et une rébellion dont fut le cadre, vers 286 de notre ère, la Grande-Bretagne romaine. Plus tard, réincarnée comme Rebecca, à York, vers la fin du XIIe siècle, la même dame revécut d'une manière saisissante les persécutions qui coûtèrent la vie à de nombreux juifs : une mort tragique devait la surprendre dans la crypte de l'église St. Mary, où elle s'était réfugiée. L'église existe encore. À l'époque de la régression, on ne lui connaissait pas de crypte. Rebecca s'était-elle trompée ? Quelques mois après, des travaux de rénovation permirent de la découvrir. Certains chercheurs songent à l'utilité de l'hypnose pour compléter nos connaissances historiques.

7. Les sujets donnent souvent des événements des comptes rendus très subjectifs, en s'attachant à d'insignifiants détails, et en oubliant les autres qui intéresseraient l'historien. Ce qui s'explique avec des personnages très frustes. L'un des cobayes de Bloxham, embarqué (jadis) de force sur un navire de guerre au XVIIIe siècle, était un rustre illettré; incapable même de dire le nom de son bâtiment, il pouvait cependant décrire, de façon tout à fait satisfaisante pour des spécialistes de l'Amirauté, la vie misérable des marins de cette époque. Au cours d'une bataille navale, le malheureux eut la jambe emportée par un boulet; la séance d'hypnose était justement enregistrée au magnétophone : c'est l'un des clous des « Bloxham tapes » (bandes magnétiques de Bloxham), célèbres en Angleterre : chacun peut se rendre compte que le marin ne joue pas la comédie au moment fatal.

8. Dans certains cas, on constate des lacunes franchement suspectes : la même Jane Evans fut envoyée par Bloxham au temps de Charles VII, dans le rôle d'Alison, servante de Jacques Cœur. Le récit fourmille de détails vérifiables et de descriptions de la vie et de la demeure du grand argentier. Très attachée à son maître, la jeune fille

ignore le principal : il était marié et avait cinq enfants –, ce qui est proprement impensable. Comment tant d'informations peuvent-elles revenir à flots, tandis que d'autres demeurent lettre morte pour le sujet en hypnose ? Mystère. En tout cas, on ne peut guère soupçonner Jane Evans d'avoir appris son rôle dans les livres, elle n'aurait pas commis cette bévue. Il est assez fréquent, de même, que des sujets soient incapables de désigner le nom du monarque régnant de leur temps, ou d'autres faits tout aussi patents. Mystère, encore.

9. On relève également des erreurs caractérisées.

Malgré les affirmations d'une personne régressée au début du XIXe siècle, la reine Victoria n'était pas encore sur le trône, c'était Guillaume IV. Comment un sujet ramené à une date fixée peut-il savoir ce qui se passera dans les années suivantes ? C'est contraire à la règle habituelle en hypnose. Le colonel de Rochas a eu des déboires de ce genre avec des cobayes envoyés *dans le futur* : les vies anticipées étaient tout aussi convaincantes que celles du passé, mais avec le temps se révélaient fantaisistes. Comment distinguer alors ce qui pouvait être accepté comme *vrai* dans les vies antérieures ? Disons que l'une de ces excursions vers le futur fut fort désagréable pour notre pionnier, lorsque la dame sous hypnose refusa de le reconnaître, en disant : « Chacun sait que le colonel de Rochas est mort depuis trois ans. » La date se révéla exacte. Notre héros mourut en 1914.

10. La *violence* est souvent au rendez-vous des régressions : il arrive que le premier événement revécu soit un épisode dramatique, où le sujet se sent menacé d'une mort imminente, souvent horrible. Dans deux de ses incarnations les mieux documentées, Jane Evans fut assassinée, et c'est le poison qui mit fin à sa vie comme Alison. Ce trait caractéristique rappelle le pourcentage élevé de

morts violentes (ou prématurées) signalé pour les cas Stevenson.

11. Quand on dispose de la suite complète des existences vécues par un individu (comme Jane Evans, par exemple), le moins qu'on puisse dire c'est qu'il n'apparaît entre elles *aucun lien logique évident*, en dehors de celui que trouveraient les yeux de la foi. Le cas de Betty, excellent sujet suivi par Helen Wambach, illustre bien ce point : avant d'être américaine, Betty fut un pauvre Pakistanais mourant de faim (vers 1400), une servante de bar anglaise, battue, violée et tuée (vers 1600), pour atteindre le faîte de la gloire comme président des États-Unis (James Buchanan, 1798-1868), et retomber dans une tribu indienne de Floride, et mourir en bas âge vers 1903. D'autres exemples, que l'on peut collecter ici et là, ne valent pas mieux. On ne déchiffre pas bien les voies du karma dans cet imbroglio : les sujets tireraient au sort une succession de vies dans les rayons d'une bibliothèque, on n'y verrait pas plus clair dans l'enchaînement logique d'une existence à l'autre. C'est une constatation analogue que l'on trouve dans l'analyse que Stevenson fait de ses cas (111).

Discussion

Il est facile de se laisser emporter par la conviction dans les exemples très forts, où les détails historiques s'accumulent sans que le sujet sous hypnose ait pu s'en informer au préalable[5].

Malgré le caractère sensationnel des récits criants de vérité, il faut savoir garder son sang-froid : qu'a-t-on *prouvé* par l'hypnose, en réalité ?

Des faits historiques ont été exhumés, certes;

5. Ces cas ne sont pas la majorité. Une foule de « régressions » ne présentent aucun intérêt ni documentation vérifiable, quels que soient les efforts de l'hypnotiseur pour arracher des précisions historiques.

mais qui plus qu'un sujet en transe somnambulique est capable de *télépathie* – pour lire dans le mental de l'opérateur les détails utiles servant à étoffer le scénario – ou de *clairvoyance* – pour aller chercher les informations à la source même où l'on fera plus tard des vérifications ? Nous avons déjà évoqué plusieurs fois ces explications de rechange, mais ici elles sont *tout à fait plausibles*.

Les « vies antérieures » sont renversantes, étonnantes de vérité, etc. (les épithètes utilisées rivalisent sur le mode superlatif), mais qui mieux qu'une personne plongée en hypnose est capable de mimer tous ces personnages, avec la perfection d'un comédien accompli ? Le sujet est entièrement disponible pour *incarner* (c'est le cas de le dire) le rôle qui lui revient sur l'étrange scène où l'a poussé l'hypnotiseur.

Et nous ne sommes pas sûrs que l'extraordinaire plasticité de la psyché n'intervienne pas, de temps à autre, pour donner du corps au roman revécu avec tout le poli nécessaire. On n'a pas fini de sonder les possibilités de l'imaginaire. Une chose est sûre : dans une majorité de cas, l'individu appelé à régresser sait qu'*il va s'agir de vies antérieures à retrouver*. On peut être certain qu'il s'arrangera sous hypnose pour ne pas décevoir l'homme qui le guide dans son exploration.

Autre point mis en lumière, avec les précédents, par J.B. Rhine à l'époque de l'affaire Bridey Murphy[6] : « Il est également possible que Morey Bernstein ait donné une aide involontaire dans ses questions posées, en essayant de "pêcher" des réponses capables de poursuivre le fil de l'histoire. Et il serait alors tout à fait naturel, pour ces amateurs dans le domaine de la recherche psychique, d'être convaincus d'avoir découvert un cas authentique

6. Article de mise au point, publié dans l'*American Weekly* du 8 avril 1956.

de réincarnation. » N'oublions pas que Bernstein cherchait à se prouver la réincarnation.

En somme, ces vies antérieures pourraient n'être qu'un tissu d'images puisées à des sources très diverses et mises en forme par l'hypnotisé *et* l'hypnotiseur. Et même si c'est, *authentiquement*, l'existence historique d'un Romain ou d'une belle Vénitienne qui émerge, avec preuves à l'appui, *rien* n'oblige à croire que c'est l'incarnation passée du sujet plongé en hypnose. S'il y a quelque vérité dans les théories de la grande mémoire de la Nature (« lumière astrale », psychosphère, etc.) on peut fort bien concevoir que l'individu tire de la bibliothèque des mémoires de ce grand ordinateur central *la bande complète* contenant les informations sur l'incarnation particulière du personnage rappelé à la scène sous hypnose. Cela expliquerait parfaitement le caractère *complètement décousu* de la succession de ces pseudo-réincarnations – et leur nombre extravagant (pouvant atteindre la trentaine).

Mais pourquoi une personne, rendue médium sans le vouloir par l'hypnose, choisirait-elle une bande plutôt qu'une autre ? Justement, un « psychique » *ne choisit pas*; il *subit* l'influence de la « lumière astrale », en fonction d'affinités qu'il ignore (autant que l'hypnotiseur)[7]. On aurait ici un autre cas de contagion psychique inconsciente.

7. Cette exposition d'un individu à toutes sortes d'influences inconnues ne laisse pas d'être inquiétante. Déjà, au XIXe siècle, Mme Blavatsky a fortement mis en garde contre la pratique de l'hypnose.

Troisième partie

L'enquête et ses résultats

Au contact de la jeunesse californienne, cette psychologue a fait maintes expériences avant d'en arriver à ses recherches statistiques. Diverses drogues, comme le LSD, ont, paraît-il, la vertu de donner des visions qui ressemblent parfois à des panoramas de vies passées. Pourquoi se mettrait-on la police à dos alors que l'hypnose peut vous conduire aux mêmes résultats, sans danger et à un prix bien moindre ? Argument de poids. Il n'y a d'ailleurs pas que les drogués qui soient prêts à faire des « trips » dans leur histoire oubliée : Helen Wambach a pu réunir plusieurs centaines de volontaires parmi la population de la baie de San Francisco et du voisinage, recrutés par voie publicitaire, à l'université, etc. Tous ces gens, suffisamment motivés, ont participé volontairement à un « atelier hypnotique » : huit heures de travail, pour la somme modique de 30 dollars. Au total, quatre *trips* dans la journée, réalisés sous la conduite de la psychologue (très convaincue de la réincarnation), selon un protocole invariable.

Pour obtenir une large gamme d'informations, Helen Wambach a prévu pour son enquête un programme précis imposant deux grilles de temps différentes pour les deux premiers *trips* (de − 500 à + 1860 pour le premier, et de − 2000 à + 1200 pour le second), en consacrant le troisième *trip* à une exploration de l'espace terrestre (les sujets s'incarnant cette fois, pour leur troisième vie, dans le lieu géographique qui les attire). La dernière promenade, consacrée à sonder l'intervalle entre deux vies, ne nous intérese pas ici : les résultats reflètent trop bien les idées qui courent sur la côte Pacifique en cette fin de XXᵉ siècle. Détail particulier : dans ces ateliers, on ne peut suivre les récits de dix à vingt personnes sous hypnose; les sujets restent donc muets et reçoivent la suggestion de garder la mémoire de toute leur expérience. Entre deux *trips*, ils remplissent un questionnaire avec le tissu de leurs visions. C'est ensuite l'affaire de la psychologue de procéder au traitement des données et d'en faire l'analyse statistique sur une liste de points précis : sexe, pays, aspect corporel, costume, paysages familiers, nourriture, activités professionnelles, type de décès, liens karmiques avec des personnes connues actuellement, etc.

Armée des résultats de 1 088 questionnaires rédigés par un nombre bien inférieur de cobayes (répartis en deux groupes, pour faire des comparaisons), Helen Wambach a dressé des tableaux, tracé des graphes et rédigé son livre (123). Les conclusions sautent aux yeux : en tout temps, il y a eu beaucoup plus de pauvres que de riches, et à peu près autant d'hommes que de femmes. En passant de la préhistoire à l'âge moderne, on note une évolution significative de la manière de se vêtir, de se nourrir, de se chausser, voire de mourir (multiplication des morts violentes vers 1900). Point capital, on assiste à l'accroissement progressif de la population du globe; les courbes sont là (pas toujours bien lisibles) : à partir de l'an 1000 la démographie accuse une augmentation galopante. Tout est convaincant. Ces résultats, cohérents avec ce qu'on sait de l'histoire, *prouvent* la réincarnation avec éloquence...

Discussion

Malgré toute la sympathie humaine que peut inspirer Helen Wambach, on ne peut s'empêcher de rejeter énergiquement les conclusions de son enquête qui se prête, tout au long, aux plus graves critiques sur le plan de la statistique.

Cette enquête prend en compte des informations tout à fait suspectes :

– On ne sait rien sur les personnes interrogées, ni sur leur passé; elles peuvent régurgiter sous hypnose des romans, des films, des émissions de TV : tout ce qu'elles raconteront sera accepté comme « donnée » à traiter, pour tracer des courbes.

– On ne sait rien sur le degré de transe atteint. Chacun voyage dans son coin : on se retrouvera à la sortie.

– Le temps de régression (55 minutes) est ridiculement court : le sujet bâclera son devoir, ou complétera inconsciemment ses visions pour répondre.

– L'influence mutuelle des cobayes et de l'opérateur est négligée.

– L'évaluation des réponses est *extrêmement* discutable : l'information fournie est souvent très vague et impossible à interpréter sérieusement; par exemple, en répondant aux questions sur la nourriture et les vêtements, si le cobaye précise : « nous mangeons du bœuf bouilli », et « je porte une sorte de manteau », faut-il comprendre qu'à l'époque tout le monde dans cette classe sociale particulière mangeait du bœuf bouilli chaque jour, et portait un manteau ? Il y a de ces généralisations qui donnent le vertige. Qu'importe, tout cela sera chiffré au bon moment. Dans les régressions classiques, avec hypnotiseur chevronné, le sujet est renvoyé à *une période précise* de son existence, et non pas à un survol complet, d'où l'on pourrait tirer (en moins d'une heure) des renseignements fiables sur ce qui se passait à l'époque.

La place manque pour développer toutes les critiques de fond qu'il faudrait ajouter aux précédentes. La plus grave – celle qui aurait dû sauter aux yeux de l'habile statisticienne (et de ceux qui colportent ses résultats) – est celle-ci : à supposer même que tous ces récits soient recevables comme témoignages de réincarnation – ce qu'aucun juge sérieux ne saurait accepter –, l'échantillon de population choisi et traité par Helen Wambach *n'est absolument pas représentatif de la population du globe*. Il s'agit de quelques centaines de personnes (aucun chiffre précisé) qui sont peut-être représentatives d'une certaine couche de Californiens modernes (plus ou moins pénétrés de l'atmosphère psychique de leur région, avec tout ce qui peut circuler sur Edgar Cayce, le New Age et le yoga des Swâmis de la Pacific Coast) mais qu'on ne saurait sûrement pas comparer aux autres groupes humains de la terre. Il y a des extrapolations *interdites*. Celle-ci en est une. Peut-on croire que le Moyen-Orient a été plus peuplé à telle époque qu'à telle autre sous prétexte que nos Californiens s'y retrouvent plus nombreux à ce moment-là ? Mais, si d'aventure, aucun de ces témoins ne parle du Zimbabwé, de la Sibérie orientale, ou du Turkestan russe, est-ce à dire qu'il n'y a jamais eu âme qui vive dans ces contrées retirées – qu'avaient aussi désertées les lectures de vies de Cayce ? Hélas ! La réincarnation n'a pas toujours les avocats qu'elle mériterait.

Tout ce qu'on est en droit de tirer comme conclusions, objectivement, c'est ceci : quand on opère dans les conditions décrites, les gens confirment les espérances de l'hypnotiseur, ils croient revoir des vies passées, indifféremment dans l'un ou l'autre sexe[8], souvent plus pauvres que riches, dans des

8. Serait-ce qu'ils tirent, *de façon aléatoire*, un lot à la loterie des vies passées ? C'est une hypothèse inattendue, mais *valable*, que peut inspirer cette enquête. Dans ce cas, ce ne serait pas *leur* existence antérieure que reviraient les sujets mais celle de n'importe qui, au hasard. D'où *l'égale répartition statistique des sexes*, qui étonne H. Wambach mais serait normale au contraire.

régions variées, un peu dans l'Antiquité, plus souvent au Moyen Âge, beaucoup plus dans les temps récents. Qu'est-ce que ça prouve[9] ? Au fait, on dirait bien que ces observations sont aussi celles que l'on peut obtenir à partir des milliers de régressions de Joe Keeton, Arnall Bloxham, et autres... Qu'en tirons-nous de plus ?

Quatrième partie

LES ANAMNÈSES THÉRAPEUTIQUES

Ian Stevenson qui a utilisé l'hypnose dans ses débuts – d'une façon exceptionnelle – y a renoncé complètement et ne cache pas son scepticisme. Avec ce que nous avons constaté plus haut, nous pourrions clore ici ce chapitre. Il nous faut pourtant poursuivre, afin d'examiner les prétentions des psychothérapeutes convaincus de la réincarnation.

Il y a une centaine d'années, Freud avait lui aussi employé l'hypnose, après avoir été mis sur la voie par une observation capitale d'un grand psychiatre autrichien, Joseph Breuer : plongée en hypnose, une malade hystérique retrouvait un réseau de souvenirs traumatisants qui étaient à l'origine de ses symptômes, lesquels finissaient par disparaître en amenant la jeune femme à revivre les incidents et les émotions réelles qui les accompagnaient. Breuer a donné à cette méthode le nom de *catharsis* (en grec : purification). Par la même occasion, il découvrit le phénomène de *transfert*, dans lequel le malade reporte sur l'analyste des

9. On lit parfois qu'il est plus facile de se souvenir d'une vie récente que d'une plus ancienne. Rien que cela expliquerait la « courbe croissante » de la population du globe vue par Helen Wambach. Y aurait-il une usure de la mémoire centrale de la psychosphère avec le temps ? Ou la psyché des sujets aurait-elle ses raisons de préférer des époques familières ? Probablement.

sentiments et des attitudes (amoureuses ou agressives) qu'il a eus jadis, dans les circonstances qu'il est amené à revivre (88). L'aventure de la psychanalyse commençait. Certains disent que Freud avait découvert la réalité des vies antérieures[10]; en tout cas, il a fallu attendre notre siècle pour qu'on s'y plonge; à la recherche des causes lointaines des névroses.

Le choix des méthodes

Il me paraît intéressant de présenter trois méthodes qui diffèrent de façon significative (surtout par le contexte où elles s'appliquent) dans le but de comparer leurs performances :

L'hypnothérapie

Cette méthode est généralement employée par des psychiatres, comme le Dr Denys Kelsey, ou par des psychologues spécialistes de l'analyse. Le livre du Dr Edith Fiore (37) me servira de référence pour les exemples de cures opérées par cette voie : 9 cas bien documentés (5 femmes et 4 hommes) permettent de saisir à la fois la nature des troubles psychiques et somatiques des sujets et les progrès de leur guérison. Le praticien est essentiellement un thérapeute qui reçoit les clients dans son cabinet, sans se préoccuper de doctrines métaphysiques, sauf cas exceptionnels (Dr Kelsey assisté de Joan Grant).

10. Le Dr Jean Sarkissof assure que Freud avait signalé la chose au commandant Thompson, qui initia Ron Hubbard à la psychanalyse (31, préface, p. 14).

Le lying

Enseigné par un *guru* hindou (Shrî Swâmi Praj-nânpad) à Denise Desjardins, le lying (31, 32) est pratiqué sous la direction de celle-ci dans une communauté, sorte d'*ashram*, spirituelle, vouée à l'ascèse. Ici, il n'est plus question de psychanalyse pour personnes souffrantes, mais de technique permettant de libérer l'être intérieur d'obstacles remontant aux existences passées. On parle dans ce contexte de *samskâra* (impressions mentales) et de *vasanâ* (relents, ou souvenirs) qui exercent leur influence négative sur l'individu cherchant à progresser dans sa discipline *(sadhanâ)*. Ce langage ne cache pas une triste réalité : ceux qui entrent sur la voie de l'*adhyâtma yoga* ne sont pas moins sujets aux névroses que leurs frères moins inspirés. Cependant, la cure par le lying se commentera dans le style oriental, avec les perspectives ouvertes par la philosophie hindoue qui en dit plus sur la réincarnation que les hypnothérapeutes. Dans cette voie, point d'hypnose préalable, mais une plongée dans le champ des émotions, en position allongée. Au paroxysme de l'expérience, l'altération de la conscience (délire, hallucinations...) vaut bien celle des deux autres techniques comparées ici. Avec Denise Desjardins, on dispose de 23 cas (7 femmes et 16 hommes), sans compter le récit de sa propre anamnèse.

La scientologie

À la fois science et religion (il existe une « Église scientologique »), la scientologie ouvre à ses adeptes le sentier qui les fera passer de l'état de « Préclairs » (disons d'aspirants) à celui de « Clairs », c'est-à-dire d'hommes libérés de toutes les aberrations mentales – le rêve du Bouddha[11]. La démarche, qui se veut originale, balise son chemin d'une collection de termes anglais aussi obscurs que les mots sanskrits correspondants. Il faut vite apprendre qu'une consultation chez un thérapeute trouve ici son équivalent dans le « Conseil pastoral », et que la séance s'appelle un « auditing ». L'auditeur qui mène les opérations ne recourt pas à l'hypnose : le sujet est assis devant lui, aussi *détendu* que possible – des sessions de démonstration l'y auront entraîné au préalable. Comme dans le lying et l'hypnose, on ne lui demandera pas d'*analyser intellectuellement*, mais de *revivre* intensément un incident douloureux resté ancré dans la mémoire lointaine (un engramme) après l'avoir localisé dans le temps. Pour fixer les dates, et apprécier la charge d'émotion attachée aux engrammes, il existe un instrument religieux *(sic)* utilisé comme guide dans les confessions de l'Église : *l'électromètre*, un bon vieux pont de Wheatstone amélioré, servant à mesurer la résistance de la peau à l'intérieur des mains[12]. Les électrodes de contact sont deux boîtes de conserve que saisit le Préclair pour répondre aux questions qu'on lui pose. Les mesures se lisent au cadran d'un galvanomètre : quand l'aiguille chute, on tient

11. S'il faut en croire Ron Hubbard (93, p. 334), cet état mirifique aurait été réalisé en août 1965, en suivant la route ouverte par cet homme providentiel. Cependant, ce haut sommet ne serait encore qu'une première plate-forme, puisque grâce à des « cours avancés » il vous est loisible (si vous êtes Clair) d'atteindre huit autres niveaux...

12. La technique est loin d'être originale. Après les premières observations par Romain Vigouroux en 1879, un assistant de Charcot, Charles Féré, découvrit la relation entre résistance électrique et degré d'excitation du sujet (note publiée en 1888). C'est le prince russe J. Tarchanoff qui développa l'étude de la résistance électrodermale que devait redécouvrir un peu plus tard O. Veraguth vers 1906. Et finalement, au contact de ce chercheur, C.G. Jung mesura toutes les promesses du réflexe psycho-galvanique, et fit d'actives recherches montrant comment la peau trahit les émotions du sujet. Un autre psychiatre qui avait travaillé avec Jung en 1907 exporta aux États-Unis la méthode qu'il répandit avec enthousiasme. (Voir sur ce sujet : 41, p.61-63.)

la preuve scientifique d'une réponse intense du cobaye. C'est grâce à cet indispensable détecteur de vérité (et à l'art de l'auditeur) que les régressions décrites dans le livre de Ron Hubbard (93) ont pu être couronnées de succès, et qu'on a pu préciser des dates aussi fantastiques que 78 000 milliards d'années avant l'ère actuelle (si j'en crois les traducteurs) !

Nous avons ici 41 cas décrits (9 femmes et 32 hommes) qui sont malheureusement bien trop discrets sur les antécédents psychologiques et les symptômes de névrose observables chez les sujets avant la cure. Par exemple (cas n° 21), quand on voit un cobaye se lancer dans une sombre histoire où il échappe aux pièges du perfide Mustapha au nez crochu, pour le massacrer un peu plus tard dans une lutte sauvage, et diriger finalement l'exécution d'un méchant chirurgien, on se demande si le Préclair ne souffrait pas d'autre chose que... de somatiques (douleurs gênantes) dans la cheville.

La comparaison des résultats

Nous avons vu plus haut les points communs à toutes ces techniques : quelle que soit l'étiquette, l'opérateur agit toujours comme le pilote qui guide le navigateur sur la mer de l'inconscient pour le jeter sur tous les écueils qui s'y trouvent et l'obliger à revivre, seconde par seconde, les affres du naufrage. La *catharsis* est à ce prix. Le thérapeute le sait bien : il ramènera son cobaye autant de fois qu'il faudra sur les lieux du sinistre, jusqu'à ce que le drame perde finalement sa charge d'émotions et puisse être contemplé de façon lucide et sereine. Et, dans *toutes* les méthodes, le spécialiste tient en haleine la victime, *pêche des réponses*, cherche à donner du corps au scénario. Les entretiens hors séances sont là aussi pour normaliser et approfondir. On ne devrait donc pas être surpris que les résultats entre ces lignes d'exploration soient en gros très comparables, et même qu'on puisse aller jusqu'à *prévoir quels incidents seront revécus* (dans les « vies passées ») compte tenu de tel ou tel symptôme *actuel*. En rapprochant soigneusement les quelques dizaines de cas décrits, j'ai ainsi dressé la petite liste qui va suivre. Éventuellement, elle permettrait d'économiser le temps des « régressions », si on ne cherchait pas à soulager des troubles présents par les douleurs de la catharsis.

Malaises physiques (ayant souvent une cause psychique

Ne cherchez pas : presque toujours l'origine est dans l'existence antérieure. Cas typique de la douleur dans le côté gauche (vers la rate) : vous avez reçu jadis un coup d'arme blanche (au choix : épée, poignard, dague, lance...) quand vous étiez page florentin ou guerrier zoulou. Un cas Fiore a retrouvé 6 vies passées, où il reçut chaque fois un choc sur la tête et le dos, expliquant clairement ses migraines et douleurs dorsales actuelles.

Circoncision (rituelle ou chirurgicale)

Pas de doute : le sujet qui a subi cette opération *dans cette vie* s'est vu autrefois priver de son sexe aux mains de cruels bourreaux. Prévoir des raffinements (brûlures, épines autour du sexe, etc.), ou des interventions multiples. Le dossier Desjardins ne contient pas moins de cinq exemples éloquents.

Frigidité

Songez aussitôt à des viols (au besoin en série), d'odieux sévices sexuels exercés sur la petite fille de jadis; éventuellement : tortures sur le sexe, mutilation. N'oubliez pas non plus le rôle d'un père abusif et paralysant : il a bien pu violer sa fille dans le passé.

Peur de l'autre sexe

Imaginez tout ce qui a pu se passer : prisons de femmes avec bourreaux pervers, prostitution forcée, menées incestueuses, etc. Faites jouer aussi la mère castratrice, le père terrifiant.

Sentiment d'abandon

Mettez en scène les amours malheureuses de la jolie princesse à qui le bonheur est refusé, n'oubliez pas le mari égoïste et inconsistant. Faites répéter « il n'y a pas d'amour pour un être comme moi... » Ajoutez aussi l'effet désolant des parents adorés qui font défaut – qu'ils soient massacrés, ou qu'ils prennent le large en oubliant leur petit chéri.

Refus de la féminité

Vous avez de grandes chances de ne pas être dans l'erreur en renvoyant à une vie passée *dans l'autre sexe* : six des neuf femmes scientologues étaient jadis des hommes pleins de problèmes.

Ici, tous les coups sont permis : vous avez la certitude de ne pas vous tromper si vous faites jouer d'indispensables tabous, avec leurs représentants officiels (ecclésiastiques, autorités civiles, mères dominatrices, pères sentencieux, etc.).

Vous pouvez, bien sûr, combiner ces divers paragraphes, qui ne sont pas incompatibles, pour tracer un scénario tout à fait convenable. Il faudrait allonger encore la liste afin de rendre compte du sentiment d'échec, de l'indécision devant les événements, etc., mais à quoi bon ? Le lecteur a compris que tout peut s'expliquer par les « vies antérieures ». Il est invité à vérifier qu'il n'y a *aucune exagération* dans ce qui précède, en lisant les récits officiels des spécialistes.

Faut-il préciser que les personnes qui jouent un grand rôle *dans le présent* doivent être là aussi *dans les coulisses du passé* ? Il faut qu'on puisse reconnaître le père dans son rôle de tyran, la mère implacable bannissant l'enfant énurétique voué au mépris du public, la petite amie trop frivole. Inspirez-vous de Patricia (un cas Fiore) qui a subi dans trois vies sur cinq les sévices de son mari pour s'expliquer pourquoi elle ne prenait aucun plaisir avec lui. Ces retrouvailles permettront de régler des comptes : le sang coulera en abondance sur le matelas du lying, comme dans le cabinet du psychiatre. La police n'en saura rien. N'y répugnez donc pas, si vous voulez vous refaire une vie passée qui ait un petit air authentique.

Il existe assurément des différences entre les trois méthodes comparées ici. Le psychiatre (qui n'ignore pas Freud) connaît tous les trucs de la psyché et se guide sur sa pratique. En s'attardant sur les événements douloureux de l'enfance (que le sujet revoit *avec ses yeux d'adulte*) le lying leur donne une bien plus grande importance, et les vies passées surgissent dans cette optique qui me paraît très déformée. Quant aux cobayes de la scientologie, ils ont l'air de mettre plus de temps à fabriquer un drame cohérent – ce qui est sans doute inhérent à la technique employée – mais la mort violente y est *aussi fréquente*, et même plus (83 % des cas) : quant à la torture, elle se taille une part de lion (39 %) : les yeux sont particulièrement visés (fer rouge, flèche, injections chimiques, etc.). Comme dans le lying ou l'hypnose, les sujets féminins revoient souvent des vies plus intéressantes et riches en émotions que les sujets masculins. Les femmes *subissent* plus la violence que les hommes, et l'*infligent* beaucoup moins. Elles sont plus souvent torturées, ou réduites à l'impuissance (emprisonnement, drogue, hypnose...). Par contre, les hommes révèlent souvent des tendances sadiques, et ne reculent pas devant le massacre des ennemis. Un autre trait masculin chez les scientologues est le refuge dans le fantastique; 39 % des fidèles de Ron Hubbard regardent trop les films de space-fiction à la télévision : leur existence antérieure se déroule volontiers dans l'espace intersidéral, à bord de vaisseaux sophistiqués, à une époque remontant à des millions, voire des milliards d'années. Ces romans compliqués et « intellectuels » ne sont pas très convaincants : il n'y a pas le côté *humain* des « vies » féminines. Niera-t-on le rôle de la psyché dans tout cela ?

Discussion

Il faut bien distinguer *l'efficacité* de ces techniques et la *crédibilité* à attacher à ces expériences de retour au passé. La première est indiscutable : la rémission des symptômes douloureux (psychiques et somatiques) est constatée dans bien des cas, qui avaient résisté à d'autres traitements. La guérison est parfois spectaculaire : en émergeant de son enfer, où il a revécu et accepté tous ses engrammes, où il a liquidé sa culpabilité et expié toutes ses fautes, le sujet se sent miraculeusement mieux dans sa peau. Il peut affronter la vie avec une confiance renouvelée. Fort bien. Et c'est l'essentiel. Mais à quel prix, en réalité ?

Quant aux existences antérieures, si elles ont un rôle dans cette catharsis, on ferait mieux de ne pas les brandir comme preuves de la réincarnation, tant il saute aux yeux qu'elles sont des inventions de la psyché soumise à la question, dans des conditions idéales pour faire apparaître ces histoires : on lui tend la perche, à cette psyché, pour liquider ses conflits, *et elle en profite*, avec l'aide d'un expert qui connaît ses trucs.

La constance avec laquelle *les mêmes thèmes* apparaissent pour illustrer *les mêmes symptômes* (voir la liste donnée plus haut) est trop remarquable pour qu'on se laisse prendre au piège des apparences. Pris isolément, chaque cas peut impressionner : comparés entre eux, ils révèlent des mécanismes psychologiques qui ne trompent pas. Un apprenti psychanalyste ne se laisserait pas abuser par ces drames trop souvent... cousus de câbles. Qu'on le veuille ou non, Freud est démontré et mis en scène sous nos yeux dans la chambre du lying, comme dans l'accueillant cabinet du Dr Fiore. Hélas !

En écrivant ces lignes, je songe à ceux qui ont été guéris par ces pseudo-régressions. Il y a de ces cas de conscience ! Mais plaise aux champions de ces techniques de ne pas prendre prétexte de leurs réussites partielles *(il y a aussi des échecs)* pour dogmatiser sur la réincarnation ! Pourquoi faudrait-il qu'un homme se fasse assommer mortellement *six fois de suite* pour s'expliquer un mal de crâne qui a sûrement d'excellentes raisons *naturelles* ? Pourquoi une femme devrait-elle avoir été violée à répétition pour que, dans sa vie suivante, elle ait du mal à assumer sa sexualité ? En voilà une drôle de façon de comprendre le karma, et d'ignorer la psychologie ! Il y a de trop nombreuses raisons au développement d'un sentiment de culpabilité pour qu'on ait besoin d'aller en chercher d'autres dans le flou du passé lointain – même si un analyste impuissant n'a pas réussi à les dénicher dans la vie actuelle.

Pour clore ce chapitre, l'envie me vient de citer encore des paroles de Stevenson : « La "past-lives therapy", la "thérapie des vies antérieures" fait furcur actuellement aux États-Unis... À mon avis, c'est une exploitation éhontée de l'idée de réincarnation. Les patients s'auto-illusionnent en toute crédulité et bâtissent des récits de "vies antérieures" qu'une simple lecture critique suffit à démontrer faux[13]. »

13. Propos recueillis par Joël André, dans un entretien avec Stevenson (117).

CONCLUSIONS

RIEN D'AUTRE À DÉCLARER ?

Au moment d'achever un large tour d'horizon comme celui que nous venons de faire, survient un nuage d'inquiétude; n'a-t-on pas oublié quelque chose d'essentiel ? Il y avait tant à dire; n'aurait-il pas fallu analyser avec soin la méthode d'Eugène Caslant pour retrouver les vies antérieures (16), et les trouvailles de son disciple, Robert Desoille, à qui l'on doit la technique du *rêve éveillé dirigé* (33) ? En particulier, n'aurait-il pas fallu détailler cette technique en soulignant, d'une part, ses différences avec l' *imagination active* de Jung et, d'autre part, certaines de ses analogies frappantes avec les procédés modernes de régression de mémoire, en soulignant les « trucs » qu'empruntent ces régressions à Desoille en psychothérapie, avec ses thèmes de « descente » dans les profondeurs, ou d'« ascension » ? Certains praticiens n'utilisent-ils pas eux aussi le rêve éveillé pour aller à la pêche aux existences passées, avec autant de succès (apparent) que les autres ? Pas un mot non plus sur les expériences du Dr Vladimir Raikov et ses « réincarnations artificielles par l'hypnose », où il suggère à ses cobayes de s'identifier à tel ou tel grand artiste pour « faire comme lui » (c'est-à-dire jouer du violon comme Fritz Kreisler, ou peindre comme Renoir) (99) ? On n'en finirait pas de tout dire, et il faut se limiter aux *preuves*.

Justement, au moment de conclure, arrive sur mon bureau un livre des plus prometteurs intitulé : *L'Âme et ses réincarnations*, avec comme sous-titre : « La preuve par l'histoire, théorie scientifique », par L. Celmar (18). En 1921, la démonstration de cet auteur s'appuyait sur un savant calcul de probabilités : si un fait se répète de façon certaine, contrairement à ce que prévoit la théorie, on peut le considérer comme vérifié d'une manière rigoureuse. Dans ce qui nous intéresse, c'est la répétition des mêmes grands personnages à travers l'histoire qui se vérifie de façon « convaincante », tous les 2 000 ans environ. Vous n'êtes pas convaincu ? Prenez les Grecs, par exemple : à chacune de leurs célébrités vous pourrez faire correspondre, 20 ou 21 siècles après (ne soyons pas trop exigeants), d'autres célébrités qui leur ressemblent comme des frères. Essayez. Vous trouverez les tandems suivants : Homère-Dantc, Eschyle-Shakespeare, Sophocle-Corneille, Euripide-Racine, Aristophane-Molière, Platon-Goethe, etc., etc. Et chaque fois, les 20 siècles fatidiques entre les existences de ces illustres figures ! Et il existe plein d'autres exemples aussi troublants. CQFD : la réincarnation existe. Peut-être y a-t-il quand même un petit vice dans le raisonnement ? Avec la profusion de grands hommes dont peut s'enorgueillir l'Europe, et en s'accordant une latitude d'un siècle (parfois un peu plus), on doit pouvoir découvrir, dans le *Who's Who* des vedettes au fil de l'histoire, un candidat adéquat pour remplir le rôle de réincarné. Et comment L. Celmar a-t-il calculé ce-que-prévoit-la-théorie, dans ce cas ?... Soyons optimistes, tant qu'il y aura de la civilisation sur la terre, Platon pourra se réincarner tous les 2 000 ans.

Il est temps maintenant de passer aux conclusions et à la recherche des modèles de réincarnation compatibles avec tous les éléments de preuves collectés.

Première partie

Nous avons toujours distingué, d'une part, *le constat des faits* – ce que tout observateur honnête est à même de vérifier objectivement – et, d'autre part, *les interprétations* qu'on peut échafauder. Au vu de tout le dossier des témoignages, il me semble licite de conclure sur les points suivants, selon toute vraisemblance :

1° Il existe des sujets vivants qui, dans un état normal de conscience, sont capables de remplir les conditions suivantes :

– fournir des informations détaillées et personnelles concernant des individus récemment décédés, inconnus d'eux,

– éventuellement, manifester (au moins en partie), isolément ou en combinaison, des caractéristiques propres de ces individus telles que : sensibilité, habitudes, traits de caractère, talents, capacités techniques, habileté manuelle, etc.

● et/ou reconnaître les lieux fréquentés, les personnes connues et les objets possédés par eux;

● et/ou présenter sur le corps des marques congénitales reproduisant des cicatrices, traces de blessures et autres atteintes ou déformations physiques possédées antérieurement par ces individus;

– *et s'identifier à eux*, au moins temporairement, sans perdre leur personnalité actuelle.

2° En particulier, il existe de tels sujets pour lesquels une enquête scientifique permet de retrouver indiscutablement la trace des individus décédés antérieurement, répondant (presque) parfaitement aux diverses informations fournies par les sujets (descriptions, comportement, marques, etc.)

3° Les sujets visés au 2° se rencontrent rarement dans la population du globe, cependant leur cas est bien attesté, surtout en Asie; ce sont généralement des enfants : les individus antérieurs sont soit des personnages spirituels, habituellement décédés de mort naturelle (*tulku* tibétains), soit des gens de toutes classes ayant péri, très souvent, par mort violente ou de façon prématurée (cas Stevenson).

4° Il existe d'autres sujets vivants qui, dans des états de conscience variables (veille et surtout rêve ou hypnose), sont capables, occasionnellement, de remplir les conditions suivantes :

– revivre des épisodes hypothétiquement attribués à la vie d'une personne décédée, appartenant à une époque plus ou moins reculée;

– éventuellement, fournir, en abondance variable, des informations historiques *vérifiables* concernant événements, mœurs, noms de personnes contemporaines, localisations géographiques, détails de la vie journalière, etc., remontant à l'époque présumée;

– *et* s'identifier, au moins pendant le temps de l'expérience, à la personne décédée, en manifestant, au moins partiellement, ses connaissances et son comportement.

5° Les sujets visés au 4° sont généralement des adultes normaux, et les épisodes qu'ils revivent sont sans rapport direct évident avec leur existence actuelle.

6° Il existe encore d'autres sujets, qui, à l'état de veille et plus souvent dans des rêves ou visions, peuvent fournir des précisions *vérifiables* concernant la naissance future d'un enfant, avec des détails également vérifiables tendant à identifier celui-ci avec un individu antérieurement décédé.

7° Enfin, il existe des sujets clairvoyants, ou médiums, qui prétendent au sujet de personnes actuellement vivantes décrire des épisodes d'existences antérieures, dont certains sont effectivement *vérifiables* historiquement.

Voilà, je crois, tout ce qu'on peut affirmer au chapitre des *preuves*. On a noté au passage les précautions prises dans l'énoncé... qui rappelle le langage des brevets d'invention.

Il faudrait ajouter à tout ce qui précède que les faits constatés ne relèvent en aucun cas d'explications normales. Si on devait rejeter la réincarnation, on tiendrait des *preuves* convaincantes de l'exercice de pouvoirs parapsychologiques.

Deuxième partie

CE QUI N'A PAS ÉTÉ PROUVÉ PAR LES FAITS

Il faut ici se remémorer toute la discussion du deuxième chapitre, en ce qui concerne les preuves expérimentales, pour jauger à leur juste valeur les affirmations qui suivent. Bien que beaucoup de témoignages semblent tout à fait *spectaculaires*, et suggèrent fortement la réincarnation, la prudence impose des conclusions réservées, compte tenu des nombreuses explications de rechange examinées au troisième chapitre.

Il n'est pas prouvé que la réincarnation existe

À moins de manquer de rigueur scientifique, à l'image des auteurs et journalistes trop zélés qui assurent que l'homme descend du singe, alors qu'il n'existera jamais que des présomptions de preuves dans ce domaine, on ne peut pas présenter la réincarnation comme une réalité démontrée par l'expérience. En particulier, on n'a encore trouvé aucun moyen de prouver *irréfutablement* qu'un sujet prétendant s'identifier de quelque manière à une personnalité défunte, en manifestant même tous ses traits de caractère, etc. est *bien cette même personnalité*, ou qu'il existe un lien direct de l'un à l'autre. Mais les adversaires de cette doctrine des renaissances n'ont pas pour autant le droit de se réjouir de cette situation, car leur dossier n'est pas mieux instruit.

Il n'est pas prouvé que la réincarnation ne concerne qu'une minorité d'individus

Même si les témoignages sont peu fréquents, surtout parmi les cas les plus spectaculaires, ce n'est pas une raison pour conclure que la réincarnation est un fait *rarissime*, qui n'intéresserait pas l'humanité en général. On trouve (dans la théosophie par exemple) d'*excellentes* raisons pour comprendre pourquoi ces témoignages sont nécessairement limités en nombre.

Il n'est pas prouvé que la réincarnation n'existe pas

Répétons que c'est l'honnêteté et la rigueur qui obligent à réserver le jugement, malgré la force de certaines pièces du dossier : il ne faudrait pas sauter à la conclusion, un peu trop facile, que si la preuve finale n'est pas faite toute l'affaire mérite de tomber dans l'oubli, comme entièrement fallacieuse. Ce serait encore une fois manquer d'esprit scientifique.

Au contraire, les témoignages sont là, le dossier reste ouvert. Comme un défi à tous ceux qui voudront bien chercher les explications finales.

En attendant, ceux qui explorent avec intérêt la voie de la réincarnation – et ils sont de plus en plus nombreux – ont sous les yeux *ce qui a été prouvé effectivement* : cela fait déjà pas mal d'éloquents indices et de sérieux éléments pour nourrir leur réflexion et les inciter à poursuivre leur recherche.

Il se pourrait d'ailleurs que la preuve finale, *objective*, reste à jamais insaisissable, dans le cas où la réincarnation répondrait à un modèle purement *spirituel*, comme on va le voir maintenant.

Troisième partie

QUEL MODÈLE DE RÉINCARNATION ADOPTER ?

Les hommes de science n'attendent pas d'avoir administré toutes les preuves nécessaires pour tenter de ranger dans des théories les faits dont ils sont sûrs. De même, rien n'empêche de construire des modèles de la réincarnation qui s'appuient sur *toutes* les observations, avec l'espoir d'en rendre compte logiquement. Si on met à part un ensemble flou de représentations imaginaires, qui ne négligent pas de faire appel aux révélations un peu fantastiques des clairvoyants[1] – pour conduire à un genre de réincarnation « bricolée », agréable aux amateurs de merveilleux – on arrive à deux grandes voies d'explication, selon l'hypothèse que l'on adopte sur la constitution de l'homme. Nous opposerons ainsi un modèle « psychique » dans lequel l'être humain n'a que deux constituants (un corps et une personnalité psychique qui survivra à la mort) à un modèle « spirituel » qui prévoit par surcroît l'extinction de cette personnalité, en don-

1. On mesure difficilement l'extraordinaire rayonnement d'Edgar Cayce dans tous les milieux qui s'intéressent de nos jours à l'« occulte » – de l'astrologie à l'histoire des civilisations oubliées, sans parler, bien sûr, de la réincarnation où Cayce semble bien avoir relancé inconsciemment bon nombre d'idées des théosophes du début de notre siècle.

nant la primauté à un Soi transpersonnel considéré comme le véritable pèlerin sur la voie des renaissances.

Le modèle *psychique* de la réincarnation

Dans ce modèle *conservatif de la personnalité*, la vie après la mort du corps se déchiffre aisément. L'homme muni de sa conscience, de ses souvenirs, de tous ses traits caractéristiques, assistera à des scènes posthumes, vivra des épisodes divers qu'il relatera plus tard, une fois revenu sur terre; il errera plus ou moins en des lieux familiers ou imaginaires; et bientôt sonnera pour lui l'heure du retour. On concevra facilement que cette personnalité soit encore capable d'exprimer ses pouvoirs de décision et de communication. Ne soyons donc pas surpris qu'elle *choisisse* (dans certains cas) sa nouvelle incarnation, et qu'elle *annonce* sa future naissance à la famille adoptive, en inspirant des rêves et des visions aux êtres terrestres. Elle est attentive aux conditions de son retour.

Dans cette conception, l'homme ne semble pas avoir grand-chose à faire dans l'au-delà : on ne s'étonnera pas qu'il revienne *vite* – quelques mois suffiront au transfert d'un corps à l'autre, quand ce n'est pas quelques heures. Il est clair aussi que la mémoire des vies antérieures est conservée dans cette entité psychique; on en exhumera les souvenirs assez aisément, grâce à des techniques appropriées (régression, prières, méditation…) : il suffit de faire une fente dans l'enveloppe psychique pour jeter un coup d'œil dedans.

Dans les cas Stevenson, ce sont des pans entiers de la personnalité passée qui se réactivent, comme des témoins éloquents de l'existence antérieure. Dans des cas plus discrets, ces traces sont là également mais *dans le subconscient* : elles peuvent être la source des névroses inexplicables que soulageront les régressions thérapeutiques.

Dans ce modèle, très simple au fond, et *réaliste*, qui se passe d'une métaphysique compliquée, il y a pourtant une chose que l'on perçoit mal : à quoi sert la réincarnation et comment s'articulent les vies successives ? Si on excepte le cas des *tulku* qui ont trouvé leur voie et la poursuivent pour le bien commun, à la satisfaction générale, on ne voit pas comment une existence prépare la suivante, selon la logique de karma. Comme le remarque Stevenson : « Il n'y a presque aucun indice dans la matière des cas que j'ai collectés qui puisse offrir une base empirique au concept de karma rétributif » (111). Un enfant Stevenson naît dans un milieu parfois très différent (sous tous rapports) du précédent, est envahi de souvenirs étrangers, porte des marques de naissance évocatrices d'un autre, etc., puis, avec l'âge, tout va plus ou moins s'estomper, et l'individu va vivre *sa* vie, sans aucun lien manifeste avec ce qu'il aurait été jadis.

Si on jette un coup d'œil sur les témoignages de régressions hypnotiques en chaîne, on n'aperçoit pas non plus d'articulation claire expliquant comment la même entité, après avoir été grand prêtre en Egypte, est devenue un jour pêcheur indigène des îles Hawaï et finalement, aussitôt après, bon bourgeois américain.

Dans ce schéma où la personnalité psychique se conserve, on dirait vraiment qu'elle tire au sort des existences successives à la loterie, ou dans quelque mystérieuse bibliothèque informatique où seraient enregistrées les vies complètes de tous les hommes qui sont nés sur la terre[2].

2. Nous avons vu dans le cours du livre les explications de rechange que l'on peut proposer pour rendre compte de la majorité des témoignages sur lesquels s'appuie ce modèle *psychique, en dehors de la réincarnation.*

Le modèle *spirituel* de la réincarnation

Les *tulku* tibétains sont exceptionnels, les cas Stevenson très rares, les régressions hypnotiques très sujettes à caution. Quant à l'affaire Guirdham, elle est unique en son genre. Par contre, il existe une foule d'autres témoignages (rêves, *déjà vu*, etc.) qui malheureusement ne sont pas vérifiables. Nous fierons-nous à des éléments *très exceptionnels* pour construire une théorie générale, valable pour vous et moi ? Ou bien préférerons-nous l'invérifiable ? N'existe-t-il pas une autre approche que celle qui se fonde sur ces impressions, ces récits qui réactivent le vécu et le senti du passé ?

Changeons résolument d'optique et retournons un moment à Frederik Lenz. Comme nous l'avons remarqué, certains de ces cas suggèrent fortement que la mémoire des vies passées n'est pas cachée dans *la zone des turbulences du psychisme* (où les régressions thérapeutiques croient pouvoir les repêcher), mais dans une couche limpide et lumineuse de l'être intérieur à laquelle on accède par une sorte de transfert de la conscience personnelle jusqu'à une supra-conscience, où le témoin croit *retrouver son intégrité complète*, où il n'est plus ni homme ni femme, et où tout se fond dans une réalité suspendue dans le temps – au-delà du temps.

Nous sommes bien loin des préoccupations terrestres, au milieu des « paires des opposés » des hindous, suscitant attraction et répulsion – la trame même de notre activité psychique.

Dans le modèle *spirituel* de la réincarnation, *l'acteur* qui se manifeste dans tous les rôles qu'il joue, d'incarnation en incarnation, se dépouille après la mort physique de son costume de scène et abandonne dans les coulisses son instrument psychique – la *psuchè* de Plutarque – pour se retirer dans sa loge et méditer sur le contenu d'expériences

314

humaines du personnage terrestre qu'il a animé. Il en assimile toute la richesse et l'intègre à son essence.

Pour la théosophie blavatskienne, le Soi immortel de l'homme (ou cette réalité consciente transpersonnelle) demeure dans cette méditation posthume, loin des tourbillons de l'atmosphère des pensées et des émotions, jusqu'à ce qu'il ait *complètement* digéré le suc de sa nourriture terrestre : *il ne se réincarne pas avant*. Le processus peut donc durer des siècles. Et, dans le nouveau corps, une nouvelle personnalité devra se développer sur la base des programmes directifs résultant de l'intégration des expériences antérieures, et non sur le modèle complètement structuré de la personnalité précédente.

Il n'est donc pas étonnant que, pratiquement, personne ne se souvienne de ses vies passées : celles-ci sont dissimulées à un niveau généralement inaccessible. Les souvenirs peuvent cependant filtrer occasionnellement dans le cerveau : il faut alors que les messages traversent la zone agitée de la personnalité terrestre. Chez les enfants, dont l'instrument psychique n'est pas encore encombré, les images peuvent surgir bien plus aisément que chez les adultes. Quant à ces derniers, c'est plus souvent dans l'isolement de l'état de rêve qu'ils peuvent revoir quelque chose des vies antérieures. C'est là aussi que la conscience de l'Ego profond projette la substance de rêves prémonitoires, de visions symboliques, et s'exprime ainsi à la conscience personnelle incarnée. En général, celle-ci ne sait pas interpréter le contenu de ces messages, ni leur genèse. C'est seulement dans des expériences tout à fait exceptionnelles, comme celles relatées par Lenz (où les sujets se meuvent dans la lumière naturelle de plans spirituels insoupçonnés, en se sentant guidés par une voix sans paroles qui paraît venir *du fond de la conscience*), ou bien *dans l'épreuve de la mort*, que la présence de l'Ego immortel de l'homme se manifeste à sa personnalité incarnée.

Rappelons les conditions de la *vision spirituelle* rapportées par Lenz : le sujet n'est *plus* Monsieur X, ou Madame Y, mais un témoin, bien éveillé, qui contemple *sans émotion* le film complet des existences antérieures[3]. Ces conditions sont précisément celles de la revue de l'existence, décrite au Dr Moody (78, 79) par les rescapés de la mort. À ce moment, plus d'angoisse, plus de projets : la conscience personnelle, qui a pris progressivement du recul, assiste comme un spectateur à la succession des épisodes vécus. Cela, dans une atmosphère de paix indicible et dans l'aura lumineuse d'une Présence ressentie comme bienveillante et protectrice – l'« Être de Lumière », dans le langage des témoins. Il est significatif que l'un des chercheurs qui ont pris la relève de Moody pour une enquête plus systématique, Kenneth Ring (89), exprime l'opinion que l'expérience solennelle qui semble marquer l'entrée dans la mort correspond à une sorte de fusion progressive de la personnalité (qui se mouvait dans le cadre spatio-temporel d'*une* vie) dans *le Soi total* de l'être dont elle n'était qu'une projection. L'envie me vient de citer de longs paragraphes de la traduction française du livre de Ring. Contentons-nous de ces courts passages relatifs à l'Être de Lumière : « Par analogie, on pourrait comparer la personnalité individuelle à un enfant qui, lorsqu'il a grandi, oublie complètement sa mère et est incapable de la reconnaître quand ils se rencontrent plus tard. » « Quel rapport cela a-t-il avec la lumière ? Selon moi, ce Soi supérieur

3. Répétons-le, nous sommes loin des affres de la *vision psychique* où l'individu, totalement impliqué, participe de toutes ses fibres aux événements. Compte tenu des immenses ressources de l'imaginaire, on ne peut jamais affirmer que ces images psychiques correspondent à une *réalité* vécue jadis. En tout cas, les *vrais* souvenirs (s'il y en a) peuvent toujours être mêlés à un foisonnement d'autres images d'origines diverses.

est tellement impressionnant, confondant, affectueux et inconditionnellement tolérant (comme une mère totalement indulgente), tellement *étranger* à la conscience individualisée que celle-ci le perçoit comme *séparé* et incontestablement *autre*. Il se manifeste comme une brillante lumière dorée mais ce que l'on voit est effectivement une forme supérieure de *soi-même*. » ·

Merci, Kenneth Ring. Cela fait cent ans que Mme Blavatsky a attiré l'attention sur cette vision de la mort, avec l'explication que nous retrouvons aujourd'hui : l'élévation de la conscience personnelle au niveau de l'Ego – déclaré quasi omniscient, par rapport à sa projection humaine – que le chercheur américain appelle le Soi supérieur. L'auteur théosophe a même précisé que chez des hommes très purs cette revue inclut parfois d'autres vies, en révélant l'enchaînement karmique qui les relie toutes (11). C'est d'ailleurs la caractéristique d'une vision spirituelle de présenter un tableau global, universel où tout le passé, avec le présent, et le futur en préparation, apparaît dans un intemporel indivisible. Le film complet, inspecté à la fois par le soi personnel et le « Soi total », restera marqué de façon indélébile dans ce dernier et s'intégrera au reste de ses souvenirs. Mais cette expérience ne suffit pas pour passer *aussitôt* à l'incarnation suivante. L'Ego doit se dépouiller de son costume psychique lié à l'histoire, tout en lui soustrayant la masse de richesses humaines accumulées, afin de les métaboliser, pour ainsi dire, et en extraire les éléments nourriciers, par une sorte d'alchimie convertissant le psychique en spirituel. À la fin de cette longue assimilation, qui se fait dans une atmosphère de félicité totale rappelant le Ciel des religions, l'Ego a fait place nette : il ne reste plus aucun élément de conscience *personnelle* de l'être de jadis. Rattaché à la terre par tout son karma passé, l'Ego rétablit alors sa connexion, au moment de la conception de l'enfant, et une nouvelle aventure commence. Même si un instrument psychique (astral) s'élabore dans le fœtus, en même temps que le cerveau, rendant possibles certaines formes d'expériences de conscience, il n'est pas encore question de la *conscience réfléchie* qui caractérise l'homme : à l'instant de la naissance, *elle n'est là qu'en promesse*. Mais sur le plan spirituel de l'Ego, la ligne directrice de la nouvelle incarnation est clairement tracée, avec son programme et ses perspectives.

Dans ce modèle, l'être qui se réincarne a-t-il le pouvoir de choisir à son gré sa renaissance, et d'en informer le voisinage ? *Choisir* serait exprimer des préférences ou des craintes – se comporter en être *psychique* et non spirituel : l'Ego s'incarne là où le karma passé a préparé le terrain. Imagine-t-on que cette entité, presque omnisciente, aurait le pouvoir (ou la folie) de s'opposer au courant des forces que ses personnalités passées ont mises en branle. Et prendrait-il le soin d'avertir ses futurs « parents »[4] ?

Il faut insister sur le fait que la vision au moment de la mort découvre *l'enchaînement logique* des causes et des effets. De même, les sujets de Lenz ont compris la raison de certaines caractéristiques de leur existence; et, en contemplant la chaîne de leurs existences antérieures, ils ont aperçu le fil qui les relie logiquement. Cette fois, *karma est tout à fait en évidence*.

Mais avec ce modèle spirituel, comment faire pour accéder à la mémoire centrale et aller volontairement à la recherche de vies passées ? Au fait, si nous étions *persuadés de la vérité de ces explica-*

---

4. Comme indiqué plus haut, rien ne s'oppose à ce que l'information circule librement sur le plan des êtres spirituels; l'Ego de la future mère peut bien communiquer à son cerveau les images de la naissance programmée par karma, lesquelles seront perçues de façon réaliste *dans la conscience incarnée*, sous la forme d'un rêve ou d'une vision.

tions, nous soucierions-nous de les connaître, ces fameuses vies passées ? Et songerions-nous à les découvrir coûte que coûte ?

Je n'ai trouvé nulle part, dans la *Bhagavad Gîtâ* ou ailleurs – pas plus que dans la théosophie authentique – d'encouragements à faire cette démarche. Et prétendrait-on – avec des moyens *psychiques* qui ne réussissent qu'à remuer la boue des émotions, des angoisses et des regrets passés – faire remonter, à la surface de ce marécage, des images conservées dans l'aura lumineuse d'un Soi spirituel ? Toutes les voies d'éveil de l'Orient – et de l'Occident – commencent par une purification préalable du champ psychique – précisément pour l'amener à devenir transparent à la lumière qui rayonne en permanence du foyer central de notre être. Plus tard, naturellement, elles reviendront, ces images lointaines de notre passé – justement dans la mesure où nous pourrons les contempler en spectateurs objectifs, comme le fait le mourant qui revoit le film de sa vie.

Il existe bien entendu des circonstances particulières où ces souvenirs peuvent émerger – en dehors de flashes de visions exceptionnelles, ou de rêves passagers. La *véritable* méditation spirituelle[5] où la conscience se retire vers sa source, hors du cadre spatio-temporel habituel, crée certainement des conditions adéquates pour la fusion du « soi passager » et du « Soi total ». Mais faudrait-il pratiquer cette méditation pour satisfaire une curiosité ? L'intérêt pour les « vies passées » est-il spirituel en essence – ou psychique ? Dans ce domaine, le motif est capital, et décide des conséquences.

---

5. Trop souvent la méditation, comme la prière, ne s'élève pas au-dessus des préoccupations personnelles et du champ des émotions et désirs humains, malgré l'ambiance qui se veut spirituelle. Les visions de vies antérieures ont bien des chances dans ces conditions de n'être qu'un tissu d'images ourdi par la psyché. Et le méditant, ou le fidèle, *sentimental* dans sa démarche, n'est pas à l'abri d'une contagion psychique.

Ni Krishna, ni Patañjali ne prescrivent la pêche aux vies antérieures, bien que ce dernier signale qu'un parfait méditant peut en retrouver la connaissance en concentrant son œil intérieur sur les trains d'impressions *(samskara)* qui reviennent dans son mental (livre II, verset 18). Gardons-nous cependant de conclure que cette performance est à notre portée d'Occidentaux, en nous étendant sur le divan d'un thérapeute, ou le matelas du lying : commençons humblement par tenter de parcourir les cinq premiers degrés de purification et d'entraînement dans la voie du yoga de Patañjali, avant d'aborder la maîtrise des trois étapes de la méditation.

Peut-être l'ABC de toute cette science consiste-t-il à déchiffrer d'abord la différence entre le psychique et le spirituel ? Traditionnellement, c'est aux Maîtres de cette alchimie – qui métamorphose le « soi passager » en un instrument parfaitement accordé aux grandes vibrations universelles – que se découvre la vision complète et consciente de toutes leurs existences antérieures. Et c'est à ce degré d'éveil total (en sanskrit *samyaksambodhi*) qu'un être atteint le niveau d'un Bouddha. On mesure le chemin à parcourir...

Dans le modèle spirituel de la réincarnation, les témoignages sont rares et invérifiables par nature, puisque l'intervalle entre deux vies est *très long*, et que l'on doit compter sur des expériences exceptionnelles pour en saisir des traces – à moins de croire sur parole les Maîtres spirituels et les Initiés qui en ont une connaissance de première main. Mais le rapprochement de ces récits avec ceux des mourants rappelés à la vie est saisissant. Peut-être tenons-nous là un fil d'Ariane pour nous conduire dans le labyrinthe des mystères de nos existences passées et futures.

Une dernière remarque pour ce modèle : dans

la grande marée montante de l'évolution qui porte en avant son contingent innombrable de consciences qui se relaient sur la terre pour témoigner de l'Homme en formation, il n'y a pas d'âmes jeunes ni d'âmes vieilles. Toutes sont enracinées dans l'infini, et dans l'infini ont leur devenir.

Au fond de son berceau, le petit d'homme nous appelle à la contemplation de l'éternel mystère de la vie qui revient. Des yeux nouveaux s'ouvrent à la lumière : dans la transparence de leur regard, qui sait quels horizons perdus, quelles images oubliées cherchent à réveiller en nous l'écho de lointaines étapes ?

Un jour – bien rarement il est vrai – l'ordre se bouscule et l'enfant donne à l'adulte ébloui le vertige de l'immensité. Pareil au mystique, l'artiste de génie témoigne d'une dimension ignorée de notre nature humaine. Parfois, il révèle son secret : aux grands moments de création, Mozart voyait l'œuvre musicale se dévoiler à ses sens intérieurs; de tout son être, il communiait avec elle et la plume inspirée n'avait plus qu'à tracer les notes en flots impétueux sur des feuillets sans valeur.

Mozart n'a pas parlé de réincarnation. Revenait-il de trop loin pour se souvenir ? Eût-il dû chercher à savoir ? L'important, dans sa courte vie, n'était-ce pas plutôt de donner tous ses soins à l'éclosion de la fleur splendide du génie, sans se soucier de l'humus d'expériences sans nombre qui lui permettait de renaître ?

Paris, le 5 décembre 1983.

APPENDICE

ASTROLOGIE KARMIQUE
ET RÉINCARNATION

L'Amérique, à qui nous devons tant de belles nouveautés, est le berceau de cette « astrologie karmique » dont Dorothée Koechlin de Bizemont s'est faite, en 1983, l'ardente propagandiste. Son livre, qui porte ce titre (66), est des plus prometteurs. Sans doute, si nous croyons à la réincarnation, nos existences passées nous intéressent. « Mais comment savoir QUI nous avons été autrefois ? Si nous avons été chinois ou breton, avons vécu dans tel pays ou telle ville ? La réponse est dans notre carte du ciel (ou thème, ou horoscope) : elle est là, il suffit de savoir la déchiffrer. » Cette promesse a peut-être quelques fondements pour ceux qui connaissent vraiment les secrets de la mécanique cosmique, mais on me pardonnera d'affirmer qu'elle est parfaitement utopique si on s'en tient aux révélations de cet ouvrage. Et je défie courtoisement quiconque de prouver, horoscope en main, qu'il a été chinois ou breton. Les raisons de ce jugement vont apparaître dans la suite.

Nous pouvons accepter, au moins comme une hypothèse, l'influence des énergies cosmiques, particulièrement au moment de la naissance de l'enfant. Cela ne nous oblige pas à croire tout ce que disent les astrologues, lesquels se trompent souvent.

Témoin le grand Alexandre Volguine[1]. L'astrologie, qui se veut scientifique, doit pouvoir donner ses raisons lorsque, se tournant aussi vers le passé, elle prétend déchiffrer les vies antérieures.

En gros (si j'en crois l'auteur) les sources d'information sont de deux types : il y a la mystérieuse « tradition », que l'on évoque comme une chose allant de soi – sans citer aucune source vérifiable –, et les « modernes ». De la première, on retient l'idée qu'il faut prendre en compte la précession des équinoxes, en construisant les cartes du ciel sur le zodiaque *réel* des constellations : il existe en effet un décalage avec le zodiaque des signes que malheureusement *personne ne connaît*, mais que l'auteur du livre donne *à la seconde d'arc près* : 24° 29' 53" pour 1983. Un astrologue indien[2] vous propose cependant une valeur toute différente de cet intervalle (l'*ayanâmsha*, ou *ayana bhâga*) : 22° 8'. Qui croire ?

Quant aux modernes, ce sont des médiums et autres clairvoyants dont Edgar Cayce est le modèle accompli. Nous voilà en étrange compagnie pour construire une *science* nouvelle. Nous avons vu précédemment avec quelle réserve il convenait d'accepter les « lectures de vie » : sur quelle base devrait-on ajouter foi aux révélations astrologiques un peu fantastiques du célèbre personnage ?

Faisons quand même, de bonne grâce, l'hypothèse que ces visions sont correctes, et suivons l'astrologue karmique dans son exposé enthousiaste : discours torrentiel où les indications s'accu-

---

1. Ce spécialiste avait prédit dans l'*Almanach Chacornac* de 1939 : « Contrairement à toutes les "prophéties sensationnelles" qui sont actuellement à la mode, nous n'aurons pas la guerre... » Malgré un certain isolement de la France, « dans la deuxième partie de 1939 ou au début de 1940, un rapprochement franco-allemand est à prévoir, ou tout au moins une détente considérable avec nos voisins d'outre-Rhin ». De quoi se faire hara-kiri quand on est astrologue !

2. B.V Raman, *Manuel élémentaire d'astrologie hindoue*, Chacornac, Paris, 1940.

mulent, comme en un traité dogmatique, où la conviction tient lieu de démonstration. Tout est sûr et certain, et il y a, paraît-il, des dizaines de signes sensibles dans un horoscope qui renvoient au passé. Admettons.

Le drame c'est qu'il n'y a *aucune vérification possible*. Il faut croire sur parole, étant donné *qu'on ne connaît pas un seul exemple d'incarnations successives de la même entité* – sinon la réincarnation serait prouvée. Qu'à cela ne tienne ! Grâce à Edgar Cayce, nous en connaissons au moins trois, dont deux fameux. Il s'agit de Molière, réincarné le 15 janvier 1942, et de Franz Liszt, le 20 octobre 1940[3]. Réincarnations très obscures cependant. Pour sûr, armés des instructions données dans le livre, nous n'allons pas manquer, en analysant les thèmes de leurs modernes successeurs, de retrouver la figure des deux grands hommes. Las ! On ne connaît pas l'heure de naissance exacte de ces rejetons ! Donc, rien de précis sur l'Ascendant, etc. Tant pis. Essayons quand même de tirer quelque chose. Voyons du côté des planètes rétrogrades, par exemple; s'il y en a beaucoup dans le thème, on a (paraît-il) *une vieille âme*. Molière n° 2 (p.330) en avait six, en 1942 : voilà notre homme ! Hélas ! Si nous nous tournons vers Molière n° 1 (le vrai), son thème de naissance brille par l'absence de ces planètes rétrogrades : zéro pour lui[4] ! Et son thème de mort, pareil : zéro. Dans cette illustre vie, il faut croire qu'il sortait tout juste du moule à fabriquer les âmes et que cette première vie ne lui a pas servi à grand-chose. Peut-être qu'un séjour de 320 ans quelque part du côté de Jupiter ou d'Arcturus vous l'a vieilli en un tournemain. Avec Liszt

<hr />

3. Il y a un autre candidat sur les rangs pour F. Liszt, signalé par le Dr Bertholet (6). Lequel adopter ?

4. D'ailleurs, d'après son thème astral, Julien l'Apostat – dont l'auteur fait grand cas – est logé à la même enseigne. Il aurait été la réincarnation d'Alexandre : tout de même pas un débutant !

(p.334), même pénible constatation : zéro encore ! Comme quoi on peut être une jeune âme et se hisser au rang de super-virtuose.

Que faire pour avancer quand même un peu ? Tournons-nous vers les horoscopes de gens connus dont Cayce a fait les lectures de vie, ou dont on subodore (?) l'incarnation précédente. Le lecteur peut mesurer ici tout ce qu'il y a d'inconsistant dans cette démarche. L'auteur vous analyse avec maestria le thème de Cayce (p.344), comme il se doit; un astrologue est souvent imbattable pour prévoir... ce qui s'est passé déjà, et découvrir dans un horoscope tous les éléments qui étayent son discours. Mais il ne faut pas avoir la candeur de vérifier, à l'aide des règles fournies, si Cayce vivait bien en Amérique dans son incarnation précédente. En principe, le signe de la pointe de la Maison XII vous renseigne sur ce détail (p.76). Avec les USA on attendrait les Gémeaux. C'est le Cancer qui s'y trouve : Cayce s'est donc trompé; avec le Cancer, il devait choisir entre l'Algérie, la Bavière, le Bengale... le Honduras, Java ou le Paraguay. La France, Dieu merci ! est marquée par le Lion, signe solaire (sans doute à cause de Louis XIV). Mais si vous avez été le poète Kormakr, le général Castagnetas, ou simplement Napoléon, *vous ne le saurez jamais* : l'Islande, le Mexique, la Corse, et d'autres terres oubliées *n'ont pas de signes*. Il faudra deviner d'une autre façon votre antécédent. Car c'est bien de *devinettes* qu'il s'agit : il existe bien des règles astrologiques (karmiques) mais on ne sait jamais comment les appliquer, à moins d'être clairvoyant.

En voici des exemples. Prenons le cas du jeune Pascal (p.371). On croit (?) dans son entourage qu'il a été capitaine de l'armée des Indes. Capitaine ? C'est le Bélier qui le prédestinerait : on le trouve correctement en Maison XII (une chance !), bien que la pointe de cette Maison baigne largement *dans les Poissons.* Quel signe choisirait-on si on ne savait rien ? Maintenant, les Indes ce devrait être le Capricorne sur la Maison XII : ce signe est *ailleurs*, dans le thème; vide de planètes : au Mi-Ciel. Avouez que si vous n'aviez pas su que le garçon avait vécu là-bas avant... Dans son explication, l'auteur glisse sur la difficulté en évoquant Saturne, maître de ce signe, si intéressant dans l'horoscope...

Passons à Laurence que l'on imagine bien (?) danseuse indienne réincarnée (p. 366). Cette fois, le Capricorne (indien) est malheureusement *dans l'Ascendant*, vide de tout. Tant pis. Voyons la danse : elle est signée par les Gémeaux qu'on ne voit pourtant nulle part, de la Maison XII à la Maison X. En fait, ils se cachent dans la Maison VI, vide. Bah ! il suffit de se souvenir que les Gémeaux forment le 3e signe; inspectons donc la Maison III : victoire ! On y trouve quatre planètes, plus un nœud lunaire : on avait bien une danseuse ! Remarquez qu'avec les Gémeaux (p.79) elle aurait pu être aussi bien, la chère enfant, écrivain, commissionnaire, pickpocket, coureur cycliste, prestidigitateur... trapéziste, ou marchand d'oiseaux. Mais non, elle était *danseuse*, vous dis-je. Vous voyez que si vous avez une idée de ce qu'il faut démontrer, la réussite est certaine. Il y a des règles qu'il faut simplement savoir appliquer avec doigté. Par exemple, il est des cas où on doit tenir compte de l'*ayanâmsha* (l'intervalle entre les 2 zodiaques), d'autres où il est préférable de l'oublier, si on veut trouver le bon résultat : avec Laurence, sans ce maudit décalage, le Capricorne serait à la bonne place pour signifier l'Inde de jadis.

Passons sur d'autres sources d'erreurs : ceux d'entre nous qui ont été de *simples ménagères* dans le passé – comme ces milliards de femmes qui se sont succédé dans ce rôle – ne le sauront jamais. On leur trouvera immanquablement une profession dans le catalogue détaillé, en rapport avec chaque signe (p. 78-82). Méfions-nous également de toutes les indications répertoriées, du style : « Le soleil dans les Gémeaux signifie que... » Ne vous avisez pas de faire des vérifications sur les horoscopes proposés, à titre d'illustration : vous auriez des surprises. Un exemple ? Uranus rétrograde en Balance indique (entre autres) que « dans ses vies antérieures... (le sujet) se voulait conciliateur au service de tous ». Savez-vous à qui cette réconfortante constatation s'applique ? À un pauvre garçon, tout malade, qui avait exercé jadis le (vilain) métier de Grand Inquisiteur[5] (p.368).

À quoi bon insister ? L'astrologue karmique a réponse à tout : un karma peut en cacher un autre – lequel devra sauter une incarnation; et si vous ne ressemblez pas à votre signe c'est que vous êtes encore sous l'influence du précédent. Le karma a bon dos. Et si vous lisez dans le thème natal d'un individu qu'on a, sans conteste, affaire à un brave homme – alors que c'est un assassin à répétition, comme le Dr Petiot – vous pourrez toujours vous en tirer (comme certains de vos prédécesseurs) par cette formule coulée dans le bronze : l'homme est libre[6], il arrive qu'il fasse mentir les astres. Amen !

Dans ce flou artistique de l'astrologie karmique où chaque détail a de l'importance mais où tout se dérobe dès qu'il y a un commencement de vérification possible, je ne sais pas bien la place qui revient à la bonne vieille tradition des Chal-

---

5. Cette affligeante précision a été découverte *par clairvoyance* par Max et Augusta Heindel (56) : l'individu avait été jadis « initié de l'Ordre de Jésus », zélé, ardent et cruel, insensible à la douleur des autres mais tourmenté par le sexe. Plus tard, il s'était rangé du côté de ses anciennes victimes et avait péri sous la torture. Encore un de ces récits fabuleux de vies passées, absolument invérifiables, qu'il serait bien imprudent de prendre comme exemples significatifs pour construire une science de l'astrologie karmique !

6. En vertu du principe : les astres inclinent mais ne nécessitent pas.

déens. Il me semble qu'ils n'ont pas beaucoup spéculé sur Uranus, Neptune et Pluton. Ne vous avisez quand même pas de retirer du livre en question tout ce qui concerne le rôle ca-pi-tal de ces planètes trans-saturniennes, vous enlèveriez bien des pages essentielles, sans lesquelles le discours tournerait court bien souvent. Ces pères de l'astrologie initiatique n'étaient-ils que des ignorants ? Après tout, la vérité est peut-être qu'ils ne se souciaient pas de mêler les planètes aux incarnations passées de tout un chacun.

Plaise au Ciel étoilé que quelqu'un puisse apporter une seule (vraie) *preuve* du contraire !

BIBLIOGRAPHIE

1. ANAGARIKA GOVINDA (Lama), *Le Chemin des nuages blancs*, Albin Michel, Paris, 1969.
2. AUROBINDO (Shrî), *The Problem of Rebirth*, Pondichéry, 1952.
3. AVEDON John F., *Entretiens avec le Dalaï Lama*, Dharma, Peymeinade, 1982.
4. BEAUVAIS, Élise de, *Étude critique de la réincarnation - Le Chevalier errant*, P. Leymarie, Paris, 1922.
5. BERNSTEIN Morey, *À la recherche de Bridey Murphy*, J'ai lu, Paris, traduction de l'américain *The Search for Bridey Murphy*, Doubleday, Garden City New York, 1956.
6. BERTHOLET, Dr Ed., *La Réincarnation*, Éditions Rosicruciennes, 1949, réédition Pierre Genillard, Éditions Rosicruciennes, Lausanne, 1978.
7. BESANT Annie et LEADBEATER Charles Webster, *Déchirures dans le Voile du Temps*, Publications théosophiques, 10, rue Saint-Lazare, Paris (1911-1912-1913), (en anglais : *Rents in the Veil of Time*).
8. BIONDI, abbé Humbert, Interview publiée dans *Paris-Match*, par Marie-Thérèsc de Brosses, 29 juillet 1983.
9. BLAVATSKY Helena Petrovna, *H.P. Blavatsky Collected Writings*, réunion des œuvres complètes, publiée sous la direction de Boris de Zirkoff, Theosophical Publishing House, Wheaton, Illinois (États-Unis).
10. BLAVATSKY Helena Petrovna, *Isis Unveiled*, édition originale J.W. Bouton, New York, 1877, réédité par la Theosophy Company, Los Angeles (États-Unis); en français : *Isis dévoilée*.
11. BLAVATSKY Helena Petrovna, *La Clef de la théosophie*, Textes théosophiques, 11 bis, rue Kepler, 75116 Paris,

1983. Traduction française du livre original *The Key to Theosophy*, Londres, 1889.

12. BLAVATSKY Helena Petrovna, *Râja Yoga ou Occultisme* (réunion d'articlés sur le sujet), Textes théosophiques, Paris, 1982, traduction d'articles originaux en anglais.

13. BLYTHE Peter, *Hypnotism, its Power and Practice*, Barker, Londres, 1971.

14. BOZZANO Ernest, *La Médiumnité polyglotte*, Société d'études métapsychiques.

15. BRO Harmon H., *Edgar Cayce, les rêves et la réalité*, diffusion Chiron, 40, rue de Seine, Paris. Traduction de l'américain : *Edgar Cayce on Dreams*, Warner Books, New York.

16. CASLANT Eugène, *Le Développement des facultés supranormales*, Société d'études métapsychiques.

17. CAYCE Edgar, *Visions de l'Atlantide*, J'ai lu, Paris, 1973, traduction de l'américain : *Edgar Cayce on Atlantis*, 1968.

18. CELMAR L., *L'Ame, ses réincarnations. La preuve par l'histoire. Théorie scientifique*. Librairie Leymarie, Paris, 1921.

19. CERMINARA Gina, *De nombreuses demeures...*, Adyar, Paris, 1962. Traduction de l'américain : *Many Mansions*, 1re édition 1950, édition de poche : The New American Library (signet Mystic Books), New York, 1967.

20. CHARON Jean, *L'Esprit, cet inconnu*, Albin Michel, Paris, 1977.

21. CHARON Jean, *J'ai vécu quinze milliards d'années*, Albin Michel, Paris, 1983.

22. CHRISTIE-MURRAY David, *Reincarnation - Ancient Beliefs and Modern Evidence*, David & Charles, Newton Abbot, Londres, 1981.

23. CROLARD Jean-Francis, *Renaître après la mort*, Robert Laffont, Paris, 1979.

24. DALAI-LAMA, S.S. Le XIVe, *Ma Terre et mon Peuple*, John Didier, Paris, 1979.

25. DALAI-LAMA, S.S. Le XIVe (TENSIN GYATSO), *La Lumière du Dharma*, Seghers, Paris, 1973. Traduit du tibétain.

26. DAVID-NEEL Alexandra, *Immortalité et Réincarnation*, Plon, Paris, 1961, réédition 1978, Editions du Rocher.

27. DAVID-NEEL Alexandra, *Mystiques et magiciens du Tibet*, Plon, Paris, 1968.

28. DE FELITTA Frank, *Audrey Rose*, Warner Books Edition, New York, 1975, Édition de poche, 1976.

29. DELANNE Gabriel, *Documents pour servir à l'étude de la réincarnation*, Editions de la BPS, Paris, 1924.

30. DELEUZE Jean-Philippe François, *Instruction pratique sur le magnétisme animal*, Paris, 1819 et 1836.

31. DESJARDINS Denise, *De naissance en naissance*, La Table Ronde, Paris, 1977.

32. DESJARDINS Denise, *La Mémoire des vies antérieures*, La Table Ronde, Paris, 1980.

33. DESOILLE Robert, *Entretiens sur le rêve éveillé dirigé en psychothérapie*, Payot, Paris, 1973.

34. DUCASSE Curt J., « How the Case of *The Search for Bridey Murphy* stands Today », article in *Journal of the American Society for Psychical Research*, 1960, 54, 3-22.

35. EBON Martin, *Reincarnation in the Twentieth Century*, Signet Books, New American Library, New York, 1970.

36. FIELDING HALL H., *The Soul of a People*, Londres, 1898.

37. FIORE Edith, *Nous avons tous déjà vécu*, Robert Laffont, Paris, 1979. Traduit de l'américain : *You have been here before*, New York, 1978.

38. FLOURNOY Thomas, *La Personnalité et sa survivance après la mort*.

39. FLOURNOY Thomas, *Des Indes à la planète Mars. Étude sur un cas de somnambulisme avec glossolalie*, Lib. Fischbacher, Paris, 1900. Traduction anglaise : *From India to the Planet Mars*, Harper & Bros., New York et Londres, 1900.

40. GARBHOPANISAD, Librairie d'Amérique et d'Orient (Maisonneuve), Paris, 1976, traduction : Lakshmi Kapari.

41. GÉRARDIN Lucien, *Le Bio-feedback au service de la maîtrise et de la connaissance de soi*, Retz, Paris, 1978.

42. GLASKIN G.M., *Windows of the Mind, The Christos Experience*, Arrow Books, Londres, 1975 (1re édition : Wildwood House, 1974).

43. GRANT Joan, *Winged Pharaoh*, Methuen, Londres, 1939.

44. GRANT Joan, *Far Memories*, Harper & Bros., New York, 1956.

45. GRANT Joan et KESLEY Dr Denys, *Nos vies antérieures*,

J'ai lu, Paris, 1971. Traduction de l'anglais : *Many Life-times*, Gollancz, Londres, 1967.

46. GUIRDHAM Dr Arthur, *Les Cathares et la Réincarnation*, Payot, Paris, 1972. Traduction de l'anglais : *The Cathars and Reincarnation*, Neville Spearman, Londres, 1970.

47. GUIRDHAM, Dr Arthur, *We Are One Another*, Neville Spearman, Londres, 1970.

48. GUIRDHAM, Dr Arthur, *Memories of a Celtic Church in Cumberland*, article in revue *Light*, 96 (2), juillet 1981, Londres.

49. GUIRDHAM, Dr Arthur, « Pourquoi je crois à la réincarnation », article in *Question de*, Retz, 41, mars 1981, p.94-95.

50. HARRISSON P. et M., *Life before Birth*, Macdonald & Co (Publishers) Ltd, Futura Publications, Londres et Sydney, 1983.

51. HEAD Joseph et CRANSTON Sylvia, *Reincarnation : An East-West Anthology*, Julian Press, New York, 1961.

52. HEAD Joseph et CRANSTON Sylvia, *Reincarnation in World Thought*, Julian Press, New York, 1967.

53. HEAD Joseph et CRANSTON Sylvia, *Reincarnation – The Phoenix Fire Mystery*, Julian Press/Crown, New York, 1979. Traduction française : *Le Livre de la Réincarnation – Le Phénix et le mystère de sa renaissance*. Préface de Jean-Louis Siémons. Éditions de Fanval, Paris, 1984.

54. HEARN Lafcadio, « The Rebirth of Katsugoro », *Gleanings in Buddha Fields*, Houghton Mifflin, Boston, 1897.

55. HEINDEL Max, *The Rosicrucian Cosmo-conception*, The Rosicrucian Fellowship, Mount Ecclesia, Oceanside (Californie). Édition française : *Cosmogonie des Rose-Croix*, Fraternité Rosicrucienne, Aubenas.

56. HEINDEL Max et HEINDEL Augusta Foss, *The Message of the Stars, An Exposition of Natal and Medical Astrology*, The Rosicrucian Fellowship, Mount Ecclesia, Oceanside (Californie). 6e édition - copyright 1927. Édition française : *Le Message des astres*, Fraternité rosicrucienne, Aubenas, réimpression 1982.

57. HOLZER Hans, *Les Réincarnations mystérieuses et fantastiques*, Marabout, Verviers (Belgique), 1974. Traduction de l'américain : *Born again*, 1970.

58. Iverson Jeffrey, *More Lives than One ? The Evidence of the Remarkable Bloxham Tapes*, Souvenir Press Ltd, 1976. Édition de poche, Pan Books, Londres, 1977.

59. Jay, Révérend Caroll E., *Gretchen, I Am*.

60. Judge William Q., *L'Océan de théosophie*, Textes théosophiques, 11 bis, rue Kepler, 75116 Paris, 1981. Traduction de l'américain : *The Ocean of Theosophy*, The Theosophy Company, Los Angeles, 1971 (1re édition 1893).

61. Judge William Q., *Theosophical Articles by William Q. Judge*, 2 volumes, The Theosophy Company, Los Angeles, 1980.

62. Jung, Dr Carl Gustav, *Ma vie, souvenirs, rêves et pensées*, NRF Gallimard, nouvelle édition, Paris, 1973.

63. Kardec Allan, *Le Livre des Esprits*, Dervy-Livres, réédition 1972.

64. Keyes Daniel, *Billy Millighan, l'homme aux 24 personnalités*, Balland, Paris, 1982. Traduit de l'américain : *The Minds of Billy Millighan*, New York, 1981.

65. Kline Milton V., *A Scientific Report on the Search for Bridey Murphy*, Julian Press, New York, 1956.

66. Koechlin de Bizemont Dorothée, *L'Astrologie karmique*, Robert Laffont, Paris, 1983.

67. Lancelin Charles, *Mes cinq dernières vies antérieures*, Dervy-Livres, Paris, 1978 (date de l'édition originale non précisée : Charles Lancelin est mort en 1941).

68. Leadbeater Charles Webster, *The Soul's Growth through Reincarnation*. Plusieurs volumes parus dans cette série et publiés par The Theosophical Publishing House, Adyar; *The Lives of Erato and Spica* (1941), *The Lives of Orion* (1946), *The Lives of Ursa, Vega and Eudox* (1948), *The Lives of Ulysses, Abel, Arcar and Vale* (1950).

69. Leadbeater Charles Webster et Besant Annie, *The Lives of Alcyone, A Clairvoyant Investigation of the Lives Throughout The Ages of a Large Band of Servers*, TPH, Adyar, 1924.

70. Lenz Frederik, *Life-Times, True Accounts of Reincarnation*, The Bobbs-Merril Company, Indianapolis, New York, 1979.

71. Le Poulain Jean, Interview, *Les Convictions de Jean*

    Le Poulain, par Dominique Eudes, in *Paris-Match*, 14 octobre 1983, p. 29-52.

72. LÉVI Éliphas, *Dogme et Rituel de la Haute Magie*, Niclaus, Paris, 1952 (nouvelle édition complète en 1 volume).

73. LINSSEN Robert, *Réincarnation*, Être libre, 1979. (Distribué en France par le Courrier du Livre, Paris.)

74. MAC GREGOR Geddes, *Reincarnation in Christianity – a New Vision of the Role of Rebirth in Christian Thought*, Theosophical Publishing House, Wheaton, Illinois, 1978.

75. MAC GREGOR Geddes, *Reincarnation as a Christian Hope*, The Mac Millan Press, Londres et Basingstoke, 1982.

76. MAC LAINE Shirley, *Out on a Limb*, Bantam Books, New York, 1983.

77. MILLARD Joseph, *L'Homme du mystère, Edgar Cayce*, J'ai lu, Paris, 1970. Traduction de l'américain, *Edgar Cayce, Man of Miracles*, Neville Spearman, Londres, 1961.

78. MOODY, Jr, Dr. Raymond A., *La Vie après la vie*, J'ai lu, Paris, 1981. Traduit de l'américain : *Life after Life*, Mockingbird Books, Covington, 1975. Édition de poche, Bantam Books, 1976.

79. MOODY, Jr, Dr. Raymond A., *Lumières nouvelles sur la Vie après la vie*, J'ai lu, Paris, 1981. Traduit de l'américain : *Reflections on « Life after Life »*, Mockingbird Books, Covington, 1977.

80. MOSS Peter et KEETON J., *Rencontres avec le passé*, Éditions France-Empire, Paris, 1982. Traduction de l'anglais : *Encounters with the Past*, Sidgwick & Jackson, Londres, 1979.

81. MYERS Frederic William Henry, *Human Personality and Its Survival of Bodily Death*, Longmans, Greens & Co., New York, 1903.

82. NATAF André, *Les Preuves de la réincarnation*, La nuit des mondes, Sand & Tchou, Paris, 1978, 1983.

83. NELLI René, Postface au livre d'Arthur Guirdham, *Les Cathares et la Réincarnation*, Payot, 1972.

84. OSTRANDER Sheila et SCHROEDER Lynn, *Fantastiques Recherches parapsychiques en URSS*, Robert Laffont, 1973.

85. PAPUS, Dr Gérard ENCAUSSE, dit, *La Réincarnation*, 4e édition, Éditions Dangles, Paris, 1953.

86. Pisani Isola, *Mourir n'est pas mourir*, Robert Laffont, Paris, 1978.

87. Pisani Isola, *Preuves de survie*, Robert Laffont, Paris, 1980.

88. Rager, Dr G.R., *Hypnose, sophrologie et médecine*, Robert Laffont, 1978, (collection « Médecine et Traitements naturels » dirigée par Marc de Smedt). Édition originale Arthème Fayard, Paris, 1973.

89. Ring Kenneth, *Sur la frontière de la vie*, Robert Laffont, Paris, 1982. Traduction de l'américain : *Life of Death, A Scientific Investigation of the Near-Death Experience*, Coward, Mc Cann & Geoghegan, New York, et Academic Press Canada, 1980. Éditions Quill, New York, 1982.

90. Robinson Lyttle, *Edgar Cayce et le destin de l'homme*, J'ai lu, Paris, 1973. Traduction de l'américain : *Edgar Cayce's Story of the Origin and Destiny of Man*, 1972.

91. Rochas Albert de, *Les Vies successives*, Bibliothèque Chacornac, Paris, 1911.

92. Ron Hubbard L., *La Dianétique (R) : la science moderne de la santé mentale*, Éditions du Jour, Montréal (Canada), 1973, 1976. Titre original : *Dianetics (R) The Modern Science of the Mental Health*, mai 1950.

93. Ron Hubbard L., *Avez-vous vécu avant cette vie ?* Organisation des Publications de Scientologie, Copenhague, 1979. Titre original : *Have You Lived Before This Life ?*

94. Ryall Edward W., *Born Twice*, Harper & Row, New York, Londres, 1974.

95. Sabom, Dr Michael B., *Souvenirs de la mort*, Robert Laffont, Paris, 1983. Traduction de l'américain : *Recollections of Death, A Medical Investigation*, Harper & Row, New York, 1982.

96. Schreiber Flora Rheta, *Sybil*, Albin Michel, Paris, 1974. Traduction de l'américain : *Sybil*, Henry Regnery Company, Chicago, 1973.

97. Siémons Jean-Louis, *A la recherche des vies passées*, article in *Question de*, Retz, 36, mai-juin 1980, pp. 78-101.

98. Siémons Jean-Louis, *La Réincarnation, des preuves aux certitudes*, Retz, Paris, 1982, réédition 1983.

99. Sotto Alain et Oberto Varinia, *Au-delà de la mort,*

      nouvelles recherches parapsychiques, Presses de la Renaissance, Paris, 1978; édition de poche J'ai lu, Paris, 1979.

100. STEARN Jess, *The Search for a Soul*, Doubleday.

101. STEARN Jess, *Edgar Cayce, le Prophète*, Québec Amérique, Montréal, 1975. Traduction de l'anglais : *The Sleeping Prophet. The Life and Work of Edgar Cayce*, Frederick Muller, Londres, 1967.

102. STEINER Rudolf, *Reincarnation and Karma, Their Significance in Modern Culture*, Anthroposophical Publishing Co., Londres.

103. STEINER Rudolf, *Reincarnation and Immortality*, Multimedia Publishing Corporation, New York, 1974.

104. STEINER Rudolf, *Reincarnation and Karma : How Karma Works*, Anthroposophical Press, New York.

105. STEVENS E.W., *The Watseka Wonder. A Narrative of Startling Phenomena Occurring in the Case of Mary Lurancy Vennum*, Religio-Philosophical Publishing House, Chicago, 1887.

106. STEVENSON, Dr Ian, « The Evidence for Survival from Claimed Memories of Former Incarnations », *Journal of the American Society for Psychical Research*, 54, 1960, p. 51-71 et 95-117.

107. STEVENSON, Dr Ian, « Some Questions related to Cases of Reincarnation Type », *Journal of the American Society for Psychical Research*, 68, 1974, p. 395-416.

108. STEVENSON, Dr Ian, *Twenty Cases Suggestive of Reincarnation*, University Press of Virginia, Charlottesville, 1974. Édition originale 1966, American Society for Psychical Research, New York.

109. STEVENSON, Dr Ian, *Xenoglossy, A Review and Report of a Case*, John Wright & Sons, Bristol, 1974.

110. STEVENSON, Dr Ian, « A Preliminary Report of a New Case of Responsive Xenoglossy : The Case of Gretchen », *Journal of the American Society for Psychical Research*, 70, 1976, p. 65-77.

111. STEVENSON, Dr Ian, « The Explanatory Value of the Idea of Reincarnation », *Journal of Nervous and Mental Disease*, 164, 1977, p. 305-326.

112. STEVENSON, Dr Ian, *Cases of the Reincarnation Type*, col-

lection publiée par University Press of Virginia, Charlottesville. Vol. I, *Ten Cases in India*, 1975.

113. STEVENSON, Dr Ian, *id.*, vol. II, *Ten Cases in Sri Lanka*, 1977.

114. STEVENSON, Dr Ian, *id.*, III, *Twelve Cases in Lebanon and Turkey*, 1980.

115. STEVENSON, Dr Ian, *id.*, vol IV, *Twelve Cases in Thailand and Burma*, 1983.

116. STEVENSON, Dr Ian, Interview, *Peut-on prouver la réincarnation ?* par Marie-Thérèse de Brosses, in *Paris-Match*, 1494, 13 janvier 1978.

117. STEVENSON, Dr Ian, Interview, *Ces dossiers qui suggèrent la réincarnation*, par Joël André in *PSI-International/Le Surnaturel face à la science*, 8, janvier-mars 1979, p. 75-94.

117bis. STEVENSON, Dr Ian et coll., « A Review and Analysis of "Unsolved" cases of the Reincarnation Type :

  I. Introduction and Illustrative Case Reports.

  II. Comparaison of Features of Solved and Unsolved Cases », *The Journal of the American Society for Psychical Research*, 77, janvier et avril 1983.

118. STORY Francis, *The Case for Rebirth*, The Buddhist Publication Society, Kandy (Ceylan).

119. SUDRE R., *Traité de parapsychologie*, Payot, Paris.

120. SUNDERLAL R.B.S., « Cas apparents de réminiscences de vies antérieures », *Revue métapsychique*, juillet-août 1924.

121. TILLETT Gregory, *The Elder Brother – A Biography of C.W. Leadbeater*, Routledge & Kegan Paul, Londres, 1982.

122. WALKER E.D, *Reincarnation, a Study of Forgotten Truth*, Macoy Publishing and Masonic Supply Co, New York, 1926. (1re édit. 1889.)

123. WAMBACH Helen, *Reliving Past Lives, The Evidence Under Hypnosis*, Hutchinson & Co, Londres, 1979.

124. WAMBACH Helen, *La Vie avant la vie*, J'ai lu, Paris, 1979. Traduit de l'américain : *Life Before Life*.

125. WATSON Lyall, *Histoire naturelle de la vie éternelle*, Albin Michel, Paris, 1976.

126. WILSON Ernest C., *Avons-nous déjà vécu ?* Unité, Paris. Traduction de l'édition américaine, 1936.

127. WOOD Frederic H., *After Thirty Centuries*, Rider, Londres, 1935.

128. WOOD Frederic H., *This Egyptian Miracle*, Mc Kay, Philadelphie, 1940; John Watkins, Londres, 1955.

129. WOOD Frederic H. et HULME A.J Howard, *Ancient Egypt Speaks*, Rider, Londres, 1937.

130. ZOLIK Edwin S., « Reincarnation Phenomena in Hypnotic States », *International Journal of Parapsychology*, 4, 1962, p. 66-78.

131. ZOLIK Edwin S., « An Experimental Investigation of the Psychodynamic Implications of the Hypnotic "Previous Existence" Fantasy », *Journal of Clinical Psychology*, 14, 1958, p. 179-183.

TABLE

INTRODUCTION

Chapitre premier

L'UNIVERS MOUVANT DES PREUVES

Chapitre 2

PANORAMA DES DONNÉES EXPÉRIMENTALES SUGGÉRANT LA RÉINCARNATION

Chapitre 3

L'ARSENAL DES EXPLICATIONS DE RECHANGE

Chapitre 4

LES TÉMOIGNAGES MUETS DE LA RÉINCARNATION

Chapitre 5

ANNONCES DE RETOUR ET LECTURES DE VIE

Chapitre 6

LES TÉMOIGNAGES PERSONNELS SPONTANÉS
SUGGÉRANT LA RÉINCARNATION

Chapitre 7

LA RECHERCHE ACTIVE DES VIES ANTÉRIEURES

CONCLUSIONS

APPENDICE

Aventure Mystérieuse

L'Aventure Mystérieuse *publie des études sur les grandes énigmes de l'humanité : civilisations disparues, vie après la mort, OVNI, alchimie, astrologie, Templiers, Atlantide, vies antérieures, prophéties, parapsychologie. Tous ces sujets, qui sont à la frange des sciences reconnues, sont analysés ici de façon passionnante.*

Science-fiction

Depuis 1970, cette collection est leader du genre en France. Elle a publié la plupart des grands classiques (Asimov, Van Vogt, Clarke, Dick, Vance, Simak) mais elle a aussi révélé de nombreux jeunes auteurs qui seront les écrivains de premier plan de demain (Tim Powers, Joan D. Vinge, Tanith Lee, Scott Baker, etc.). La S-F est reconnue aujourd'hui comme littérature à part entière, étudiée dans les écoles et les universités. Elle est véritablement la littérature de notre temps.

Photocomposition Communication Champforgeuil
Impression Brodard et Taupin à La Flèche (Sarthe)
le 27 mars 1987
1693-5 Dépôt légal mars 1987. ISBN 2-277-22196-1
Imprimé en France

2196

Editions J'ai lu
27, rue Cassette, 75006 Paris
diffusion France et étranger : Flammarion